BARRIE KOSKY
MIT RAINER SIMON

»UND VORHANG AUF, HALLO!«

Ein Leben mit Salome, Mariza, Miss Piggy & Co.

Mit zahlreichen Abbildungen

Insel Verlag

Zitatnachweise:

»Jetzt tanzen alle Puppen«
Original: The Muppet Show Theme
Musik & Text: Samuel Pottle, Jim Henson
Deutscher Subtext: Eberhard Storeck

»Love for Sale«
Words and Music by Cole Porter

Klimaneutral
Druckprodukt
ClimatePartner.com/14438-2110-1001

Erste Auflage 2023
Originalausgabe

Umschlaggestaltung: Designbüro Lübbeke, Naumann, Thoben, Köln
Umschlagfoto: Jan Windszus, Berlin
Satz: Satz-Offizin Hümmer GmbH, Waldbüttelbrunn
Druck: GGP Media GmbH, Pößneck
Printed in Germany
ISBN 978-3-458-64370-8

www.insel-verlag.de

INHALT

Jetzt tanzen alle Puppen,
macht auf der Bühne Licht!
Macht Musik bis der Schuppen
wackelt und zusammenbricht!

Schmeißt euch in Frack und Fummel,
Und Vorhang auf, hallo!
Freut euch auf Spaß und Rummel
Der heutigen Muppet Show.

Aber jetzt geht's los, jetzt kommt die
sensationellste, fabelhaftellste,
blödelhaftellste, muppetionellste
– ja jetzt kommt die super Muppet Show!

Titellied der Muppet Show

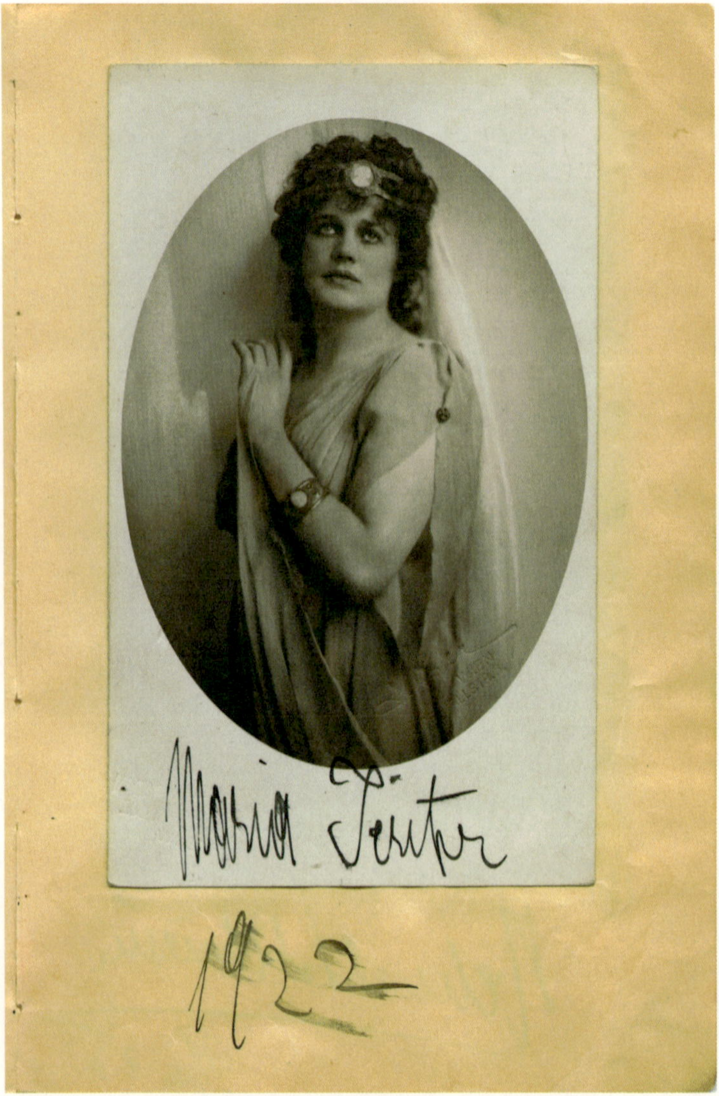

Signiertes Foto von Maria Jeritza, 1922,
aus einem Autogrammalbum meiner Großmutter

MARIZA DOWN UNDER

Sie war meine erste Liebe. Sie war die erste Diva meines Lebens. Sie blickte mich von einem Schwarz-Weiß-Foto an, das sie signiert hatte und auf dem Schminktisch meiner Großmutter Magda stand. Elegant und raffiniert, mit Armen weiß wie Alabaster und einem seidenen Kleid, wie eine griechische Göttin: Maria Jeritza, eine der größten Sänger:innen des 20. Jahrhunderts. Richard Strauss' erste Ariadne und seine erste Kaiserin, die erste Frau, die *Turandot* und *Jenufa* in Nordamerika sang. Als ich sieben Jahre alt war, hatte sie mich komplett verzaubert, diese exotische Sirene von Brno. Maria Jeritza. Das Idol meiner Großmutter und meine erste geheime Liebe. Auch heute noch, wenn ich das Foto, das inzwischen auf meinem Nachttischchen steht, betrachte, werde ich zurückkatapultiert in mein siebtes Lebensjahr und in das damalige Schlafzimmer meiner Großmutter: *bewitched, bothered and bewildered*.

Meine ungarische Großmutter, Magda Löwy, wurde zu Beginn des 20. Jahrhunderts geboren und war somit Teil einer Ausnahmegeneration – alt genug, um sich noch an den Ersten Weltkrieg erinnern zu können, und jung genug, um ihm nicht zum Opfer gefallen zu sein; die Jugend in den 1920er Jahren und das frühe Erwachsenenalter in der Nazizeit. Meine Großmutter erlebte so viele Umbrüche im ersten Drittel ihres Lebens wie ich in meinem ganzen Leben nicht. Die Mehrheit meiner Großfamilie überlebte glücklicherweise die Nazizeit, indem sie rechtzeitig geflohen ist – meine belarussische Familie weit vor dem Zweiten Weltkrieg durch Emigration nach

Australien und meine polnische Familie durch Auswanderung nach London. Nicht so die Löwys, meine ungarische Familie, der meine Großmutter Magda entstammt. Sie glaubten, sie bildeten als assimilierte, bürgerliche Juden eine Ausnahme und blieben in Budapest. Keiner überlebte die Shoa, bis auf meine Großmutter, die durch die Heirat mit meinem belarussischen Großvater bereits Anfang der 1930er Jahre nach Australien ausgewandert war, sowie ihre Mutter, die bei katholischen Familienfreund:innen Unterschlupf gefunden hatte, ohne dass Magda davon wusste. Die mitteleuropäischen, jüdischen Freund:innen meiner Großmutter, die ich im australischen Exil kennenlernte, teilten mehr oder weniger dieselben brüchigen Erfahrungen, zeichneten sich durch eine Mischung aus Überlebenswille, Hartnäckigkeit, Verschwiegenheit, Nostalgie, Melancholie, Ironie, Freude und Unzufriedenheit aus.

Meine Großmutter wuchs in einer großbürgerlichen Familie auf, die sich zuallererst als europäisches Bürgertum, dann als ungarisch und zuallerletzt als jüdisch begriff – und zwar als assimiliert. Sie waren Hobby-Juden, feierten zwar Schabbat, allerdings mehr als Sozialereignis und aufgrund des feierlichen Rituals als wegen religiöser Motive. Sie besuchten vielleicht drei Mal pro Jahr die Synagoge – zu Rosch ha-Schana, Jom Kippur und Pessach. Meine Großmutter wurde von einem katholischen Kindermädchen großgezogen, mit dem sie regelmäßig in die Kirche ging und dort gebannt christliche Kirchenmusik anhörte. Ihr Vater, mein Urgroßvater, hatte eine Eisenfabrik und gehörte zu den Budapester Großunternehmern. Sein Wohnhaus stand an der besten Adresse Budapests, an der Andrássy út, gewissermaßen der Champs-Élysées oder dem Ku'damm Budapests, dort, wo sich auch das Opernhaus befindet.

Mein Urgroßvater war im Förderkreis der Budapester Staatsoper und hatte eine eigene Familienloge. Von Kindesalter an besuchte meine Großmutter einmal pro Woche gemeinsam mit ihren Eltern eine Opernvorstellung im Budapester Opernhaus, und einmal im Monat fuhr sie sogar mit ihrem Vater nach Wien in die Staatsoper – bis sie schließlich meinen Großvater kennenlernte und mit ihm nach Australien auswanderte. Für meine Großmutter und ihre Familie war der wöchentliche Opernbesuch wie der Wocheneinkauf bei Edeka oder Rewe. Raus aus der Wohnung, einmal die Straße zu Fuß runter, dann die Opernvorstellung und wieder zurück. Sie war eine absolute Opernfanatikerin, kannte das klassische Repertoire in- und auswendig und hatte zahlreiche Opernstars der damaligen Zeit auf der Bühne erlebt. Sie hat Richard Strauss in einem Künstlerclub in Budapest getroffen, Bruno Walter dirigieren sehen und große Sänger:innen wie Fjodor Schaljapin, Lotte Lehmann und Maria Jeritza live gehört. »Ach, die Lotte. Ach, die Jeritza«, seufzte sie gelegentlich. Namen, mit denen ich damals nichts verband. Aber sie sind mir in Erinnerung geblieben. In mehreren Büchlein sammelte sie Autogramme, darunter die Unterschriften von Richard Strauss, Giacomo Puccini, Erich Kleiber und Enrico Caruso sowie ein Brief von Béla Bartók. Ihr Vater, also mein Urgroßvater, hatte damit bereits begonnen. Zu meinem achtzehnten Geburtstag schenkte sie mir die Alben.

Sie hatte zwei Lieblingswerke, die auf eine gewisse Weise ihren Charakter widerspiegeln. Emmerich Kálmáns Operette *Gräfin Mariza*, deren Uraufführung sie im Jahr 1924 im Theater an der Wien gesehen hatte und Béla Bartóks Oper *Herzog Blaubarts Burg*. So unterschiedlich diese beiden Werke auch waren – ich kann mir kaum ein größeres Gegensatzpaar vorstellen –, stehen sie gewissermaßen für den Charakter und die Traumvorstellungen meiner Großmutter. Ich glaube, dass meine Großmutter im Innersten aus meinem Großvater einen Operettencharakter machte. Er war sehr gutaussehend, elegant, klug, erfolgreich, ein reicher Pelzhändler aus Australien mit Wurzeln in Belarus, der auf einer Geschäftsreise in Budapest sie sofort in seinen Bann schlug. Er umwarb sie, machte ihr einen Antrag – »Komm mit mir nicht nach Folies Bergère, sondern nach Australien« –, heiratete sie in Paris und fuhr mit ihr auf einem Schiff in ihre neue Zukunft. Genau wie der zweite Akt einer Operette. Sie hatte keinen blassen Schimmer von Australien, hatte sich aber wahrscheinlich eine exotische neue Welt erträumt. Einen Ort wie Buenos Aires, Rio de Janeiro, die Copacabana. Kolonial, exotisch, sonnig. Einen Ort, an dem man stets gute Laune hat, Cocktails trinkt und Samba tanzt. Sie erfand ihre persönliche Operettengeschichte mit meinem Großvater als Prinzen, der sie mit sich in sein fernes Land nahm, ins Land des Lächelns. Emmerich Kálmán, Paul Abraham und Franz Lehár hätten ihre Geschichte kaum besser ersinnen können.

Doch dann holte sie die Realität ein. Australien entsprach mitnichten dem erträumten Paradies. Sie hasste es von Anfang an. Sinnbildlich dafür steht eine kleine Anekdote, die sie nicht müde wurde, uns zu erzählen: Mein Großvater war einer der großen Akteure auf dem australischen Pelzmarkt und also weit entfernt davon, arm zu sein, auch wenn sein Leben in Armut begonnen hatte. Und doch war sein Reichtum nicht vergleichbar mit dem, den meine Großmutter in Budapest erfahren hatte und der nicht nur aus finanziellem, sondern auch aus kulturellem und sozialem Kapital bestand. So musste meine Großmutter, obwohl sie bislang niemals eine Küche betreten hatte, auf einmal selbst kochen und Lebensmittel einkaufen, da sie keine Köchin – wie in Budapest – hatte. So ging sie kurz nach ihrer Ankunft in Melbourne 1934 in ein kleines

Lebensmittelgeschäft und verlangte nach Kaffeebohnen. Der Verkäufer lachte sie aus. Kaffeebohnen gab es hier nicht, nur Instantkaffee, der ja auch viel praktischer sei. Sie brach in Tränen aus, stürmte aus dem Laden und rannte nach Hause. Keine Kaffeebohnen. Eine Frechheit. Eine Schande. Ein furchtbares Omen für ihre Zukunft. Ein traumatisches Erlebnis und der holprige Start in ihr neues, verheißungsvolles Leben. Sie versuchte, sich in Australien einzurichten, gebar zwei Kinder, meinen Vater und meine Tante, und musste dann miterleben, wie ihr Mann frühzeitig starb und sie mit den beiden Kindern – mein Vater war gerade mal zwölf Jahre alt – in einem Land zurückließ, das sie verabscheute. Das war nicht der Operettentraum, den sie sich ersehnt hatte. Vielleicht war mein Großvater doch eher eine Art Blaubart, der sie verführte, geheimnisvolle Türen zu öffnen. Und dahinter: das Grauen – Australien.

Neben *Gräfin Mariza* liebte sie auch Lehárs *Lustige Witwe*, wobei sie letztlich die *Mariza* aufgrund von Kálmán, also einem ungarischen Komponisten, bevorzugte. Beide Operetten handeln, nach Ansicht meiner Großmutter, von Frauen, die ihren Mann verloren haben und versuchen, noch einmal die große Liebe zu finden. Man braucht kein Diplom in Psychologie, um hier die Zusammenhänge zu erkennen: Im ersten Akt ihrer Operette verbringt meine Großmutter ihre behütete Jugend im großbürgerlichen Budapester Milieu. Im zweiten Akt lernt sie meinen Großvater, den galanten russischen Ersatzprinzen, kennen, heiratet ihn und folgt ihm in ein fremdes Land. Im dritten Akt durchlebt sie nach dem Tod ihres Mannes eine Version der Mariza bzw. von Hanna Glawari aus *Die lustige Witwe* – allerdings in Australien während eines Weltkrieges. Die Brüder meines Großvaters übernahmen den Pelzhandel und kümmerten sich sehr um meine Großmutter.

Sie fand zwar keine große Liebe mehr, dafür aber in meinem Großonkel Solomon, dessen Frau ebenfalls verstorben war, einen sehr engen Freund und Lebensgefährten. Bei Familienfesten und gesellschaftlichen Ereignissen erschienen sie immer zusammen, auch wenn sie weder eine Liebesbeziehung führten noch zusammenlebten. Sie waren ein halboffizielles Paar. Meine Großmutter blieb also bis zu ihrem Lebensende eine Witwe – allerdings nur mäßig lustig.

Sie war eine der bemerkenswertesten Personen, die ich jemals getroffen habe. Überaus elegant, vornehm, stets bestens gekleidet und geschminkt. Auf Fotos aus ihrer Budapester Jugendzeit lässt sich gut erkennen, wie kultiviert und geschmackssicher sie war.

Sie trug Chanel-Kleider, ging alle drei Tage zum Friseur, hatte ein riesiges Arsenal an Ringen, Ketten, Ohrringen, Seidenschals und Parfums. In meiner Kindheit übernachtete ich ungefähr ein bis zwei Mal im Monat bei ihr. Sie holte mich nachmittags von der Schule ab, wir aßen gemeinsam zu Abend bei ihr, besuchten eine Opernvorstellung oder ein Konzert, ich schlief bei ihr, und sie brachte mich am nächsten Tag wieder zur Schule. Wenn sie mich vor der Schule erwartete, bemerkte ich den riesigen Unterschied zwischen ihr und den Eltern und Großeltern meiner Mitschüler:innen. Sie sah wie niemand anders aus, perfekt und vornehm gekleidet, geschminkt und wunderbar riechend – ein zentraleuropäisches Phantom in dieser angelsächsischen Middle-class-Wüste. Sobald wir bei ihr zuhause ankamen und sie begann, das Dinner vorzubereiten, schlich ich in ihr Schlafzimmer. Eine wunderbare kleine Welt voller exquisiter Schätze. Sie hatte eine große schwarz lackierte Schublade nur für Ringe, von denen ich mir so viele wie möglich an meine Finger steckte. Da sie nur fünfzehn bis zwanzig Minuten fürs Dinner benötigte, war die Zeit

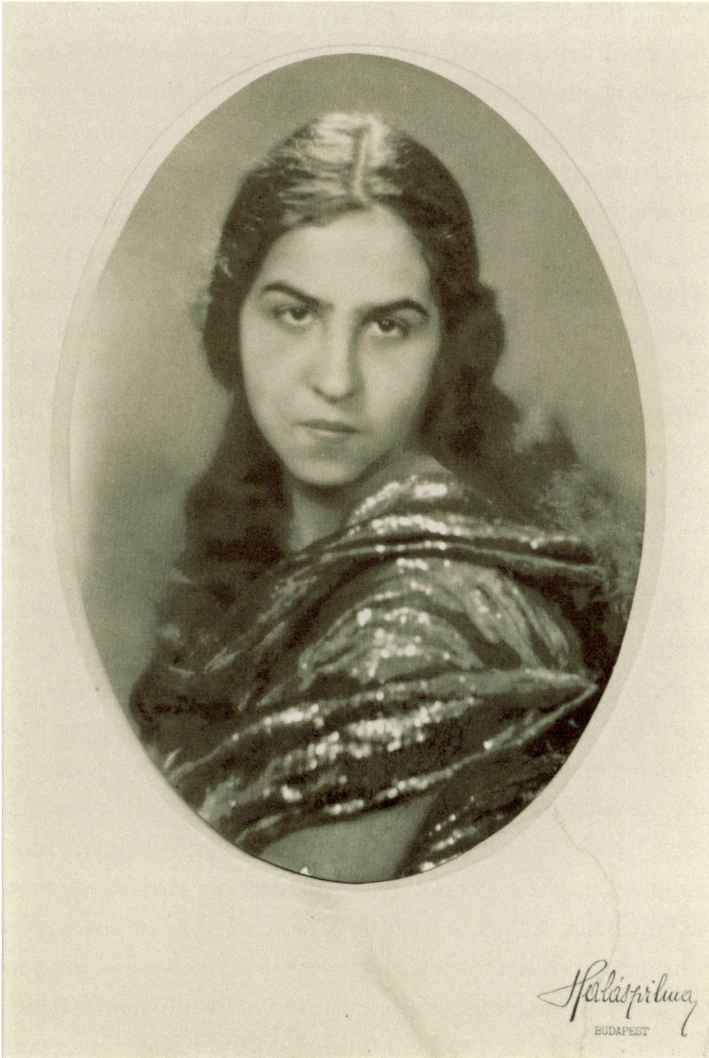

Meine Großmutter Magda Löwy, Budapest 1930

zu knapp, um ihre Kleider anzuziehen. Aber an ihrem Spiegel hingen zahlreiche Schals und Tücher, die ich mir schnell überwarf. Zu guter Letzt nahm ich noch ein Flakon von ihrem Schminktisch und besprühte mich mit ihrem Parfum. Dann stolzierte ich als pubertierender Halb-Drag in ihrem Schlafzimmer herum – meine blaue Schuluniform war kaum wahrnehmbar unter den schwarzen Nerzen, dem glitzernden Schmuck und den Chanel-Schals. Wenn meine Großmutter mich dann zum Abendessen rief, musste ich mich schnell der Maskerade entledigen. Der Geruch des Parfums blieb allerdings an mir haften. Sie muss es gerochen haben, ohne es allerdings jemals zu erwähnen. Es gehörte zu den schönsten, geheimnisvollsten und frevelhaftesten Ritualen, heimlich in ihr Schlafzimmer zu schleichen und mich dort zu kostümieren.

Meine Großmutter war eine furchtbare Köchin und hatte im höheren Alter eine Haushaltshilfe, die unter anderem die Zubereitung der Mahlzeiten übernahm. Abends war die Haushaltshilfe jedoch nicht mehr zugegen, daher musste sie das Dinner vormittags vorkochen und in die Wärmebehälter eines Servierwagens füllen. Das Essen war abends indes nur noch lauwarm und völlig ausgetrocknet. Jede Frische, jede Saftigkeit, ja alles Leben war den Speisen entwichen, während sie eine halbe Ewigkeit in dem Wärmebehälter auf ihren Verzehr gewartet hatten. Ich habe seither niemals mehr eine so lausige, staubtrockene Hühnerbrust verzehrt. Meine Großmutter konnte noch nicht einmal ein Frühstücksei zubereiten. Sie nahm die Eier immer zu früh aus dem kochenden Wasser, so dass nicht nur das Eigelb, sondern auch das Eiweiß noch flüssig war. Zum Ei gab es Pumpernickel, völlig ungewöhnlich für ein australisches Frühstück. Auch mein Pausenbrot für die Schule bestand aus Pumpernickel – mit den Fleischresten vom

Vortag, Senf und sauren Gurken. Während meine Mitschüler:innen ein klassisches weißes Sandwichbrot mit Erdnussbutter oder Schinken mitbrachten, packte ich ein durch die Gurken völlig durchnässtes dunkles Brot aus, das sofort auseinanderfiel.

Im Esszimmer meiner Großmutter stand ein sehr langer, alter Tisch. Ich nahm am einen und sie am anderen Ende Platz, zwischen uns zwanzig leere Plätze. Im Zentrum des Dinners stand weniger das Essen – wie könnte es auch –, sondern unsere Unterhaltung über das Werk, dessen Aufführung wir bald im Opernhaus erleben würden. In der Regel hatte mir meine Großmutter schon Wochen vorher eine Aufnahme der Oper geschenkt und mich gebeten, sie mir anzuhören sowie das Libretto zu studieren. Das war meine Hausaufgabe, zu der ich dann während des Dinners befragt wurde. Ich musste ihr die Handlung erzählen, von den unterschiedlichen Figuren und meinen Höreindrücken berichten. Schnell ging das Gespräch über in Erzählungen von den Opernerlebnissen ihrer Jugend – welche Produktionen dieser Oper sie gesehen hatte, welche Sänger:innen auf der Bühne und welche Dirigent:innen im Orchestergraben sie bereits in Budapest oder in Wien erlebt hatte, ob sie das Werk mochte oder nicht. Dann blühte meine eigentlich sehr ernste Großmutter auf. Wenn sie über Opern sprach oder das Opernhaus nach einer Vorstellung verließ, war sie auf einmal eine andere Person, versprühte Lebensfreude. Sie liebte Opern, und sie liebte es, mich dabei zu beobachten und zu begleiten, wie ich dieselbe Liebe entwickelte.

Von meinem siebten bis zu meinem achtzehnten Lebensjahr besuchte ich gemeinsam mit ihr Opernvorstellungen. Für mich war das überhaupt kein bildungsbürgerlicher Zwang, sondern der reinste Genuss und die beste Bildung der Welt. Meine Großmutter war meine Lehrerin. Und ich war ihr Schüler. Ihr einziger. Meine Geschwister konnte sie nicht von den aus Europa mitgebrachten Kunstformen überzeugen. Sie versuchte es bei meiner Schwester mit Ballett, bis diese nach zwei Jahren ihr offenbarte, dass sie Ballett nicht ausstehen könne. Mein Bruder zeigte noch nicht einmal einen Anflug von Interesse, weswegen meine Großmutter wiederum kein Interesse an ihm entwickelte. Manchmal begleitete uns mein Vater in die Oper, aber nur manchmal, da er viel auf Handelsreisen war. Im Alter von sieben Jahren wurde ich zu einer Mischung aus Lehrling, Prinzregent und Ersatzehemann, in einem Kinderanzug mit Krawatte. Sie selbst zog für die Opernbesuche lange Abendkleider an, mit einer Pelzstola, aufwendigem Schmuck und hochgestecktem Haar. Das war in den 1970er Jahren in Australien noch Usus. Meine Großmutter besaß aufgrund des Pelzhandels meines Großvaters, seiner Brüder und meines Vaters eine riesige Kollektion an Pelzmänteln und Stolen aus Robben, Füchsen und Nerzen. Ich war gleichermaßen fasziniert und entsetzt, wenn sie die Tiere um ihren Hals schwang, der Schwanz nach unten und der Kopf auf der Schulter, mit einer Diamantenschnalle befestigt, nach hinten blickend. Aus Angst, die Stolen könnten gestohlen werden, gab sie sie nie an der Garderobe ab. Die armen Opernbesucher:innen, die in der Loge hinter ihr saßen, starrte die ganze Vorstellung über ein toter Fuchskopf mit einer Diamantbrosche zwischen den beiden Augen an. Oy.

Wenn wir mit dem Dinner fertig waren, kam ihre Freundin Renata, um uns in ihrem Rolls-Royce abzuholen und zum New Princess Theatre, dem Opernhaus in Melbourne, zu bringen. »The Princess« ist das schönste Theater Australiens, und es hat zudem noch eine großartige Aufführungsgeschichte: Sowohl im 19. als auch im 20. Jahrhundert traten dort viele sehr bekannte Opernsänger:innen auf: Nellie Melba, Luciano Pavarotti, Joan Sutherland. In der Mitte des 19. Jahrhunderts war Melbourne neben Städten wie Buenos Aires oder Kalkutta eine der größten Kolonialstädte weltweit. Und dementsprechend benötigte die Stadt auch ein angemessenes Theater. In den Bau flossen alle möglichen unterschiedlichen europäischen Architekturstile ein. Im Grunde war das Theater als eine Art Erinnerung an Europa erbaut worden, als Ort, der dem Publikum mit seinen vornehmlich britischen Wurzeln ins Gedächtnis rief, woher es ursprünglich stammte.

Allein die Fahrt in Renatas Luxuswagen erscheint mir heute wie eine einzige Operettenfantasie. Renata war eine der vielen jüdischen Witwen aus Europa, mit denen sich meine Großmutter umgab. Keine emigrierten Ghetto- oder Schtetl-Jüdinnen wie meine polnische Großmutter Lea, sondern gebildete, wohlhabende, bürgerliche, ja assimilierte Jüdinnen. Meine Großmutter traf sich mit einigen dieser Witwen zum Bridge. In *Sunset Boulevard* gibt es die berühmte Szene, in der sich Gloria Swanson in der Rolle der Norma Desmond mit ehemaligen Kolleg:innen aus der Stummfilmära zum Bridge trifft. Dabei spielen sich die Stars – wie Buster Keaton oder H. B. Warner – selbst. Am ganzen Setting, an der Einrichtung, den alten Möbeln, dem aus der Mode gekommenen Spiel lässt sich festmachen, dass ihre Zeit vorbei ist, und doch bemüht sich die kleine Gesellschaft um Haltung, alle haben sich für das gemeinsame Treffen zurechtgemacht. Die Bridgeséancen meiner Großmutter fanden in einer ähnlichen Atmosphäre statt. Und ich fühlte mich wie der junge Drehbuchautor, Joe Gillis, der Norma Desmond besucht und sie ergründen möchte. So wie er war auch ich ein stummer Beobachter, der anstatt den Aschenbecher zu leeren, sich um die Drinks mit Whiskey, Soda und Cocktailbeeren kümmern durfte. Meine Großmutter hielt mit einer Norma-Desmond-Ruhe und -Gefasstheit den Vorsitz über die Bridgerunde. She was always ready for her close-up.

Das Haus meiner Großmutter war das genaue Gegenteil meines Elternhauses, eines Neubaus mit modernen, bunten Möbeln mit einem permanent laufenden Fernseher oder Radio, einem Swimmingpool und einfach allem, was eine Mittelklassefamilie im Australien der 1970er sonst noch so brauchte. Ihr Haus hingegen atmete pure Nostalgie. Die Ruhe, die alten Möbel, die sie in den 1930er Jahren aus Ungarn hatte einschiffen lassen und die jeden Winkel des Hauses besetzten, sowie der Geruch nach altem Parfum erzeugten eine surreale Atmosphäre, eine eigene kleine Welt, halb real, halb Fiktion. Ich liebte es. Blaubarts Burg für Kinder, das nicht besonders lustige Winterhaus der Witwe, ziemlich dunkel, die Jalousien fast immer unten, so dass kaum Tageslicht hereinfiel. Das Haus umfing etwas Geheimnisvolles, Verlockendes, Mysteriöses, strahlte eine rätselhafte Anziehungskraft auf mich und all meine Sinne aus. Die besondere Stimmung entstand nicht nur dadurch, dass meine Großmutter das Haus alleine bewohnte, umgeben von all diesen Antiquitäten, sondern vielmehr dadurch, wie sie mit ihnen umging und die Abläufe dirigierte. Es war ihr persönliches Reich, in dem sie Regie führte und ich die Rollen übernahm, die sie mir zuwies. Stets derselbe Ablauf: Dinner, Oper oder Konzert, dann ein Grimm-Märchen, das sie mir mit ihrem ungarischen Akzent vorlas, und schließlich die Übernachtung in einem Entendaunenbett ihrer Eltern, das sie ebenfalls mit aus Budapest nach Melbourne gebracht hatte. So schlummerte ich zahlreiche Nächte, eingekuschelt im Daunenbett meiner Urgroßeltern.

Meine Großmutter sprach nie vom Schicksal ihrer ungarischen Familie. Ich versuchte immer und immer wieder, etwas aus ihr herauszuquetschen. Aber da kam nichts. Ich glaube, sie fühlte sich schuldig, weil sie als Einzige – neben ihrer Mutter, von deren Überleben sie erst später erfuhr – den Nazis entwischt war. Ihr Bruder, ihre Onkel, Tanten und Cousinen fielen den Nazis zum Opfer. Während viele andere Menschen mit einer ähnlichen Familiengeschichte nicht aufhören können, darüber zu sprechen, schwieg meine Großmutter einfach. Sie sprach nicht über ihre Familie und nahm selten ein Wort Ungarisch in den Mund. Sie verbannte ihre Familiengeschichte ebenso wie ihre Muttersprache aus ihrem Leben. Was eher ungewöhnlich für eine Immigrantin ist. Mein Vater kam nur über seine Großmutter, also meine Urgroßmutter, nachdem sie schließlich in Australien war, in Kontakt mit der ungarischen Sprache. Und ich hörte meine Großmutter lediglich mit ihren ungarischen Exilfreund:innen Ungarisch sprechen, wenn sie ihnen zum Beispiel im Opernfoyer begegnete. Dann wechselte sie allerdings ziemlich schnell in ein Englisch mit starkem ungarischen Akzent oder aber ins Deutsche. Denn für sie war Deutsch die wichtigere Sprache, die Sprache der Kunst und Kultur, und sie drängte mich daher, Deutsch zu lernen.

Da war also ein großes Schweigen über die Familie und die Menschen, die sterben mussten. Dieses brach sie nur, wenn sie über ihre Erlebnisse in der Budapester Oper sprach. Die einzigen Erinnerungen, die sie mit nach Australien genommen zu haben schien, waren diejenigen an Sänger:innen und Dirigent:innen, an Fjodor Schaljapin, Maria Jeritza und Co. Sie hatte ihre Vergangenheit zu einer einzigen Opern- und Operettenfantasie umgewandelt – um den Tag zu überstehen. Später bemerkte ich, wie einsam sie seit dem Tod ihres Mannes gewesen sein muss. Und je länger sie lebte – sie wurde vierundneunzig Jahre alt – und je mehr Freund:innen um sie herum erkrankten und starben, desto häufiger äußerte sie Suizidgedanken und desto mehr wuchsen die Lebensmüdigkeit und die Einsamkeit.

Ein einziges Mal kehrte meine Großmutter zurück nach Budapest. In den späten 1970er Jahren unternahm sie gemeinsam mit einer Freundin eine Europareise. Direkt nach ihrer Ankunft in Budapest ging sie zu ihrem Elternhaus, blieb davor wie angewurzelt stehen, brach in Tränen aus und buchte sofort einen Zug zur Weiterfahrt nach Wien. Sie konnte es nicht ertragen, verbrachte gerade einmal ein paar Stunden in der Stadt ihrer Kindheit und Jugend und verließ sie wieder, ohne etwas anderes als ihr Elternhaus gesehen zu haben. Als ich das erste Mal nach Budapest reiste, löcherte ich sie so lange, bis sie mir endlich die Adresse gab. Unaufgefordert fügte sie dann noch den Rang und die Nummer ihrer Familienloge hinzu. Ich besuchte also sowohl ihr Elternhaus als auch die Opernloge – die einzigen Zeugnisse ihrer Budapester Familiengeschichte, die sie mir hinterließ.

Ich liebte diese Stadt bereits, bevor ich das erste Mal dort war. Durch die Erzählungen meiner Großmutter wurde Budapest für mich zu einer Art Fantasiestadt, einer Märchenstadt, wie die Smaragdstadt aus dem *Zauberer von Oz*, eine Utopie wie aus einem Roman von Jorge Luis Borges oder Italo Calvino, ein weit entfernter Sehnsuchtsort, der mich magnetisch anzog. Und zugleich wurde Budapest für mich zum Sinnbild für Europa bzw. für eine europäische Stadt – mit einem Opernhaus, einem Schloss, einem Parlament, einem Rathaus und einem großen Fluss, der sich durch die Stadt schlängelt. Meine Großmutter erzählte mir in den schillerndsten Farben von den verschiedenen Restaurants. In das eine geht man wegen des Schnitzels, in das andere wegen der Knödel. »Dort aßen wir den besten Palatschinken, und da tranken wir Tokaji.« Inzwischen habe ich die Stadt gut fünfzehnmal besucht und liebe sie nach wie vor. Die Architektur, das Essen, die Mentalität der Menschen, die Stimmung … Sie ist für mich all das, was Wien nicht ist. Die Stadt meiner Großmutter. Ich wurde mehrmals angefragt, an der Staatsoper Budapest zu inszenieren. Eine großartige Vorstellung, an dem Haus zu inszenieren, an dem meine Familie so viele Opernabende erlebt hatte. Aber solange Viktor Orbán an der Macht ist, möchte ich dort nicht arbeiten. Und doch ist Budapest nach Tel Aviv meine absolute Lieblingsstadt.

Als ich dreizehn Jahre alt war, gab mir meine Großmutter eine LP von *Gräfin Mariza*, um mich auf einen gemeinsamen Opernabend vorzubereiten. Sie erwähnte gleich, dass *Mariza* eine Operette sei, eine Spielart von Musiktheater, die ich noch nicht kannte. Mit gesprochenen Dialogen, mit Tanz, mit Witz … Ich hatte bereits viele Opernvorstellungen mit ihr besucht, kannte Mozart, Puccini, Verdi, Wagner, Janáček, Strauss, Donizetti, Bellini und Rossini. Ich kannte Sprechtheater, Musicals, Oper, Ballett. Aber Operette? Emmerich Kálmán? Sie hatte sicherlich ihre Gründe, mir als erstes Werk dieses Genres gerade dieses zu geben. Kálmán stammte wie sie aus Ungarn. Sie hatte die Uraufführung von *Gräfin Mariza* 1924 am Theater an der Wien gesehen und liebte das Stück über alles. Ich machte meine Hausaufgaben, las mir die Informationen auf der Schallplattenhülle durch und hörte mir die Aufnahme an. Ich war sofort von der Musik begeistert. Diese Mischung aus Dur und Moll, Melancholie und Freude – wie kurz nach Sonnenuntergang oder der letzte Moment bei Tageslicht. Eine komplett neue Welt. Die Platte bestand nur aus Musiknummern, die Dialoge fehlten. Aber zum Glück war die Aufführung auf Englisch, so dass ich alles unmittelbar verstand. Sehr zum Leidwesen meiner Großmutter, die Englisch hasste und die Vorstellung viel lieber in der Originalsprache, in ihrer Muttersprache, erlebt hätte. Und doch gab sie sich voll und ganz der Aufführung hin, floss mit der Musik, die sie so lange nicht mehr live erlebt hatte. Sie kannte jeden einzelnen Ton, summte jede Melodie mit. Ich habe meine Großmutter selten so bewegt erlebt. Sie blühte stets im Opernhaus auf, aber nur bei zwei Stücken habe ich sie wirklich erregt gesehen: *Gräfin Mariza* und *Tristan und Isolde*, ihre Lieblings-Wagner-Oper, wie auch meine. Es muss die wunderbare Musik von Kálmán gewesen sein, aber auch die Erinnerungen an ihre Vergangenheit, wie ihr Vater sie mit zur Uraufführung genommen hat, an Ungarn und die ungarische Kultur.

Gemeinsam mit meiner Großmutter besuchte ich einige Operettenaufführungen in Australien und bemerkte dabei, wie viel diese Stücke ihr bedeuteten. Vor allem eine Inszenierung von *Die lustige Witwe* mit Joan Sutherland ist mir in Erinnerung geblieben bzw. die Reaktionen meiner Großmutter. Sie hasste die Produktion oder vielmehr die Farbe des Kostüms von Hanna Glawari: Pink. Sie sprach stundenlang über nichts anderes als über das schreckliche, rosa Kleid und zeigte mir durch ihre vernichtende Inszenierungskritik, wie sehr sie diese Operette liebte. Noch Jahre danach schimpfte sie über Joan Sutherlands Kostüm. Instantkaffee und pinke Kleider. Was einem Australien alles zumuten kann.

Ich dachte nur: Was um alles in der Welt ist das? Ich war gleichermaßen überrascht wie berauscht. Irgendwie erinnerten mich die Musik und die Aufführungen an die Musicals, die ich mochte. Dann wiederum an die Opernwerke, die ich kannte, mit ihren großen Stimmen, historischen Kostümen und Bühnenbildern. Und dann – während der Dialogszenen – an Sprechtheater. Ich konnte das, was ich sah und hörte, nicht einordnen, hatte keinen richtigen Vergleich. Heute kann ich in Worte fassen, was mich speziell an Kálmán reizte. Es ist diese einzigartige Mischung aus ungarischer Volksmusik, jüdischem Klezmer, Wiener Dreivierteltakt und einer Prise Berliner Jazz. Kálmáns Volksmusikeinflüsse stammen im Grunde aus der gleichen Quelle wie diejenigen von Bartók: ungarische Dörfer, ebendie Dörfer, die dieser aufsuchte, um Aufnahmen zu machen. Bartók experimentierte damit, transformierte sie in seine ganz eigene, unverwechselbare Klangsprache. Sobald man auch nur ein paar Takte Bartók hört, erkennt man, dass die Musik von ihm stammt. Kálmán wiederum kombinierte die ungarische Volksmusik mit zeitgenössischer jüdischer Musik, ja ließ sie zu einer besonderen Form von ungarischem Klezmer werden. Er kannte die Wiener Operetten von Johann Strauss und Franz Lehár, diesen ganz eigenen Kosmos im Dreivierteltakt. Auch hier bediente er sich und fügte seiner Musik eine gute Portion Walzerschwung hinzu. Allerdings ohne die Spießigkeit von Strauss und Lehár, eine Spießigkeit, die die Wiener Operette in eine Sackgasse geführt hatte. Und zu guter Letzt würzte er seine Musik noch mit einem Schuss Jazz – bei Weitem nicht in dem Maße wie Paul Abraham. Aber doch genug, um seiner Musik einen eigenen, sehr zeitgemäßen Rhythmus zu verleihen. Et voilà! Er schuf eine eigenwillige Mixtur, die den kosmopolitischen Geist der Zeit, die Seele der damaligen Metropolen atmete und in den 1920er Jahren zur hippen, angesagten Musik der Stunde wurde. Und er eröffnete ein völlig neues Kapitel der Operettengeschichte, ja bereitete mit seinen Jazz-Experimenten gewissermaßen den Weg für den riesigen Erfolg einer komplett neuen Form in Berlin der 1920er und 1930er Jahre: die Berliner Jazz-Operette. Und schließlich – jenseits dieser enormen Stilbandbreite – war Kálmán ein begnadeter Melodienschreiber. Jede Nummer ein Schlager für sich. Melodien, die direkt in die Seele und ins Herz gehen, die man nicht mehr aus dem Ohr bekommt und die in ihrer Feinsinnigkeit zugleich Sehnsucht und Melancholie atmen. Dazu dann noch seltsame theatrale Konstellationen: Eine Gräfin, die einen neuen Mann sucht, junge Liebespaare, riesige Chöre, ungarische Figuren, die auf Deutsch singen, fahrende Bühnenmusikanten … Aber gerade dieses hybride Gebilde hat meine Großmutter – und auch mich – in seinen Bann gezogen.

Von da an spielte Kálmán eine wichtige Rolle in meinem Leben, obwohl ich interessanterweise bislang noch keine Kálmán-Operette inszeniert habe. Seine Kompositionen führten mich aber auf jeden Fall zu Paul Abraham und der Berliner Jazz-Operette. Beide, Kálmán und Abraham, standen mit ihrer Weltoffenheit – zuhause in Paris, Wien, Berlin und Budapest –, mit ihrer Klugheit, mit ihrem Talent und mit ihrem Gespür für Unterhaltung, für Rhythmus und Erotik für all das, was Hitler hasste. Hitler liebte Kálmáns Musik (wer nicht?!), und doch hasste er all das, was sie repräsentierte. Von einem Tag auf den anderen wurden Kálmán und Abraham, gerade noch die Stars der Stadt, die erfolgreichsten Komponisten ihrer Generation, zu Flüchtenden ohne Hab und Gut. Verlassen mussten sie nicht nur ihre Heimat, sondern auch ihre Wirkungsstätten, ihre Theater, ihre Familien, ihre kreative Mischpoke. Kálmán hatte zwar einen holprigen Start in den USA, feierte aber dann doch noch Erfolge. Im Gegensatz zu Abraham, der in den USA trotz seiner Jazz-Einflüsse nie Fuß fassen konnte und psychisch erkrankte. Irgendwann muss er völlig verwirrt in seinem Schlafanzug auf der Madison Avenue in New York den Verkehr dirigiert haben. Nach Kriegsende starb er in einem Hamburger Sanatorium, betreut von ehemaligen Nazi-Ärzten.

Während meines Studiums verließ ich die Welt der Operette für eine sehr lange Zeit. Weder hörte ich mir Aufnahmen an, noch besuchte ich Vorstellungen. Am Anfang meiner Regiekarriere hatte ich überhaupt kein Interesse an Operetten. Erst als ich 2008 mit den Vorbereitungen meiner Intendanz an der Komischen Oper Berlin begann, wurde mein Interesse wieder geweckt. Ich setzte mich mit der Geschichte der Komischen Oper, mit der Gründung durch Walter Felsenstein sowie seiner künstlerischen Philosophie auseinander. Felsensteins Ansatz war außergewöhnlich, da er gleichermaßen Opern, Operetten und Musicals auf den Spielplan setzte. Er hat in den 1960er und 1970er Jahren sehr erfolgreiche Produktionen, insbesondere von Strauss- und Offenbach-Operetten, auf die Bühne gebracht und dabei auf eine Berliner Offenbach-Tradition aufgebaut. Denn Offenbach dirigierte in Berlin und machte die Hauptstadt bereits in der zweiten Hälfte des 19. Jahrhunderts zu einer Operettenmetropole. Auch bei der Besetzung unterschied Felsenstein nicht zwischen einer Offenbach-Operette und einer Janáček-Oper. Dieselben Ensemblemitglieder traten sowohl in Operetten als auch in Opern auf – im Grunde wie heute.

Der eigentliche Schlüssel zu meiner Wiederentdeckung der Operette war aber schließlich die Geschichte des Metropol-Theaters, also des Theaterbetriebs, der vor der Komischen Oper, von 1892 bis 1944, in dem Theatergebäude an der Behrenstraße wirkte. Ich hatte vom Metropol-Theater gehört, las in die paar wenigen, vorhandenen Texte über dieses Haus hinein und befragte befreundete, deutsche Operettenexpert:innen und -liebhaber:innen: Wie sah die künstlerische Ausrichtung des Metropol-Theaters aus? Welche Stücke wurden aufgeführt? Wer trat dort auf, wer komponierte, dirigierte oder sang dort? Und ich erfuhr, dass das Metropol-Theater in den 1920er und 1930er Jahren das führende deutschsprachige Operettenhaus in Europa war. Ein Leuchtturm der Operettenlandschaft, mit Komponisten wie Lehár und Abraham im Graben und Stars wie Richard Tauber und Fritzi Massary auf der Bühne. Ich fragte mich, wie dieses äußerst erfolgreiche und ruhmvolle Kapitel in der Geschichte des Hauses in Vergessenheit geraten konnte. Ich vermute, dass Walter Felsenstein mit der Gründung der Komischen Oper im Jahr 1947 nicht nur ein neues Kapitel des Hauses, sondern nach dem Zweiten Weltkrieg auch ein komplett neues Buch aufschlagen wollte, dabei alles Bisherige verdrängte und sich selbst als alleinigen Schöpfer und Urheber positionierte: »Die Geschichte des Hauses beginnt mit mir. Ich bin die Stunde null.«

Ich stieß in der Geschichte des Metropol-Theaters auf eine spannende Spur, der ich gemeinsam mit meinem Team folgte. Wir intensivierten die Recherche und fanden eine fantastische Operette nach der anderen, ein Juwel nach dem anderen, alle an ebendiesem Ort aufgeführt. Bekannte Komponisten wie Kálmán, Abraham, Lehár, Mischa Spoliansky und Oscar Straus komponierten und dirigierten die Operettenhits der damaligen Zeit. Ich war von dem Fund begeistert und erinnerte mich zugleich an die Operettenbesuche in meiner Kindheit und Jugend. Die Liebe zur Operette und die Neugierde, die meine Großmutter in mir geweckt hatte, ermöglichten es mir, trotz dreißig Jahre Dornröschenschlaf, den Metropol-Theaterschatz zu finden und ihn zu heben. Ich beschloss, in meiner Intendanz einen Schwerpunkt auf die Berliner Jazz-Operette der 1920er und 1930er Jahre, also auf das Repertoire des Metropol-Theaters, zu legen. Und auf Offenbach. Denn Offenbach war stets eng mit Berlin verbunden – als Dirigent zu seinen Lebzeiten, später dann durch ikonische Inszenierungen unter anderem von Max Reinhardt und Walter Felsenstein. Aber auf keinen Fall wollte ich die Wiener Operette auf den Spielplan setzen.

Gemeinsam mit Adam Benzwi, der die musikalische Leitung der Weimarer Operettenproduktionen übernehmen sollte, kam ich schnell zu der Erkenntnis, dass uns eine Rekonstruktion dieser Operetten überhaupt nicht interessierte, sondern dass wir einfach unbedingt ihren Geist ins 21. Jahrhundert holen wollten. Es war uns ein großes Anliegen, den Stücken den Jazz, die Wildheit, den Sex, das Dreckige und Subversive, den ganzen »Schmutz«, den die Nazis entfernt hatten und der infolgedessen den geglätteten, spießigen Aufnahmen der 1950er und 1960er Jahre komplett fehlte, zurückzuerstatten. Die Komponist:innen waren von den Nazis verbannt, ins Exil geschickt oder ermordet worden, und nach dem Krieg wurden die Kompositionen von Anneliese Rothenberger oder Elisabeth Schwarzkopf gesungen und durch schrecklich schmalzige Arrangements, die nichts mit den Originalen zu tun hatten, zerstört. Die Stücke brauchen aber spritzige Orchestrierungen und Darsteller:innen, die nicht nur schön singen, sondern vor allem mit Charme, Witz, Esprit und Erotik ein heutiges Publikum verführen und zum Lachen bringen können. Es war uns also klar, dass wir, wie in den Aufführungen der 1920er und 1930er Jahren üblich, neben Sänger:innen auch musikalische Schauspieler:innen besetzen würden. Letztlich wollten wir eine verloren gegangene Aufführungstradition mit unseren heutigen Mitteln wiederbeleben, wie es einige Dirigent:innen dreißig Jahre zuvor mit der Barockmusik gemacht haben. Wie in der historischen Barock-Aufführungspraxis ging es uns um die Klangkultur, darum, die Leichtigkeit und das Improvisatorische und letztlich den Geist dieser Stücke zurückzugewinnen.

Die Operette und die Barockmusik verbindet der starke

Aufführungscharakter. Die Partituren waren in beiden Fällen nur Mittel zum Zweck und wurden je nach Aufführungsort und Besetzung angepasst. Werke wurden nicht für die Ewigkeit komponiert, sondern für bestimmte Menschen und Orte. Offenbach schrieb für Hortense Schneider, Abraham für Rosy Barsony oder Oskar Dénes, Oscar Straus komponierte seine *Perlen der Cleopatra* ausschließlich für Fritzi Massary, dem wohl größten Operettenstar der Weimarer Republik. Wenn die Stücke in einem anderen Theater gespielt wurden, änderte man einzelne Nummern für die dortige Besetzung, verkleinerte oder vergrößerte man das Orchester. Es gibt keine authentischen Originalfassungen, keine Urtexte, die sich rekonstruieren ließen, sondern nur Partituren, die den jeweiligen Bedingungen angepasst werden müssen. Bei jeder Aufführung werden diese Operetten musikalisch neu erfunden.

Grundlage dafür ist natürlich eine tiefe Kenntnis des Materials. Daher haben Adam und ich uns die überlieferten Partituren, die Orchestrierungen, die Tonlagen etc. sehr genau angeschaut, um daraufhin zu überlegen, welche Nummern wir weglassen und welche wir aus anderen Operetten möglicherweise hinzufügen, für welche Orchesterbesetzung und für welche Darsteller:innen wir sie adaptieren, wie wir also das Stück auf die Bühne der Komischen Oper Berlin im 21. Jahrhundert bringen. Ein Dreh- und Angelpunkt war die Besetzung der Partien. Wie Abraham und Straus, besetzten wir zentrale Rollen mit herausragenden, sing- und tanzbegabten Schauspieler:innen und passten die Musik an ihre Stimmen an – darunter Dagmar Manzel oder Max Hopp, der keine ausgebildete Opernstimme besitzt und dennoch oder gerade deswegen dem Gesangsstil der Operettenstars der 1920er und 1930er Jahre viel näher kommt als jeder klassisch geschulte Tenor. Ein weiterer zentraler Punkt war, dass wir uns meist für

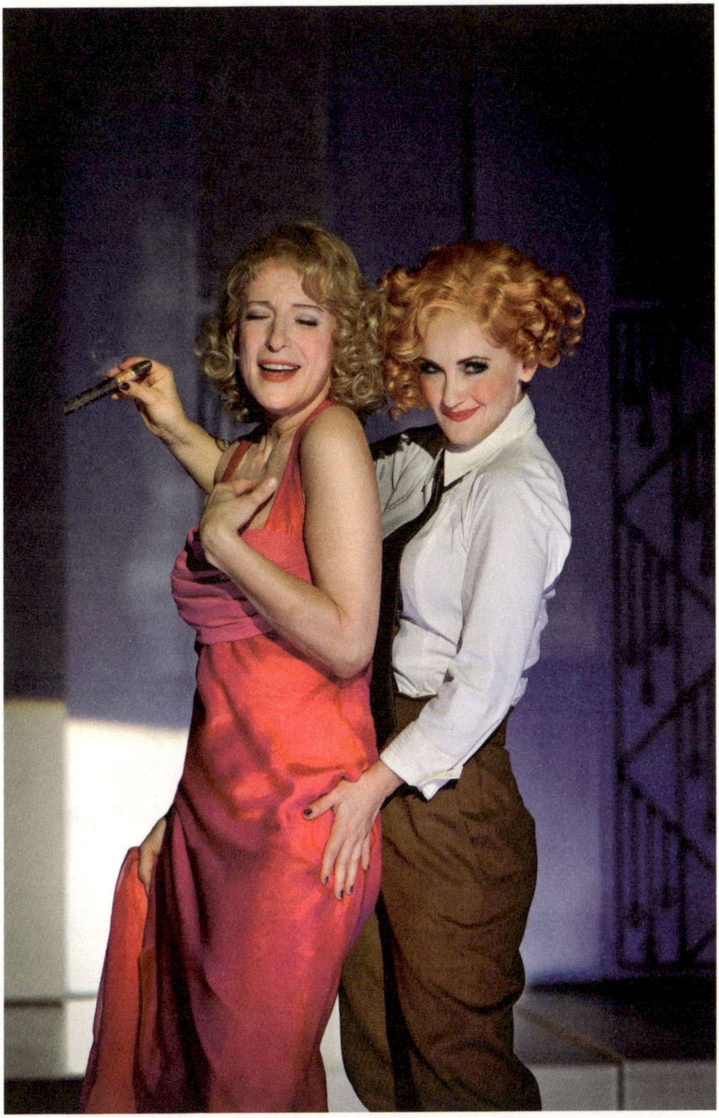

Dagmar Manzel (Madeleine de Faublas) und Katharine Mehrling (Daisy Darlington) in meiner Inszenierung von »Ball im Savoy«, Komische Oper Berlin, 2013

das Großformat, für üppige Inszenierungen und volle Besetzungen mit großem Orchester, mit haufenweise Sänger:innen, Schauspieler:innen, Tänzer:innen, Statist:innen und dem Chor entschieden. Denn die Weimarer Operetten stellen eine Mischung aus Broadway Musical, Kabarett und großer Oper dar.

Wir haben zahlreiche Juwelen entdeckt, aufpoliert und sie zum Strahlen gebracht. Darunter die drei letzten Stücke, die vor der Machtergreifung durch die Nazis in Berlin uraufgeführt und seither nicht mehr gespielt wurden: Oscar Straus' *Eine Frau, die weiß, was sie will* (September 1932), Paul Abrahams *Ball im Savoy* (im Dezember 1932) und Jaromír Weinbergers *Frühlingsstürme* (Januar 1933). Alles faszinierende Werke, mit frechen, witzigen und anspielungsreichen Texten sowie mit grandioser Musik. Ich kann mich noch an unsere allererste Operettenaufführung meiner Intendanz erinnern, die wir im Dezember 2012 als Weihnachtsoperette gespielt haben, Emmerich Kálmáns *Bajadere*. Als das Orchester die ersten Töne dieser wunderbar komponierten Musik anstimmte, dachte ich mir: Diese Musik erklang seit über siebzig Jahren nicht mehr in Berlin! Wir wollten das Publikum dadurch nicht nostalgisch stimmen oder ihm lehrmeisterlich zeigen: Schau mal, welch schreckliches Schicksal diese Komponist:innen ereilt hat. Nein, wir wollten vielmehr diese herrlichen Stücke feiern und sie in ihrer Leichtigkeit, in ihrem Witz und in ihrem unvergleichlichen Charme präsentieren. Natürlich schwingt dabei stets auch Melancholie und Trauer mit über das, was die Nazis zerstört haben. Und doch ist für mich die beste Art, sich an die Komponisten und ihre Werke zu erinnern: sie aufzuführen und sie als große Unterhaltungskunst zu feiern.

Und das ganz ohne Schuldgefühle. Mir war es wichtig, dass das Publikum nicht still, betroffen, nachdenklich und beschämt im Zuschauerraum sitzt, sondern durch die Aufführungen bewegt wird, lacht, weint und sich freut. Auch wenn das Operettenrepertoire, das ich auf den Spielplan gesetzt habe, in der Weimarer Zeit hauptsächlich von jüdischen Komponisten, Librettisten, Darsteller:innen, Musiker:innen und Ausstatter:innen auf die Bühne gebracht wurde, hat es natürlich überhaupt nichts mit »Entarteter Kunst« oder »Entarteter Musik« zu tun. Mir ist bewusst, dass der Ansatz, »Entartete Kunst« in den 1980er und 1990er Jahren unter genau diesem Titel zu präsentieren, für die Wiederentdeckung dieser von den Nazis geächteten Werke und damit für die deutsche Kulturgeschichte wichtig war. Und doch finde ich die Bezeichnung höchst problematisch, auch wenn dies sarkastisch gemeint oder in guter Absicht geschehen war. Denn keine Musik, keine Kunst ist »entartet«, und mit der Zuschreibung dieses Nazi-Begriffs lässt sich keine Kunst feiern, wertschätzen oder gar entnazifizieren. Im Gegenteil, sie bleibt dann in dem Bedeutungskontext hängen, den ihr die Nazis zugeschrieben haben. Historisch mag dieser programmatische Ansatz notwendig gewesen sein. Und auf bestimmte Weise bin ich den damaligen Kulturschaffenden auch dankbar, dass sie damit eine gewisse Aufmerksamkeit für jüdisches Kulturgut geschaffen haben. Nur halt die falsche Aufmerksamkeit. Ich möchte nicht, dass die Zuschauer:innen sich Karten für *Ball im Savoy* oder *Eine Frau, die weiß, was sie will* aus einem Schuldgefühl heraus kaufen, sich dann drei Stunden lang »Entartete Kunst« anschauen und dabei daran denken, wie ihre Großeltern all das zerstört haben. Ich werde Paul Abrahams zauberhafte Musik niemals dafür missbrauchen. Vielmehr wollte ich sie und auch das Publikum von all dem Nazi-Ballast befreien. Und gäbe es denn irgendeinen besseren Weg, zu zeigen, dass die Nazis und dieser kulturelle Genozid nicht erfolgreich waren, als sich an dieser

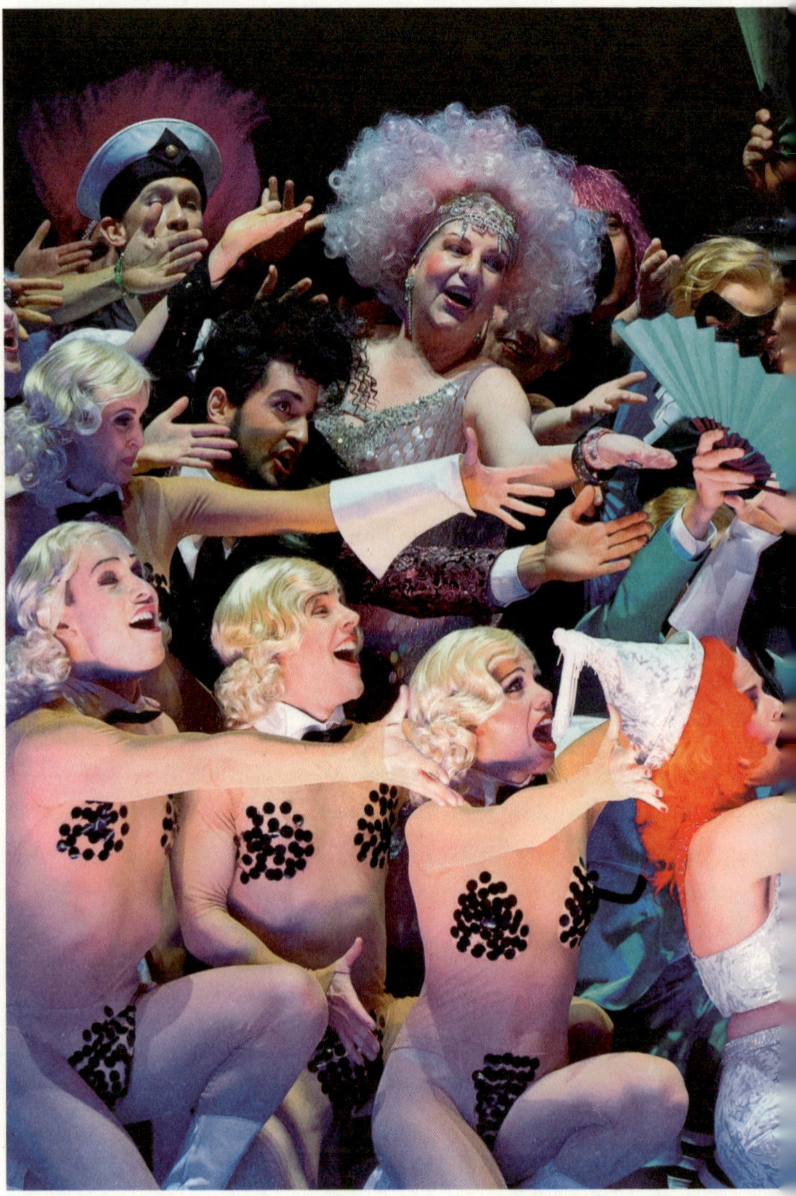

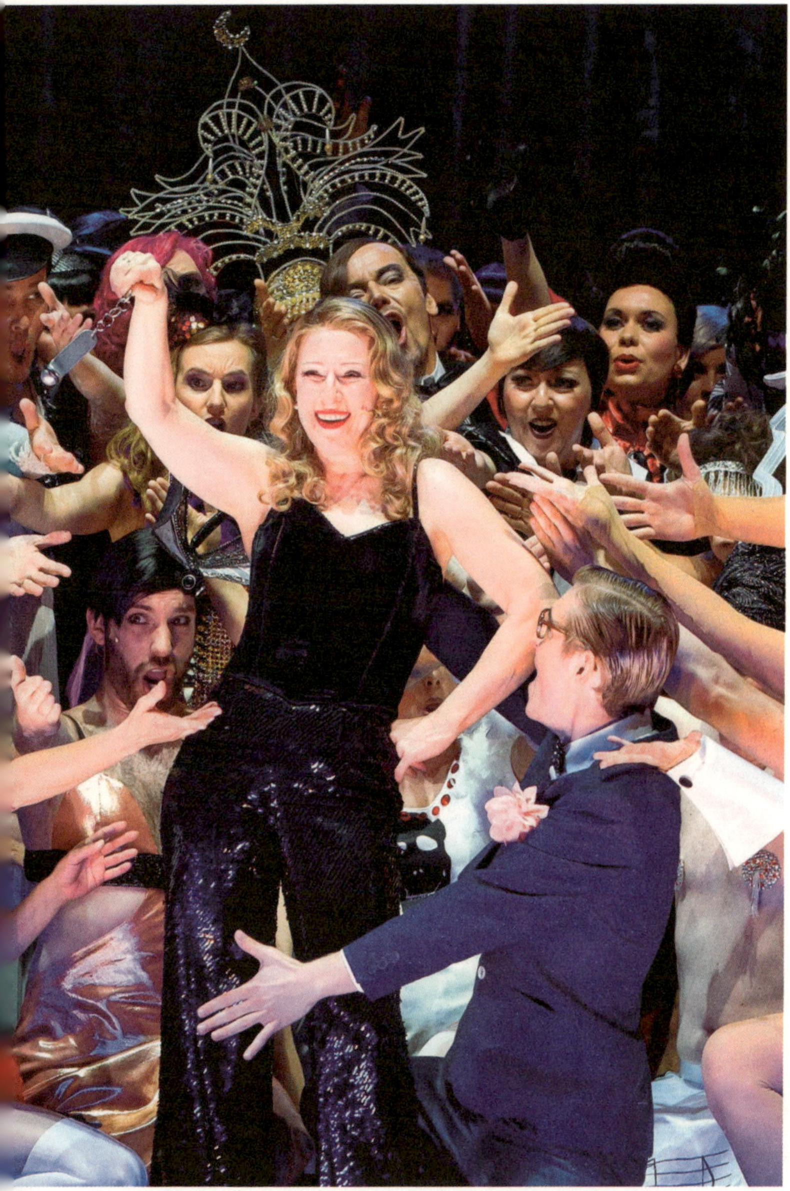

Dagmar Manzel und das Ensemble der Komischen Oper Berlin in meiner Inszenierung von »Ball im Savoy«, 2013

Musik zu erfreuen? Hitler hat verloren, da wir diese Stücke genießen.

Die Ironie der Geschichte ist, dass es nicht etwa ein deutscher Regisseur oder Intendant war, der auf diesen Schatz stieß, sondern die kleine australische jüdische Schwuchtel aus Melbourne, die nach Berlin kam und sagte: »Excuse me, why the fuck haven't you done these operettas?« Und das ist der Grund, warum Fremde, Menschen von außen so extrem wichtig für das Kulturleben sind. Sie entdecken Dinge, die ein Einheimischer niemals sehen würde, werfen eine andere Perspektive auf Kunst, Kultur und Gesellschaft als die autochthone Bevölkerung. Mit diesem Blick von außen haben wir nicht nur den Berliner:innen, sondern einem Publikum weit über die Stadtgrenzen hinaus das Potential dieses Genres gezeigt. Denn plötzlich explodierte das Interesse an der Weimarer Operette. Andere Bühnen im deutschsprachigen Raum setzten auf einmal Paul Abrahams und Oscar Straus' Operetten auf den Spielplan. Interessierte aus England, Russland, den USA kamen nach Berlin, um unsere Aufführungen zu sehen. Symposien und Seminare wurden veranstaltet, Bücher geschrieben und Dokumentarfilme gedreht und damit diesem Kapitel der Operettengeschichte die längst verdiente Bedeutung eingeräumt. Denn Abraham, Straus und Weinberger sind für Berlin so wichtig wie Johann Strauss oder Franz Lehár für Wien.

Wenn ich ihre Musik höre, wenn ich diese Operetten im Probenraum inszeniere oder sie auf der Bühne sehe, ist irgendwie immer meine Großmutter anwesend. Nicht wie ein Denkmal oder ein Wahrzeichen. Das klingt viel zu statisch, pathetisch und institutionalisiert. Eher wie ein sehr teures Chanel-Parfum, das sanft meine Nase umschmeichelt. Mein Vater und seine Schwester nannten meine Großmutter, frei nach Kálmán, »Die eiserne Gräfin«, da sie streng wirkte. Ich habe sie nie als hart, kühl oder strikt empfunden. Sie prägte mich, meine Träume und Sehnsüchte, meine Fantasien und Wünsche weit mehr als alles, was ich in meinem Alltag mit meinen Eltern, meinen Geschwistern, Freund:innen oder Klassenkamerad:innen erlebt habe. Sie war meine Lehrerin, meine Verbündete und zugleich eine wunderbare Fantasiegestalt, wie sie ein Operettenkomponist nicht besser hätte kreieren können.

Als ich vierzehn Jahre alt war, gab mir meine Großmutter eine Aufnahme von Béla Bartóks *Herzog Blaubarts Burg*, was mich überraschte, da sie die moderne Musik des 20. Jahrhunderts eigentlich nicht mochte. Sie konnte Alban Berg nicht leiden, Janáček ging gerade noch, Schostakowitsch aber überhaupt nicht. Ich weiß nicht warum. Vielleicht, weil dessen Werke sie an ihren verstorbenen Mann erinnerten. Aber Bartóks Musik liebte sie. Sicherlich, weil er Ungar war. Eine Schulfreundin von ihr hatte bei Bartók Klavierunterricht genommen und schenkte meiner Großmutter später einen Brief von ihm, in dem er die Klavierstunde absagte. Sie nahm Bartóks Brief als einen ihrer größten Schätze in ihr Autogrammalbum auf. Meine Großmutter hatte vier Lieblingskomponisten: Mozart, Wagner, Kálmán und Bartók. Die beiden ungarischen Komponisten waren ihre absoluten Idole, obgleich ihre Musik nicht unterschiedlicher sein könnte. Aber für meine Großmutter waren sie durch ihre Wurzeln in der ungarischen Volksmusik tief miteinander verbunden.

Als sie mir die *Blaubart*-Aufnahme schenkte, kannte ich bereits Bartóks Klaviermusik, denn ich spielte einige seiner leichteren Klavierstücke. Aber die Opernaufnahme war noch einmal etwas völlig anderes. Bartók schrieb die Oper in einer Zeit, in der die meisten Komponisten noch immer stark von

Wagner geprägt waren und stundenlange, riesig besetzte Spektakel komponierten. Die zwei herausragenden Meisterwerke der ersten Hälfte des 20. Jahrhunderts widersetzten sich diesem Epigonentum: Alban Bergs *Wozzeck* taucht anderthalb Stunden in die Niederungen der Gesellschaft und des menschlichen Daseins ein, und Béla Bartók reduziert in *Blaubart* die gesamte Dramatik auf nur zwei Sänger:innen und eine knappe Stunde Spieldauer. Die einzigartige Bedeutung, die *Wozzeck* zugeschrieben wird, trifft mindestens in gleichem Maße auf *Blaubart* zu. Vor allem aufgrund von Bartóks Klangmagie. Ich stand und stehe bis heute unter seinem Bann, so wie Judith unter dem Bann von Blaubart steht und Blaubart unter dem Bann von Judith.

Als Jugendlicher faszinierte mich vor allem die Mischung aus Horror und Erotik. Wie die meisten Teenager war ich besessen von Horrorfilmen. Ich liebte Edgar Allan Poes Geschichten und hatte den expressionistischen Film, allem voran *Nosferatu – Eine Symphonie des Grauens* und *Das Cabinet des Dr. Caligari*, für mich entdeckt. Und hier war nun eine Oper, die von einer Art Nosferatu-Burg handelt, von ihrem geheimnisumwobenen Besitzer und seiner neuen Frau, die versucht, die Geheimnisse um ihn und seine Burg zu lüften: Öffne diese Tür, öffne jene Tür, zeig mir dies, zeig mir das, oder lieber doch nicht? Horror und Erotik passen immer bestens zusammen – ob im Film oder im Theater. Heute interessiert mich der Horroraspekt weniger, und ich sehe in *Blaubart* vielmehr eine einzigartige, wunderschöne, bizarre Liebesgeschichte, in der es um Einsamkeit, Paranoia und das Verlangen nach Liebe geht. Im Grunde ist *Blaubart* eine einzige, fünfundfünfzig Minuten lange Liebesszene. Als ob Tristan und Isolde im Fegefeuer stecken würden, gefangen in ihren Krisen, in einem Opern-Purgatorium des 20. Jahrhunderts.

Musikalisch fesselten mich damals drei Stellen, die ich immer und immer wieder anhörte: der Anfang mit seinem unglaublich furchteinflößenden Streicherklang, der von unten aus dem Orchestergraben aufsteigt, sich wie ein Schatten im Zuschauersaal, ja sich wie ein Atemhauch im Raum ausbreitet. Der kalte Odem von Blaubarts Burg. Eine der besten Eingangssequenzen der Opernliteratur. Die zweite Stelle ist das Öffnen der fünften Tür, wahrscheinlich der bekannteste Moment dieser Oper. Nachdem hinter den ersten Türen – ganz Horrorfilm – verschiedene Formen des Grauens mit viel Blut erschienen sind, strahlt aus der Öffnung der fünften Tür in warmem C-Dur-Orgelklang glänzendes Sonnenlicht hervor. Bartók blendet Judith und auch uns Hörer:innen regelrecht mit seiner Musik. Der dritte Augenblick, für mich der großartigste der gesamten Oper, ist schließlich das Erscheinen des Tränensees hinter der sechsten Tür. Judith erblickt den See, und als sie Blaubart fragt: »Ich sehe einen stillen, weißen See. Was für Wasser ist das?«, antwortet er ihr: »Tränen, Judith!« Auch hier zeichnet Bartók ein Naturphänomen nicht nur klanglich nach – so zum Beispiel die Wellen und das Glitzern des Sees durch sich wiederholende Arpeggios –, sondern verleiht ihm darüber hinaus eine emotionale Tiefe, so dass Wasser zu Tränen wird. Eine der traurigsten Musikstellen des 20. Jahrhunderts.

Nachdem ich mir die Aufnahme von meiner Großmutter angehört und ich mich mit ihr beim Abendessen darüber ausgetauscht hatte, besuchten wir gemeinsam eine konzertante Aufführung in Melbourne. Die erste Inszenierung habe ich dann erst in Europa gesehen und war ziemlich enttäuscht davon. Bartóks grandiose Klangmalerei verleitet Regisseur:innen häufig dazu, die Musik zu bebildern. Judith spricht von sieben Türen, Bartók komponiert gleißendes Sonnenlicht und einen See aus Tränen, und was sehe ich auf der Bühne: sieben Türen, Sonnenlicht und Wasser. Ich halte das für den komplett falschen Ansatz, da die szenische Illustration stets banal gegenüber dieser Musik wirkt. Sie wird nie mit den Klangbildern mithalten können und neben der emotionalen Tiefe der Musik stets wie ein schlechtes, dumpfes Abbild wirken. Bei *Tristan und Isolde* spielt zum Beispiel das Meer und das Wasser eine zentrale Rolle. Aber das Wasser ist bereits im Orchester, in der Musik. Ich muss es nicht noch einmal szenisch, visuell auf die Bühne bringen, wenn es bereits klanglich vorhanden ist. Genau das Gleiche gilt für das Wasser und das Sonnenlicht in *Blaubart*. Als Regisseur:in muss man in diesen Momenten etwas anderes finden, einen Kontrast, eine Zutat, die das Klangbild ergänzt, anstatt es zu illustrieren, szenische Vorgänge, die mit der Musik in einen Dialog treten.

Als ich *Blaubart* schließlich 2010 in Frankfurt am Main gemeinsam mit dem Dirigenten Constantinos Carydis auf die Bühne brachte, sagte ich gleich am Anfang der Entwicklungsphase zu meinem Team: keine Burg, keine Mauern, keine Türen. Eine leere Bühne, ohne jegliche Architektur. Blaubarts Körper ist seine Burg. Wenn Judith von den Türen angezogen wird, wenn sie versucht, sie zu öffnen, und gegen sie trommelt, muss sie sich an ihn wenden, muss auf seine Brust schlagen: »Öffne dich!« Sein Körper ist seine Burg, aus ihm müssen all das Grauen und all die Schönheit, die sich hinter den Türen verbergen, kommen. So funkelte es bei der dritten Tür, dem Zugang zu Blaubarts Schatz, golden aus seinen Taschen, beim Öffnen der vierten Tür, hinter der sich Blaubarts Garten verbirgt, verwandelten sich seine Arme in lange, riesige Efeuranken. Und als sich die sechste Tür öffnet, tropfte auf einmal Wasser aus seinem Anzug, und sie trank es. Man fragte sich, was genau ist diese Flüssigkeit? Was trinkt Judith da? Ist es

Wasser? Ist es Schweiß? Sind es seine Tränen? Weint sein ganzer Körper? Besteht sein Körper aus Tränen? Wenn sie seine Körperflüssigkeit trinkt, trinkt sie dann letztlich ihn? All diese Fragen wollten wir mit diesem Bild aufwerfen, ohne klare Antworten zu geben.

Auf den Proben haben wir die Türen und Wände zu keinem Zeitpunkt vermisst. Im Gegenteil war es eine tolle performative Herausforderung für die beiden Hauptdarsteller:innen, Claudia Mahnke als Judith und Robert Hayward als Blaubart, nur mit dem eigenen Körper zu arbeiten und mit ihm eine Ambivalenz zwischen Sich-Öffnen und Sich-Verschließen, Hingabe und Entzug darzustellen. Man glaubte ihnen sofort, dass sie sich extrem zueinander hingezogen fühlen, dass sie sich in einen Strudel, einen niemals endenden Kreis aus Attraktion und Zurückweisung hineinbegeben. Sie konnten nicht voneinander lassen, sie fesselten einander und rissen sich wieder los, sie vereinten sich und stießen sich wieder ab, mal gewaltvoll, mal verführerisch, mal hart, mal weich und zart. Sie durchliefen innerhalb von fünfundfünfzig Minuten so ziemlich jeden Gefühlsstatus einer Liebesbeziehung. Wir brachten keine Dracula-Version, keine Fantasie eines frauenmordenden Monsters auf die Bühne, sondern die intensive Beziehung zweier Liebender in all ihren Facetten, ohne jemals eindeutig zu werden, ohne irgendwelche Antworten zu geben. Denn das Stück beginnt und endet mit einem Fragezeichen.

Ich war sehr überrascht, wie schnell wir bei den Proben waren. Ich hatte bereits *Dido und Aeneas* zu Ende geprobt – wir führten *Blaubart* als zweiten Teil eines Doppelabends mit *Dido und Aeneas* auf, eine sehr ungewöhnliche, aber tolle Kombination. Seit meiner Jugend, seit drei Jahrzehnten, hatte ich die Musik von *Blaubart* in meinem Kopf, hörte sie immer und immer wieder, so dass ich mich musikalisch kaum auf die

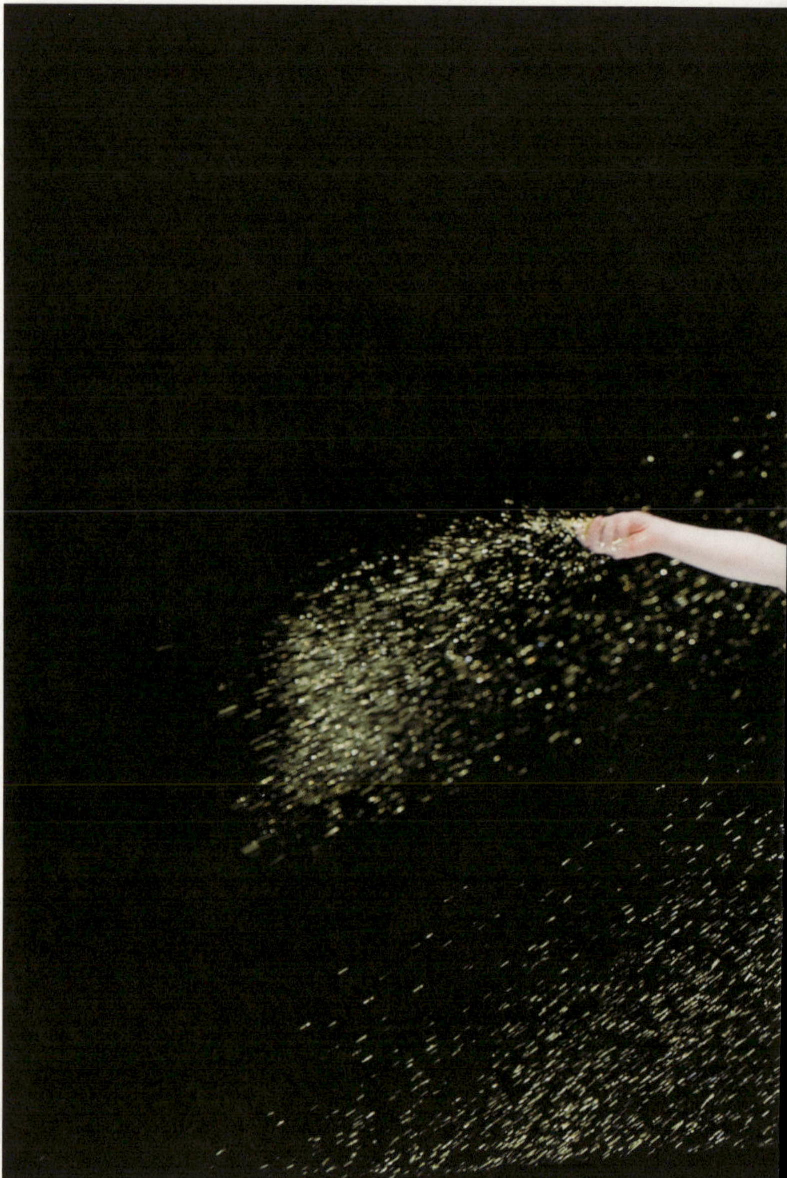

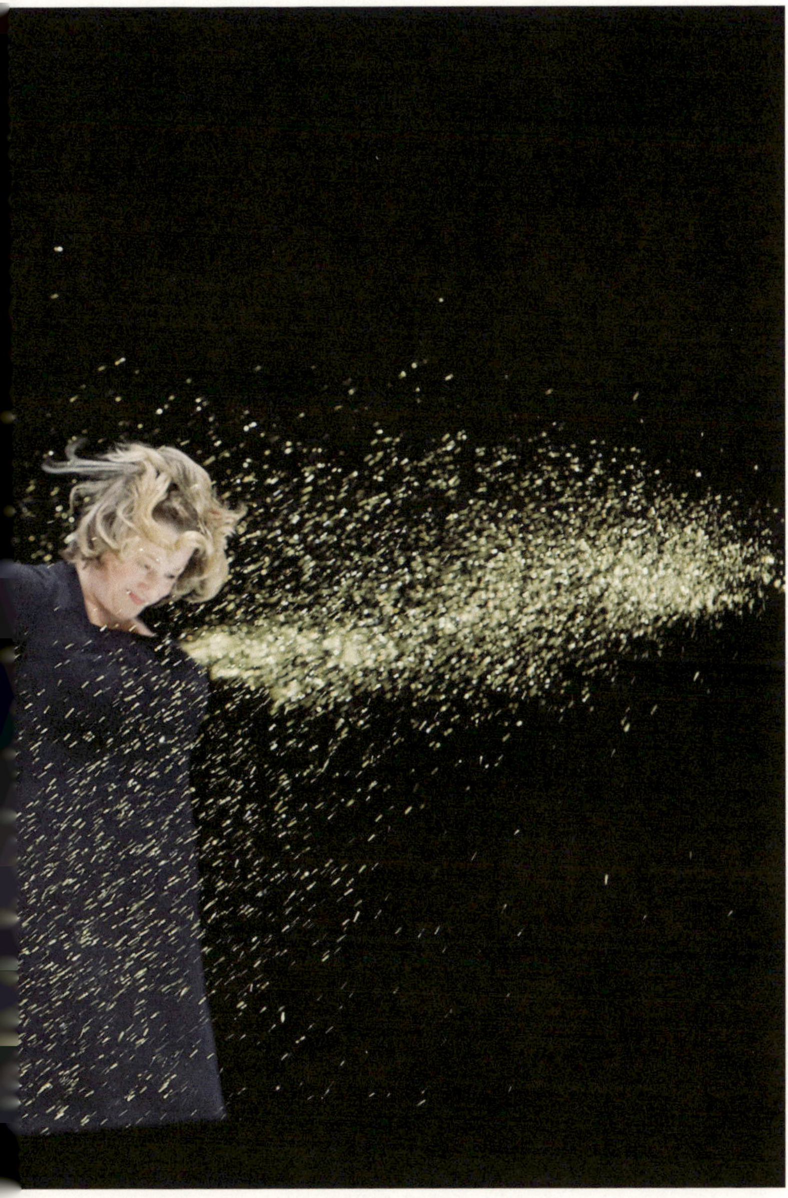

Claudia Mahnke (Judith) in meiner Inszenierung von »Herzog Blaubarts Burg«, Oper Frankfurt, 2010

Inszenierung vorbereiten musste. Dann noch zwei wunderbare Hauptdarsteller:innen und ein fantastischer Dirigent. Wie immer brachte ich ein paar Ideen und Impulse mit in die Proben. Und dann floss die Inszenierung einfach so aus mir und aus den Darsteller:innen heraus. Ich glaube, wir haben nur eine Woche dafür benötigt. Natürlich haben wir in der Folge noch weiter daran gefeilt. Aber ich kann mich an keine andere Inszenierung erinnern, die so problemlos, dynamisch, ja fast automatisch entstand. Ich hatte den Eindruck, gar nicht zu inszenieren, sondern von etwas, von dem Text, der Musik, dem Werk, mitgezogen zu werden. Ich surfte regelrecht auf Bartóks Partitur. Es war der leichteste, organischste und schnellste künstlerische Prozess, den ich jemals erlebt hatte. Manche Produktionen können sehr schwer und anstrengend sein, wie der Versuch, Wasser aus einem Felsen zu pressen. Hier war es das genaue Gegenteil, das Wasser floss aus dem Felsen.

Mir ist schon klar, warum meine Großmutter die Gräfin Mariza und Hanna Glawari aus *Die lustige Witwe* so liebte. Sie identifizierte sich mit ihnen, da sie selbst eine Art Operette lebte und früh zur Witwe wurde. Aber warum sie so begeistert von *Blaubart* war? Aufgrund Bartóks Musik? Oder vielleicht weil mein Großvater nach seinem Tod zu einer Art Blaubart-Figur in ihrem Kopf wurde? Dieser belarussische Jude, der meine Großmutter mit nach Australien in seine Burg nahm und den sie aufforderte, die Türen zu öffnen, hinter denen sich das Grauen des australischen Provinzlebens verbarg. Im Stück ist die Burg ja tatsächlich Blaubarts Heimat, und Judith kommt als seine Ehefrau aus der Fremde und versucht, Blaubarts Zuhause zu erkunden. Ich kann mir vorstellen, dass meine Großmutter sich in Judith spiegelte, indem sie Europa für ihren Blaubart, meinen Großvater, verließ, indem sie von einer neuen verheißungsvollen Zukunft und Heimat träumte, dann aber in einer Burg, in Australien, endete, wo sie nacheinander schreckliche Dinge entdeckte. Kein Blut, keine Folterinstrumente, keine Tränen, sondern *Instant Coffee*.

Es gibt, wie gesagt, kaum unterschiedlichere Stücke als *Blaubart* und *Mariza*. Und es gibt wohl kaum eine größere Differenz zwischen deren Wirklichkeiten und meiner Lebensrealität als australischer Teenager, sechzehntausend Kilometer entfernt von Europa, entfernt von all den Opernhäusern und all den wunderbaren Werken, umgeben von Menschen, deren Vorfahren aus ganz anderen Kulturkreisen, aus Asien und dem angelsächsischen Raum, kamen. Und doch bestand ein entscheidendes Bindeglied zwischen diesen Welten: meine Großmutter Magda. Ich sehe in ihr gleichermaßen *Mariza* und *Blaubart*. Auf der einen Seite die Nostalgie, der Kosmopolitismus und die Eleganz der *Mariza* und auf der anderen Seite *Blaubarts* existentieller Love-Tango und die teils berauschende, teils verstörende Entdeckung des Fremden. Meine Großmutter war diejenige, die mit ihrer Lebensgeschichte für mich eine Brücke zu Europa, zur Welt des Musiktheaters schlug und mir zeigte, dass, so verschieden Werke auch sein mögen, sie doch unauflöslich miteinander verknüpft sein können. Sie ist für mich ein Sinnbild dafür, dass wir keine klare Trennungslinie zwischen *Mariza* und *Blaubart*, zwischen Operette und Oper, zwischen E und U ziehen dürfen. Sie sind eng miteinander verbunden und können sogar eins werden in einer Person.

Als ich zum ersten Mal von der deutschen Unterscheidung zwischen »Ernster Musik« und »Hochkultur« auf der einen und »U-Musik« und »Unterhaltungskultur« auf der anderen Seite hörte, verstand ich überhaupt nicht, was damit gemeint war. Warum müssen wir Kunst in zwei Bereiche unterteilen?

Und warum sollten wir diese dann bewerten und behaupten, das eine sei besser als das andere? Mir erscheint das vollkommen irrsinnig und pervers. Für mich entsteht Kunst, indem aus den unterschiedlichsten Quellen geschöpft, verschiedene Dinge zusammengebracht und dadurch etwas Neues geschaffen wird. Meine deutschen Freund:innen und Kolleg:innen haben mir erklärt, dass vor allem die Musikverlage diese Unterscheidung getroffen hätten, um Komponist:innen von E-Musik einen Lebensunterhalt zu verschaffen. Im Grunde habe die Unterscheidung ursprünglich dem Schutz der finanziellen Absicherung von Künstler:innen gedient. Ich verstehe natürlich, dass gewisse Kunstformen auf dem freien Markt keine Chance hätten und daher öffentlich finanziert werden müssen und andere wiederum nicht. Das war schon immer so. Früher haben einzelne Herrscher:innen gewisse Kunstformen unterstützt, heute macht das der Staat. Und ich finde es toll, dass im deutschsprachigen Raum so viele öffentliche Gelder in die Kunst fließen. Das ist einmalig auf der Welt und für Künstler:innen ein wahrhaftes Paradies.

Aber was hat das mit der Qualität der jeweiligen Kunst zu tun? Soll die Finanzierung wirklich die Basis für eine Diskussion über ästhetische Fragen und Kultur darstellen? Im 19. Jahrhundert wurde die ästhetische Debatte übrigens noch vollkommen anders geführt. Die Künste vermischten sich, gingen ineinander über, und niemand sprach über solch eine grundsätzliche Unterscheidung. Ich verstehe natürlich, dass mit dem Ende der höfischen Subventionen im 20. Jahrhundert nach neuen Finanzierungsmodellen gesucht wurde und sie begründet werden mussten. Aber mir leuchtet nicht ein, warum die finanzielle Differenzierung zu einer ästhetischen werden musste und bis heute fortwirkt. Wir müssen gegen diese Separation ankämpfen, und ich bin davon überzeugt, dass sie sich nicht mehr lange in der deutschen Kultur halten wird. Denn die jüngeren Deutschen, die im späten 20. oder im beginnenden 21. Jahrhundert groß geworden sind, treffen diese Unterscheidung längst nicht mehr. Ich selbst bin ein Kind der 1970er und 1980er Jahre. Fernsehen, Film, Pop, Disko gehören alle zu meinem Make-up, wie auch zu dem von Millionen anderer Menschen.

Ich möchte nicht behaupten, dass es überhaupt keine Unterschiede gibt. Ich würde *Blaubart*, Mahlers 9. Sinfonie, *Gräfin Mariza*, Lady Gaga und die *Simpsons* nicht gleichsetzen. Für mich ist Kultur wie ein Garten oder ein Wald, in dem alle möglichen Arten von Pflanzen wachsen – große Bäume, kleine Bäume, wunderschöne Blumen und Büsche. Je nach Jahreszeit ändert sich dieser wunderbare, üppige Wald und erfährt immer wieder Transformationen. Niemand käme beim Spaziergang durch einen Wald auf die Idee zu sagen: Zum Glück gibt es hier nur eine Baumart! Kunst ist keine Monokultur, sondern ein Ökosystem. Und in dem Wald gibt es auch herausragende Blumen und Bäume. Ich bin davon überzeugt, dass die *Simpsons* zum Beispiel irgendwann einmal als ein außergewöhnliches Meisterwerk angesehen werden, das sowohl siebenjährige Kinder als auch siebzigjährige Erwachsene anspricht. Und doch unterscheiden sich diese Pflanzen voneinander. Ich kann eine *Simpsons*-Folge am Nachmittag in gleichem Maße und doch auf eine andere Weise genießen wie ein Konzert mit Mahlers 9. Sinfonie am Abend. Der Schmerz und das Leiden, das man aus jedem Takt der 9. Sinfonie heraushört, lässt sich nicht mit den dreiundzwanzig Minuten *Simpsons* vergleichen. Ich mag es allerdings überhaupt nicht, wenn gesagt wird: Mahler ist Kunst und die *Simpsons* nicht.

Meine Großmutter zeigte mir, wie bunt und vielfältig der Garten des Musiktheaters ist und dass in ihm so unterschiedliche Pflanzen wie *Mariza* und *Blaubart* wachsen, blühen und gedeihen konnten. Sie führte mich herum, zeigte mir ihre Gewächse und bat mich, sie zu studieren. Sie fütterte mich, ja gab mir Nahrung, aus der ich schließlich zu dem wurde, was ich heute bin. Mein Körper und meine Seele bestehen zu einem Großteil aus der kulturellen Kost, die mir meine Großmutter damals gab. Ohne sie wäre ich nicht zu dem Künstler geworden, der ich bin. Vielleicht hätte ich über andere Wege und zu einem anderen Zeitpunkt all die Operetten- und Opernschätze entdeckt. Aber sicherlich nicht auf diese intensive, sehr persönliche Art und Weise. Wäre ich ohne sie, ohne ihre Einführung in *Mariza* und *Blaubart*, Regisseur geworden? Hätte ich mich ohne sie jemals für Operetten begeistern können und die Berliner Jazz-Operette in meiner Intendanz an der Komischen Oper Berlin wieder auf die Bühne gebracht? Keine Ahnung. Aber sie hat mir auf jeden Fall wesentlich dabei geholfen, meine Künstleridentität zu entwickeln. Und wenn ich heute an meine Großmutter und an ihr Leben denke, an das Glück und die Freude in ihrer ersten Lebenshälfte sowie an die Abstumpfung in ihrer zweiten Lebenshälfte, dann stelle ich mir Kálmán und Bartók als passenden Soundtrack zu ihrem Leben vor – und das berührt mich sehr.

TATJANA

Die »Kosky Brothers« – vier Brüder und eine Schwester, die gemeinsam den damals wohl größten Pelzhandel Australiens betrieben. Sie belieferten Kund:innen aus den unterschiedlichsten Schichten, nicht nur aus der Upper Class, sondern auch aus zwielichtigen, kriminellen Milieus. Darunter Squizzy Taylor, der in den 1920er Jahren berühmteste und berüchtigtste Gangster Melbournes, quasi der Al Capone Australiens, der seine Mätressen mit Kosky-Ware einkleidete. Wer es sich leisten konnte, trug Kosky-Mäntel, -Stolen und -Hüte. Mein Großonkel Solomon baute auf solch zweifelhaften Verbindungen auf, als er später eine ganz andere Karriere machte. Erst vor kurzem kam heraus, dass er in den 1930er und 1940er Jahren ein russischer Spion war.

Mein Großvater Boris war der Chef dieses Unternehmens. Aufgewachsen war er allerdings gemeinsam mit seinen Geschwistern in einem kleinen belarussischen Schtetl namens Tschaschniki in der Nähe von Witebsk. Sein Vater war Hausmeister in der dortigen Synagoge. 1911 haben er und seine Geschwister das Schtetl aufgrund der Anfang des 20. Jahrhunderts in Belarus massenweise stattfindenden Pogrome verlassen. Wie so viele andere Juden sind sie nach Deutschland ausgewandert. Sie wollten sich dort eigentlich niederlassen, sind dann aber doch nur ein Jahr geblieben. Der Antisemitismus in Deutschland hatte bereits ähnliche, wenn nicht gar schlimmere Züge angenommen als in Belarus, und sie befürchteten vergleichbare Ausschreitungen wie in ihrer Heimat. Zugleich waren sie aber noch jung, neugierig und offen für die Zukunft.

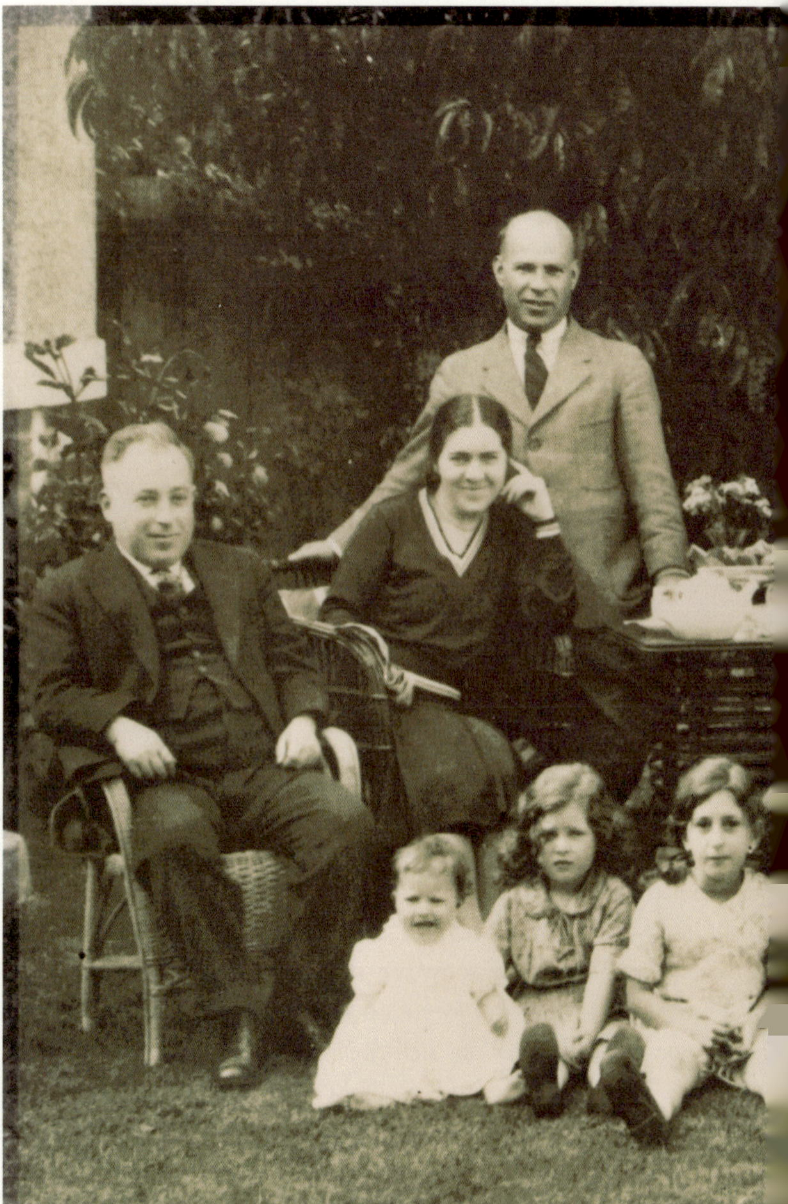

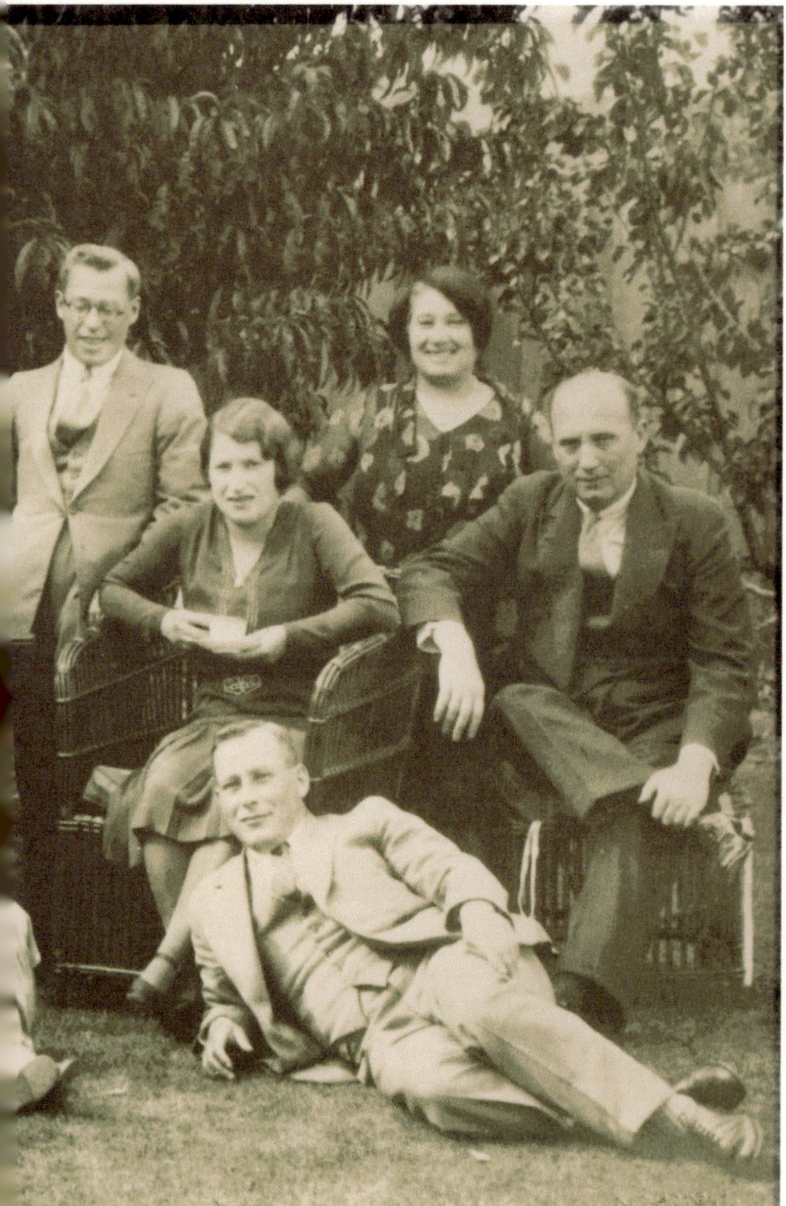

Die Kosky-Familie, Melbourne 1937

In Belarus hatten sie eher in armen Verhältnissen gelebt und keine große Bildung erfahren. Das Leben konnte also nur besser werden. Wie so viele andere Emigrant:innen zogen sie nach Hamburg, wo ihnen zwei Schiffe zur Auswahl standen – eines nach Kanada, ein anderes nach Australien. Sie nahmen das nach Australien, ohne großen Plan, ohne konkrete Vorstellungen und Erwartungen. So verschlug es die Kosky-Geschwister nach *Down Under.*

In Melbourne gründeten sie dann gemeinsam ein Pelzunternehmen – die »Kosky Brothers«. Eigentlich hießen sie Velakovsky. Aber die Australier:innen haben zwecks Verständlichkeit einfach das »Vela« weggekürzt: »Das kann niemand aussprechen. Wir nennen euch einfach Kosky.« Mein Großvater Boris kümmerte sich mit seinen drei Brüdern um den Handel, eine der beiden Schwestern machte die Buchhaltung. »Kosky Brothers« wuchs ziemlich schnell zu einem großen und erfolgreichen Import- und Exportunternehmen an, führte Pelze aus dem Ausland für die Melbourner High Society ein und Schafs-, Känguru- und Opossumfelle nach Europa und China aus. Als Teil einer riesigen Gruppe von russischen und osteuropäischen Einwander:innen waren sie bestens vernetzt.

Mein Großvater zeichnete insbesondere für das Exportgeschäft verantwortlich und war daher viel auf Reisen. Einer seiner wichtigsten Partner war ein ungarisches Pelzunternehmen, so dass er häufiger nach Budapest fuhr. 1933 traf er meine Großmutter Magda bei einer Dinnerparty, fand sie wohl attraktiv und machte ihr den Hof. Sie müssen sich irgendwie verliebt haben, und bei einer seiner nächsten Reisen im Jahr 1935 heirateten sie dann in der französischen Hauptstadt. Ich habe ein Foto von ihnen in einem ungarischen Restaurant in Paris, wo sie ihre Hochzeit feierten.

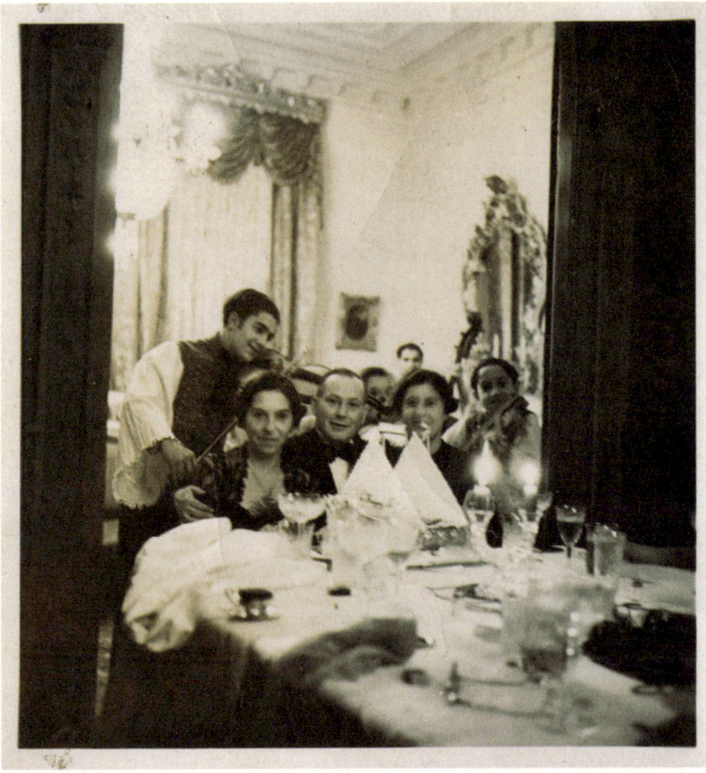

Hochzeitsfeier meiner Großeltern in einem ungarischen Restaurant, Paris 1935

Das ging alles ziemlich schnell und musste auch irgendwie schnell gehen, da meine Großmutter nicht mehr ganz jung war. Ihre Familie dachte, sie würde nie heiraten und als alte Jungfer enden. Da tauchte dieser junge, gutaussehende und erfolgreiche Belarusse auf und sagte zu ihr: »Komm mit mir in eine neue Welt. Australien ist fantastisch.« Und sie willigte sofort ein. Am Anfang muss es Verständnisschwierigkeiten zwischen ihnen gegeben haben. Sie sprach nur ein bisschen Englisch, kein Russisch. Die beiden konnten also nur in sehr gebrochenem Englisch miteinander kommunizieren. Aber sie blieben zusammen und brachten zwei Kinder zur Welt, eines davon mein Vater. Als mein Vater zwölf Jahre alt war, starb mein Großvater und ließ meine Großmutter in diesem Land zurück, das sie partout nicht ausstehen konnte.

Viel mehr weiß ich nicht über meinen Großvater. Alle Bilder, Vorstellungen und Assoziationen, die ich mit ihm verbinde, basieren im Grunde auf den Erzählungen meiner Großmutter Magda und auf ein paar Schallplatten. Als ich sechs Jahre alt war, entdeckte ich in einem großen alten Schrank meiner Eltern eine Schallplattensammlung, ein Sammelsurium unterschiedlichster Aufnahmen. Einige von ihnen stammten aus den 1920er und 1930er Jahren und hatten kyrillische Texte auf den Hüllen. Ich hatte keine Ahnung, was ich mir da anhörte, ebenso wenig meine Eltern, die kein Russisch verstanden. Aber ich hörte mir alle an. Das Einzige, was ich über sie wusste: »Das waren die Schallplatten deines Großvaters. Das sind Boris' Schallplatten.« Meine Großmutter kannte einige der Stücke auf den Platten, aber nicht alle, da ihr russische im Gegensatz zu deutscher Musik zuwider war. Irgendwann müssen russische Freund:innen der Familie die Stücktitel für mich übersetzt haben. Mir sind vor allem drei Platten in Erinnerung geblieben: eine Aufnahme von Igor Strawinskys *Petruschka*, eine von Pjotr Tschaikowskys *Nussknacker*-Suite und eine mit Fjodor Schaljapin, der Auszüge aus *Boris Gudonow* sang. Meine erste Begegnung mit russischer Musik.

Petruschka machte mich schon von den ersten Takten an süchtig. Ich liebe *Le sacre du printemps*. Ich liebe den *Feuervogel*. Aber zu *Petruschka* spüre ich eine besonders tiefe Verbindung. Meine erste Verliebtheit galt allein der Musik – den Klangfarben, den Rhythmen, den Harmonien. Ich hatte keine Ahnung von der Handlung. Ich reagierte allein und ausschließlich auf den Klang. Ein paar Jahre später bekam ich eine weitere Aufnahme mit einer Inhaltsangabe auf Englisch und damit fügte sich das entscheidende Puzzlestück ein. Ich war gefesselt von der Figur des Petruschka, von diesem einsamen, traurigen Clown, der unglücklich in eine Ballerina verliebt ist, ermordet wird und schließlich als Geist auf den Dächern der Stadt tanzt. Aber auch von der seltsamen Dreiecksbeziehung zwischen der Ballerina, dem »Mohr« und Petruschka, von der grotesken Geschichte, von der makabren Handlung, dem brutalen Rhythmus und der fantastischen Klangzeichnung der Musik. Beim Hören sah ich die Farben des Marktes, die Stände und den Trubel vor mir, roch regelrecht den Fisch und den Käse. Ich entwickelte eine romantische Vorstellung von einem russischen Markt, musste an die Velakovskys, an ihre Heimat in einem Schtetl denken. Auch wenn Strawinsky kein Jude war, so steckt in seiner Musik doch der Geruch von einem russischen Schtetl, von einem Marktplatz im tiefsten russischen Hinterland. Derselbe Hering, dieselben Gurken. Was einen Jungen daran faszinieren kann, während seine Altersgenossen irgendwo im heißen australischen Sommer draußen spielen? Darüber spreche ich seit zehn Jahren mit meiner Psychotherapeutin.

Zu der Zeit, als ich *Petruschka* für mich entdeckte, reisten meine Eltern nach Bali und brachten mir als Geschenk ein indonesisches Schattenfigurentheater mit. Es bestand aus einem Holzrahmen, in den ein Tuch gespannt war und an dessen Ecken Kerzenhalterungen angebracht waren. Zur Ausstattung gehörten ein paar Schattenfiguren. Als wir in der Schule den Auftrag bekamen, Puppen anzufertigen, nutzte ich die Gelegenheit, jenes Sortiment zu erweitern und meine eigenen Puppen für das Schattentheater zu entwerfen: Petruschka, die Ballerina, den »Mohr«.

Petruschka war schließlich das erste Stück, das ich in meinem Schattentheater zur Aufführung brachte. Stundenlang konnte ich zu Strawinskys Musik mit den Puppen spielen. Ich bin mir nicht sicher, ob ich eine Verbindung zwischen Petruschka, der ja selbst eine Puppe ist, und meinem Figurentheater herstellte. Ich wusste allerdings, dass es russische Musik, eine russische Geschichte war und dass eine Aufnahme meines Großvaters mich diese Welt erschließen ließ.

Niemand durfte mit meinem Schattenfigurentheater spielen. Auch nicht meine ältere Schwester, mit der ich allerdings anderweitig erste Tanz- und Theatererfahrungen sammelte: Gemeinsam mit ihr erfand ich unterschiedliche Choreographien zu klassischer Ballettmusik. Wir probten in unserem Schlafzimmer und führten unsere Shows nach dem Dinner vor unseren Eltern, Großmüttern und wer sonst noch beim Abendessen anwesend war auf. Ich tanzte, und meine Schwester kümmerte sich mit einer Nachttisch- und einer Taschenlampe um das Licht. Sie dimmte das Licht, ich trat im hellblauen, halb durchsichtigen Negligé meiner Mutter auf, tanzte, verließ die Bühnenfläche, wechselte mein Kostüm, trat wieder auf und tanzte weiter … Es waren richtige kleine Aufführungen, die ich im Alter von sieben bis elf Jahren mit meiner Schwester einübte. Wobei einüben nicht wirklich zutrifft, da wir großteils improvisierten. Eine unserer beliebtesten Choreographien war Tschaikowskys *Nussknacker*, also eines der Stücke, die ich im Schrank meines Großvaters entdeckt hatte. Zum Leidwesen meiner Familie führten wir unsere Version immer und immer wieder auf. Für jeden Tanz, den Tanz der Zuckerfee, den russischen, arabischen und chinesischen Tanz, gab es Extrakostüme aus dem Kleiderschrank meiner Mutter, mal Tücher, mal Nachthemden, mal Röcke. Meine Eltern und alle weiteren Dinnergäste mussten sich das anschauen und am Ende begeistert applaudieren. Auch wenn sie extrem gelangweilt waren von der nicht enden wollenden One-boy-Show.

Mich faszinierten vor allem die kurzen Tänze, mit denen uns Tschaikowsky alle drei bis vier Minuten in eine andere Region der Erde entführt. Die Geschichte rund um Klara, die Mäuse, die Soldaten und den Weihnachtsbaum interessierte mich überhaupt nicht. In *Nussknacker*-Vorstellungen langweile ich mich immer maßlos bis zum Beginn der Tänze. Spannend wird es für mich erst mit der Reise um die Welt, auf die arabische Halbinsel, nach China, mit dem Eintauchen in unterschiedliche Kulturen und deren Musiksprache. Ich warte eigentlich immer nur die Tänze ab. Im Corona-Lockdown habe ich mir eine Laufmaschine gekauft, gehe seither regelmäßig zuhause aufs Band und höre währenddessen Musik. Zur *Nussknacker*-Suite kann ich am allerbesten laufen.

Der Nussknacker war meine erste Begegnung mit Tschaikowsky. Im Schulorchester spielten wir dann ein paar Stücke von ihm, mit meiner Großmutter besuchte ich eine Vorstellung von *Schwanensee*, dessen Geschichte ich liebte, und sie schenkte mir zu einem meiner Geburtstage eine Aufnahme aller Tschaikowsky-Sinfonien mit Herbert von Karajan und den Berliner Philharmonikern, von denen ich insbesondere die sechste vergötterte. Ich war besessen von seiner Musik, ohne eine einzige Note seines Opernschaffens zu kennen. Tschaikowsky wurde zu meinem Lieblingskomponisten, so dass ich in der Schule, auf Klassenarbeiten, auf meinen Schulheften und in Schulbüchern, mit Tschai-Kosky unterschrieb. Mein Spitzname war mindestens ein Jahr lang Tschai, bis ich mir eben einen anderen Namen ausdachte. Und meine Eltern wollten mir eigentlich den Vornamen meines Großvaters Boris geben, entschieden sich dann allerdings zwei Tage vor meiner Geburt dagegen. Ich sollte doch einen englischen Namen bekommen, damit ich nicht in der Schule geärgert werden würde. Typisch für die ersten und zweiten Einwanderergenerationen: bloß nicht auffallen, sich so gut als möglich assimilieren. Ich liebte den Namen Boris. Boris Tschai-Kosky wurde zu meinem *Nom de Plume*, meinem Künstler-Deckname. Ich wollte nicht Barrie Kosky sein, sondern Boris Tschai-Kosky.

Damals wusste ich noch nichts von Tschaikowskys Queerness und seiner Reputation als angeblich sentimentaler Komponist. Beides hängt selbstverständlich miteinander zusammen. Während in Fachdiskursen immer wieder versucht wird, seine Musik von seiner Queerness zu trennen, schleicht sich dann doch Homophobie ein, wenn seine Musik als gefühlig beschrieben wird. »Wagners Musik ist komplex und genial, Brahms' Musik hat Tiefe, aber Tschaikowsky?!« Alles Quatsch. *Onegin*, *Schwanensee*, *Nussknacker* und die Sinfonien sind mitnichten sentimental oder oberflächlich, sondern hoch emotional und in ihrer Emotionalität äußerst komplex, tiefsinnig und einfach genial. Und natürlich liegt diese Emotionalität auch in seiner Sexualität begründet. Es macht mich wütend, wenn Musikwissenschaftler:innen behaupten, dass seine Musik nichts mit seiner Sexualität zu tun hätte. Seine Zweifel, seine inneren Kämpfe, sein Schmerz, seine Angst als schwuler Mann hatten natürlich Einfluss auf sein Schaffen, das eine unglaubliche emotionale Bandbreite umfasst. Mal völlig verzweifelt und hoffnungslos wie Hermann aus *Pique Dame* oder Lenski aus *Eugen Onegin*, mal heiter, lebensbejahend, voll von Liebe wie Olga aus letztgenannter Oper. Er hat sich zwischen diesen Extremen bewegt. Wir können uns heute das Leben eines schwulen Mannes im Russland des 19. Jahrhunderts kaum ausmalen. Kein offizieller Partner, keine offizielle Beziehung, nur geheime Rendezvous und »One-night-fucks« in dunklen Gassen und Parks von Sankt Petersburg … Die einzige Möglichkeit, damit umzugehen, bestand für Tschaikowsky in der Wahl der Sujets für seine Ballette, seine Opern, seine Instrumentalwerke. Und natürlich steckt in jedem Takt seiner Musik diese Lebenserfahrung, trieft jeder Takt seiner Musik vor lauter Queerness. Das Gleiche gilt für Nikolai Gogol, dessen Homosexualität bis heute von russischen Wissenschaftler:innen geleugnet bzw. verheimlicht wird.

Das bedeutet natürlich nicht, dass das in jedem Werk und in jeder Inszenierung eine explizite Rolle spielen muss. Große Kunst überschreitet solche biografischen Einflüsse, stellt allgemeinere Bezüge her und spricht dadurch auch Menschen jenseits der Lebensrealität ihres Urhebers an. Eine achtzehnjährige, lesbische Frau findet sich vielleicht in Onegin wieder, ein sechzigjähriger heterosexueller Mann in Tatjana. Tschaikowsky schreibt sich in seine Figuren ein und verschwindet allerdings auch wieder hinter ihnen. Im Gegensatz zu Wagner, der in seinen Charakteren immer sichtbar bleibt. Tschaikowsky gelingt es, in seinen Werken zugleich aufzuscheinen und außen vor zu bleiben. Und so können wir uns mit seinen Figuren identifizieren und seine Musik lieben, ohne seine konkreten Erfahrungen zu teilen, ohne von ihnen überhaupt irgendetwas zu wissen. Und doch kann es interessant sein und die Wahrnehmung verändern, wenn wir Details aus dem Leben eines Komponisten kennen. Beethovens Musik kann ich sicherlich ohne jegliche biografische Kenntnisse verehren. Wenn ich allerdings von seiner Taubheit weiß, wie er in seinen letzten Lebensjahren darunter litt, sein Gehör zu verlieren, und dennoch weiterkomponierte, ändert das die Wahrnehmung seiner Musik grundlegend. Und genauso ist es mit Tschaikowskys Musik. Dass er mit seiner Sexualität und seiner Iden-

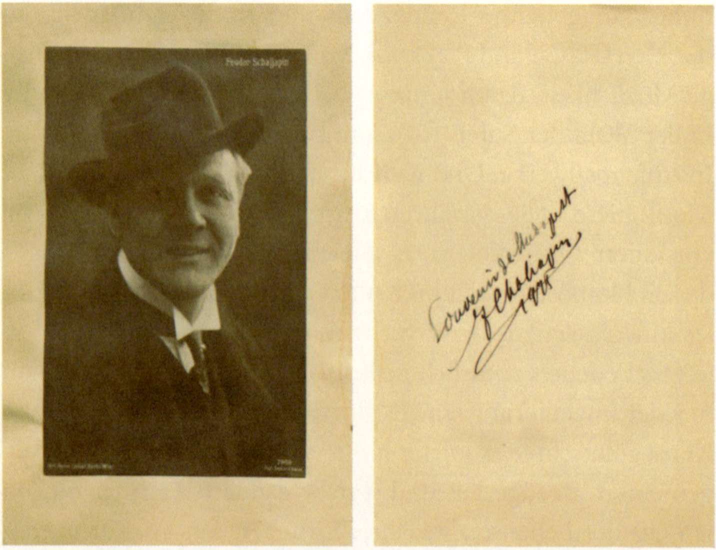

Signiertes Foto von Fjodor Schaljapin, Vorder- und Rückseite, Budapest, 1925, aus einem Autogrammalbum meiner Großmutter Magda

tität haderte, fließt in meine Musikerfahrung ein. Es ist für mich unmöglich, die Queerness seiner Musik aus meiner Wahrnehmung, meiner Interpretation und meinen Proben rauszuhalten. Und auch wenn ich damals, bei meiner ersten Begegnung mit *Nussknacker, Schwanensee* und den Sinfonien, nichts von Tschaikowskys Schwulsein wusste, habe ich die Queerness doch irgendwie in seiner Musik gespürt.

Auf der dritten Platte aus der Sammlung meines Großvaters sang schließlich Fjodor Schaljapin Auszüge aus *Boris Godunow.* Die Flexibilität und Vielseitigkeit von Schaljapins Stimme schlugen mich sofort in ihren Bann. Er hatte sowohl eine wunderbare Tiefe als auch eine fantastische Höhe. Und dieses Kreischen und Weinen, dieser Realismus und diese Emotionalität in der Stimme entsprachen nicht dem Wohlklang der Aufnahmen meiner Großmutter. Was ist das für eine Stimme? Wie kann man so singen? Heute reden alle von Maria Callas als der Stimme des 20. Jahrhunderts. Aber Schaljapin hat schon Jahrzehnte zuvor Unglaubliches mit seiner Stimme vollbracht. Er hatte den Mut, die Schönheit und Reinheit seines Gesangs der authentischen und wahrhaftigen Darstellung des dramatischen Charakters unterzuordnen. Und das macht Musiktheater im Gegensatz zu den Klischeevorstellungen von Oper aus. Er hat Filme gedreht und Erfolge auf den Opernbühnen gefeiert. Meine Großmutter hat ihn in Budapest und in Wien gesehen und meinte, dass er ein fantastischer und mystischer Darsteller war.

Hinzu kam noch, dass ich durch die Platte und seinen Gesang zum ersten Mal der gesungenen russischen Sprache begegnete, neben Jiddisch die Muttersprache meines Großvaters. Mein Großvater war schon gestorben, und meine Großonkel sprachen kein Russisch mit uns. Wenn mein Großonkel Solomon mit seinen Freunden Bridge spielte, Wodka trank und Zigarren rauchte, hat er sicherlich Russisch gesprochen. Aber nicht in der Familie. Durch meine anderen Opernaufnahmen kannte ich Italienisch und Deutsch. Da meine Großmutter keine russischen Opern mochte – womöglich, weil mein Großvater sie einfach in einem ihr verhassten Land alleine zurückgelassen hat –, hatte ich allerdings bislang kein Russisch gehört. Ich liebte den Klang der russischen Sprache, die mit all ihren Konsonanten nicht so leicht und flüssig wie Italienisch oder Französisch wirkte, aber eine gewisse Erotik hatte. Es war die Kombination aus dieser unbekannten Sprache und dieser außergewöhnlichen, seltsamen Stimme, die mich faszinierte. Bis heute ist Schaljapin einer meiner Lieblingssänger. Die meisten schwulen, opernaffinen Jugendlichen entdecken Callas, und die Welt ändert sich für sie. Ich mochte ihre eindringliche und sehr charakteristische Stimme. Aber Schaljapin änderte *meine* Welt. Wo endet der Gesang, wo beginnt Schreien, Weinen, Schluchzen? Wenn ich heute den Eindruck habe, dass zum Beispiel eine Sopranistin oder ein Bariton nicht mutig genug mit ihrer bzw. seiner Stimme umgehen, bitte ich sie, Schaljapin anzuhören.

Das Bild meines Großvaters ergab sich also aus der Musik dieser drei Platten und ein paar wenigen Bemerkungen meiner Großmutter. Ihr zufolge war er ein guter, geschäftstüchtiger und kultivierter Mann. Im Gegensatz zu ihr selbst, die ihren großbürgerlichen Habitus quasi mit der Muttermilch aufgesaugt hatte, erlangte er seine Bildung erst in Australien. Als er aus dem Schtetl aufbrach, besaß er nichts außer der Kleidung, die er am Leibe trug. Im Grunde entspricht die Geschichte meines Großvaters und seiner Familie *Anatevka* bzw. dem Schicksal Millionen von Juden zu Beginn des 20. Jahrhunderts. Die Jungen flüchten vor Pogromen, verlassen ihre Heimat ohne Hab und Gut und lassen die Alten zurück, die ihnen zurufen: »Geht, haut ab, ihr habt hier keine Zukunft, ihr gehört nicht hierher!« Im Exil haben sich die emigrierten Juden häufig eine vollkommen neue Identität zugelegt, wie eben auch mein Großvater. Er entwickelte eine Liebe zu Zigarren, Whiskey, guten Anzügen, Tschaikowsky, Strawinsky und Schaljapin. Viel mehr weiß ich nicht über ihn. Er blieb ein Mysterium für mich. Ein positiv besetztes.

Durch ihn und seine Schallplatten muss ich einen Zugang zur russischen Kultur, zu russischen Opern, zu russischer Literatur erlangt haben. Russ:innen haben eine derart tiefgehende Beziehung zu Kultur, Literatur, Musik und Kunst, wie es wahrscheinlich nur noch die Deutschen haben. Daher ist die Theater-, Opern- und Museumslandschaft in diesen beiden Ländern so reichhaltig und selbstverständlich, so dass ihre Existenz nicht hinterfragt wird. Kultur ist ein essentieller Bestandteil ihrer DNA, und das fasziniert und begeistert mich. Nicht ohne Grund lebe ich in Deutschland und liebe es, russische Opern zu inszenieren, mit russischen Sänger:innen und Dirigent:innen zusammenzuarbeiten. Ich liebe ihre Kunst, ihren Humor und ihre große Empathie. Durch meinen Großvater und seine Geschichte muss irgendwie die belarussische Welt in meine Identität, in meine Seele eingedrungen sein, und diese Wurzeln müssen mich zur russischen Kultur geführt haben.

Auf *Eugen Onegin* stieß ich erst Jahre später, nachdem ich die Platten meines Großvaters entdeckt hatte. Ich muss ungefähr sechzehn gewesen sein. Meine Begegnung mit *Onegin* war nur die logische Folge meiner Begeisterung für Tschaikowskys Sinfonien und den *Nussknacker.* Ich kann mich weder daran erinnern, wie ich zu der Aufnahme gelangt bin, noch an irgendeine Produktion, die ich gesehen hatte. Dieses Mal war es auch nicht meine Großmutter, die mich darauf hinwies. Womöglich haben mir meine Eltern eine Platte zum Geburtstag geschenkt. Als ich Musikgeschichte an der Universität studierte, besorgte ich mir dann noch einen Klavierauszug, spielte ihn und sang alle Rollen rauf und runter – auf Englisch, in einer sehr schlechten Übersetzung. Und ich schrieb einen Aufsatz über *Onegin.* Es ist sehr ungewöhnlich, dass ich mit der Oper auf diese Art und Weise in Berührung kam, also ohne eine Inszenierung von ihr zu sehen. Ansonsten gehörte dies zum Kennenlernen immer dazu. Die erste Aufführung von *Onegin* sah ich erst in meinen Zwanzigern, eine Inszenierung voll von erbärmlicher Folklore, mit einem völlig unterkühlten und herzlosen Onegin und einer fünfzig Jahre alten Tatjana. Hilfe.

Mit *Onegin* verbinde ich also keine Inszenierung, keine Einführung von meiner Großmutter, sondern vor allem mein Schlafzimmer. Die Sommernächte in Australien sind sehr heiß, so dass ich häufig keinen Schlaf fand und mir stattdessen, in Schweiß gebadet, stundenlang Musik und insbesondere Tatjanas Musik anhörte. Tatjana, die ebenfalls in einer heißen russischen Sommernacht nicht einschlafen kann, da sie soeben einen Mann getroffen hat, in den sie sich augenblicklich verliebt hat. Sie projiziert auf ihn all das, was sie in ihren Büchern gelesen, was sie in ihren Fantasiewelten imaginiert, erlebt und empfunden hat. Und ich projizierte wiederum mein Gefühlsleben auf sie. Ich war weder verliebt in sie, noch dachte ich, ich wäre sie. Aber auf irgendeine Art verband ich mich und identifizierte ich mich mit ihr, während ich diese Musik aus einem Land und einer Zeit hörte, die im Grunde nichts mit meinem Hier und Jetzt in einem bürgerlichen australischen Vorort, in einer heißen, heißen australischen Nacht zu tun hatten.

Für mich war die Form, das Narrativ und die Musik dieser Oper vollkommen neu. Sie hatte nichts mit den Opern von Mozart, Wagner, Verdi und Puccini gemein, mit denen mich meine Großmutter vertraut gemacht hatte. Im Gegensatz zu diesen erschien mir *Onegin* erstaunlich undramatisch. Es passiert ja im Grunde nichts Aufregendes, abgesehen von dem Duelltod Lenskis am Ende des zweiten Akts. Die Oper besteht weniger aus dramatischen Ereignissen als vielmehr aus einer Reihe von »lyrischen Szenen«. Die Figur Onegins interessierte mich damals überhaupt nicht. Vielmehr sprachen mich die Frauen und ihre Musik an. Selbst in schlechten Vorstellungen, in schrecklichen Inszenierungen kommen mir ein paar Tränen, wenn ich Olga und Tatjana am Anfang singen höre. Und ich liebe es, wie die Unterhaltung der beiden älteren

Frauen, Larina und Filipjewna, die einen ganz anderen, viel rezitativischeren Charakter als Tatjanas und Olgas Duett hat, quasi in dieses reinplatzt, wie sich Lied und Gespräch abwechseln und ineinandergreifen. Dramatisch passiert in dem Quartett eigentlich ziemlich wenig. Die Frauen tun ihre Gefühle, ihre Eindrücke und Gedanken kund. Und genau das hat mich fasziniert – ein Bühnengeschehen ohne viel Handlung.

Tatjana ist einzigartig in der Opernliteratur. Sie unterscheidet sich grundsätzlich von all den anderen Frauenfiguren und -bildern, die in der Opernliteratur im 18. und 19. Jahrhundert konstruiert wurden: Sie ist nicht krank, nicht verrückt, muss nicht sterben, sie ist keine grausame Frau, kein Vamp, kein Opfer, sie verkörpert weder ein erotisches noch ein moralisches Idealbild, sie ist weder Dienerin noch Herrin. Sie ist eine kluge junge Frau. Sie trifft ihre Entscheidungen selbst und handelt dementsprechend. Natürlich hat das höchst schmerzvolle Konsequenzen, aber dadurch lässt sie sich nicht beirren, nimmt ihr Schicksal in die Hand und gibt sich ihm nicht einfach hin. Durch Madame Butterfly, Violetta und den Mozart-Frauen war ich geradezu in Tod, Verzweiflung und Aufopferung getränkt. Tatjana war für mich völlig neu: eine selbstbestimmte, reflektierte und belesene Frau, schlaflos, schwitzend, grübelnd in der Sommerhitze. Und Tschaikowsky gelingt es, ihr Innenleben in einer dreizehnminütigen Arie grandios einzufangen und zu verdichten.

Die Briefszene ist für mich eine der schönsten Szenen der gesamten Opernliteratur. Wie Tatjana ihre Verwirrung, ihre Frustration, ihre Lust, ihre Erotik, ihre Sehnsucht in einer derart subtilen und komplexen und doch vollkommen nachvollziehbaren Art und Weise ausdrückt. Sie fragt sich nicht nur, liebe ich ihn oder nicht, sondern sie tritt in einen sehr vielschichtigen inneren Dialog, handelt ihre Gefühle und Gedanken mit sich selbst aus. Sie benötigt für dieses Zwiegespräch keine Vertraute, keinen Geliebten, sondern nur sich selbst, ein Stück Papier und einen Stift. Sie schreibt sich immer mehr in Wallung, bis hin zum Orgasmus. Sie kommt durchs Schreiben zum Höhepunkt, womöglich zu ihrem ersten. Stimuliert wird sie lediglich durch ihre Gedanken, ihre Träume und Sehnsüchte. Und das alles steckt in der Musik: ihre Lust und ihr Verlangen, der Orgasmus sowie die Entspannung danach.

Kurz nachdem ich *Onegin* und Tatjana entdeckt hatte, schaute ich Joseph Loseys Film *The Go-Between* (dt. *Der Mittler*) an: Ein Junge übermittelt darin die Briefe einer jungen Frau an ihren Geliebten. Da der Junge selbst in sie verliebt ist, nimmt er ihr zuliebe die Rolle des Boten an. Heute mag das vollkommen anachronistisch erscheinen. Ich selbst wuchs allerdings noch in einer Zeit ohne Computer, Smartphones, E-Mails und Kurznachrichten auf, in einer Zeit, als Briefe noch Briefe und keine Relikte der Vergangenheit waren. Es war vollkommen normal, Briefe zu schreiben sowie Post nicht nur von der Bank oder dem Finanzamt, sondern auch von den Liebsten zu erhalten. Briefe bewahren die intimsten Geheimnisse zwischen Menschen, sie bieten die Möglichkeit, die eigenen Gefühle und Gedanken noch einmal anders, vielleicht offener und persönlicher als über die elektronischen Kanäle auszudrücken. Ich liebe Briefe, hatte viele Brieffreundschaften, habe zahlreiche persönliche Briefe geschrieben und erhalten. Und ich begann damals, Männer zu begehren, meine Mitschüler und Lehrer anzuschauen und mich in sie zu verlieben. Aber ich habe mich ihnen damals nicht offenbart, sondern vielmehr nachts in meinem Schlafzimmer darüber gegrübelt, ob sie meine Gefühle erwidern, ob ich sie ansprechen soll, wie sie darauf reagieren würden … Diese Grübeleien, diese Gedankenspiele und Fantasien habe ich damals mit niemandem geteilt.

Tatjana trifft in der letzten Szene vielleicht nicht die richtige Entscheidung für ihr Herz, aber für ihr Leben. Sie ist von der ersten bis zur letzten Note, vom ersten bis zum letzten Wort perfekt geschrieben. Tatjana wartet auf Onegin, tritt ein weiteres Mal ins Zwiegespräch mit sich selbst und durchlebt, nicht unbedingt das, was tatsächlich geschehen ist, sondern ihre Version davon. Im Grunde wissen wir, wie die Geschichte ausgehen wird, als Onegin erscheint und ihr seine Liebe gesteht. Und doch schafft es Tschaikowsky, dass ich diese Szene jedes Mal so wahrnehme, als hörte ich sie zum ersten Mal. Wie er ihr seine Liebe gesteht, sie ihn trotz ihrer Gefühle zurückweist, er ihr eröffnet, dass er sich umbringen wird – was er in dem Moment glaubt, aber nie tun würde, da er meiner Ansicht nach dafür zu feige ist –, komponiert Tschaikowsky derart menschlich und verständlich, dass man unmittelbar in die Szene hineinkatapultiert wird, die Situation miterlebt und -fühlt, als ob man nicht wisse, wie sie ausgeht: »Nein, Tatjana, küss ihn nicht!« Diese Szene ist so gut geschrieben, dass sie sich von selbst inszeniert – wenn du gute Sänger:innen wie Asmik Grigorian und Günter Papendell hast. In meiner Inszenierung an der Komischen Oper Berlin hatte ich drei Tage dafür eingeplant. Wir schafften es in sechs Stunden. Die Szene hat sich von ganz alleine ergeben, ohne großes Zutun. Und daran hat sich bis zur Premiere nichts geändert.

Erst an der Universität habe ich neben Tschaikowsky auch Alexander Puschkin und neben Tatjana auch Onegin für mich entdeckt. Puschkins Versepos, das die Vorlage für das Libretto bildet, ist fantastisch – vor allem die dort wiedergegebenen Briefe. Und Tschaikowsky gelingt es, die hier bereits in Worte gegossene emotionale Komplexität durch seine Musik noch einmal um das Hundertfache zu steigern und sie zugleich auf ihre Essenz zusammenzuziehen. Puschkin half mir, einen Zugang zur Figur Onegins zu bekommen. Eigentlich durch eine ziemlich simple Erkenntnis: Bei Puschkin ist Onegin gerade einmal zwanzig Jahre alt, als er Tatjana zum ersten Mal begegnet, und sie siebzehn. Bis dahin hatte ich lediglich fünfundvierzig bis fünfzig Jahre alte Baritone auf der Bühne erlebt. Es macht einen gewaltigen Unterschied, ob die Titelfigur fünfzig oder zwanzig Jahre alt ist, ob sie schon alles erlebt und gesehen hat, ob sie völlig gelangweilt und zynisch Tatjana begegnet oder wie sie selbst noch jung und vergleichsweise unerfahren ist. Onegin ist kein fünfzigjähriger, abgeklärter Mann. Weder bei Puschkin noch bei Tschaikowsky. Das entspricht weder der Geschichte noch der Musik.

Ich bemerkte auf einmal, dass er kein herzloser, verbitterter Eisklotz, sondern vielmehr, wie so viele junge Menschen, einsam und unsicher ist. Und diese jugendliche Unsicherheit äußert sich in einer Arroganz und Überheblichkeit gegenüber anderen Menschen, wie zu Beginn der Oper. Die Baritone, die ich auf der Bühne gesehen habe, waren alles andere als unsicher, sie wirkten abgeklärt, zynisch und immer äußerst unsympathisch. Er ist wie Tatjana ein *Outsider*, aber er hat im Gegensatz zu ihr keinen Zugang zu seinen Gefühlen. Er weiß nicht wohin mit seinen Gedanken und Emotionen, verlässt sie, reist herum, versucht, sich abzulenken und sie in der Ferne zu vergessen – was allerdings nicht funktioniert. Onegin begeht einen Fehler, aber er weiß es auch und verzweifelt schließlich daran. Das verdient durchaus unser Mitgefühl. Seine Geschichte ist anders als Tatjanas und doch interessant, menschlich und nachvollziehbar. Mir war es wichtig, zwei sehr unterschiedliche, doch gleichermaßen wesentliche und empathische Figuren und Geschichten auf die Bühne zu bringen, mit denen sich das Publikum identifizieren konnte. Tatjana war weniger naiv und deutlich selbstbewusster als in anderen

Produktionen, Onegin weniger bitter, kühl und zynisch und dafür unsicherer und verletzlicher.

Ich vermute, dass auch Tschaikowsky sich in beiden Charakteren spiegelte. Als nicht geouteter schwuler Mann identifizierte er sich sicherlich mit Tatjana, mit ihrer Sehnsucht nach etwas, das sie niemals erlangen wird, mit ihren Gedanken, Fantasien und ihrer Offenbarung, die ihr letztlich Pein bereitet. Das alles musste Tschaikowsky gekannt haben – grüblerische Nächte, Zweifel, ob er jemanden seine Gefühle gestehen, ob er einen Brief verfassen sollte, ein Blick von einem Mann, den er falsch interpretierte, die enttäuschte Hoffnung und die damit einhergehende Scham. Es sind über fünftausend Briefe von Tschaikowsky überliefert, und er muss noch mehr verfasst haben, da die russischen Behörden viele von ihnen vernichteten. In den vorhandenen Briefen können wir nachlesen, wie er in einem fieberhaften, aufgewühlten Ton seinen verschiedenen, geheimen Liebhabern schrieb ... Einem jungen Diener, »in den ich mich verliebt habe, wie in niemanden zuvor ... Mein Gott, was für ein engelgleiches Wesen. Wie sehr ich mich danach sehne, sein Sklave, sein Spielzeug, sein Besitz zu sein.« Oder einem jungen Mann, dem er in einem Park begegnete und Geld für Sex anbot. Der Mann wies das Angebot zurück, begleitete Tschaikowsky allerdings dennoch »aus Liebe zur Kunst und weil er bärtige Männer begehrte«. *They love a Daddy Bear in St. Petersburg.*

Andererseits gehe ich davon aus, dass er sich auch in Onegin wiedererkannt hat, in diesem *Outsider* mit seinem unglücklichen Leben, der auf die Welt aus einer Distanz heraus schaut, ohne Teil von ihr zu sein. Tschaikowsky hat sicherlich immer wieder auf die Wirklichkeit wie auf ein Aquarium geblickt, in dem er nicht selbst schwamm. Tschaikowsky ist halb Tatjana, halb Onegin. So sehe ich in der letzten Szene zwei Tschai-

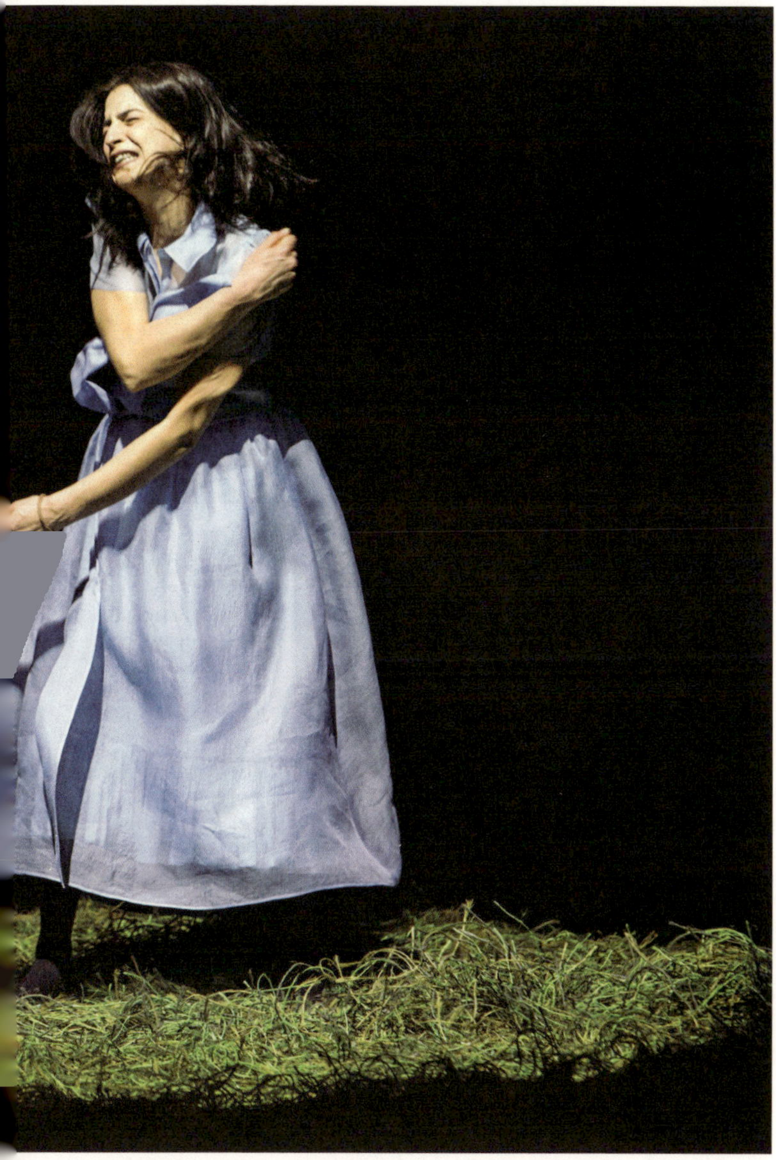

Asmik Grigorian (Tatjana) in meiner Inszenierung von »Jewgeni Onegin«, Komische Oper Berlin, 2016

kowskys, die versuchen, eine Balance zu finden und letztlich scheitern.

Ich habe mich vollkommen in diese Oper verliebt, und sie stand seit Beginn meiner Laufbahn als Regisseur auf der Liste an Stücken, die ich unbedingt inszenieren wollte. Allerdings hat mich nie jemand gefragt. Als ich 2008 zum Intendanten und Chefregisseur der Komischen Oper Berlin berufen wurde, poppte sofort der Gedanke auf: Nun kann ich endlich *Onegin* inszenieren. Mit Asmik Grigorian als Tatjana und Günter Papendell als Onegin. Aber auch mit einem sehr persönlichen Bezug zu dieser Oper, zu meinem Großvater Boris, zu seinen drei Schallplatten und zu meinem Bett in den heißen australischen Sommernächten. Als ich mit meiner Bühnenbildnerin Rebecca Ringst und meinem Kostümbildner Klaus Bruns erste Ideen zum Stück sammelte, wurde schnell klar, dass Zeit eine entscheidende Rolle spielen würde. Die Zeitebenen in *Onegin* sind ziemlich verschwommen, man bekommt kein richtiges Gefühl für ihre Abstände, ihre Überlagerungen und Schichtungen. Wie viel Zeit vergeht zwischen Tatjanas schlafloser Nacht, Olgas Geburtstag und dem Duell? Wie viel Zeit vergeht, bis Tatjana und Onegin sich wiedersehen? Und wie lässt sich dieses Ineinander-Übergehen und -fließen von verschiedenen Zeiten auf der Bühne darstellen? Ich wollte das Stück auf keinen Fall in irgendeiner historischen Epoche oder in der Jetztzeit ansiedeln. Und doch sollte die Inszenierung mit einem Fuß in der Vergangenheit und mit dem anderen in der Gegenwart stehen. Die Kostüme sollten irgendwie von gestern und zugleich nah am Heute dran sein. Denn das Stück fordert eine eigene Bühnensprache, eine eigene, nicht real existierende Zeit für die Inszenierung ein.

Dementsprechend war mir neben der zeitlichen auch eine örtliche Ungebundenheit wichtig. Keine Architektur auf der

Bühne. Keine Datsche, kein Haus, kein Pavillon, keine Salons – wie so häufig in *Onegin*-Inszenierungen. Ich wollte eher einen Raum, der sich wie die Zeit im Fluss befindet, sich mit ihr, mit den Figuren und ihren Emotionen durch Licht und Musik wandelt. Das erschien mir in einem Gebäude mit Wänden und Möbeln unmöglich. Das Publikum sollte sich auf das Gefühlsleben der Figuren und nicht auf Sofas, Tapeten, Vorhänge, Kerzen und all dieses Zeug konzentrieren. Und doch sollte es kein abstrakter Raum sein, sondern ein konkreter, der sich ebenso wenig wie die Kostüme historisch oder geographisch genau verorten lässt. Schließlich schlug Rebecca Ringst eine offene Landschaft mit Rasenfläche, gerahmt von Bäumen, einem Wäldchen vor. Ein Naturraum, der sich ganz selbstverständlich durch den Wechsel von Tag zu Nacht, von Sommer zu Winter verändert, der mal Schutz bietet, mal bedrohlich und klaustrophobisch wirkt und in jedem Fall Raum für all die Gefühle und Sehnsüchte von Tatjana und Onegin lässt. In Michelangelo Antonionis Film *Blow Up* gibt es eine wunderschöne Szene, in der die Hauptfigur Thomas in der Abenddämmerung Fotos in einem englischen Park macht. Eine sehr eindringliche, seltsame, etwas unheimliche Szene, ein Nachgeschmack vom vergangenen Tag und zugleich ein Vorgeschmack von der aufziehenden Nacht, eine Mischung aus Angst, Furcht, Licht, Dunkelheit und Geheimnissen.

Rebeccas Entwurf hatte insgesamt etwas sehr Filmisches. Nicht, weil sie irgendwelche Videos benutzte, sondern weil sie einen perfekten Raum für unterschiedlichste Beleuchtungsstimmungen schuf. Licht kann Theater zu etwas Filmischen werden lassen. So konnten wir über das Licht nicht nur Sonnenaufgänge und Sonnenuntergänge illustrieren, sondern eine Stimmung von Dämmerung, von Tagesanbruch und Tagesende tatsächlich erzeugen. Und die Bäume am Rand der Rasenfläche ermöglichten Auf- und Abtritte, ohne dass sie als solche wahrgenommen wurden. Die Figuren tauchten einfach aus dem dunklen Wäldchen auf und verschwanden wieder in ihm. Also keine klassischen Bühnenauftritte über Gassen, Türen oder Versenkungen, sondern eher ein Erscheinen und Verschwinden.

Der Naturraum erschien uns perfekt für die ersten beiden Akte auf dem Land. Aber was machen wir im letzten Akt? Jahre später in Sankt Petersburg? Das konnte nicht einfach dieselbe Graslandschaft sein. Was, wenn das Gras ein Ort der Erinnerung, der Träume und der Fantasie ist, es selbst träumt und fantasiert – von Menschen, Ereignissen, aber auch von Architektur?! Rebecca hatte die Idee, dass im letzten Akt der Ballsaal des Fürsten Gremin, Tatjanas Ehemann, in Form von offenen Wänden und Türen auf dem Gras erscheint und verschwindet, also genauso vergänglich und flüchtig ist wie alles andere. Das einzig Beständige war schließlich das Gras, die Natur, auf dem Wände auf- und wieder abgebaut wurden. Am Ende blieb nur noch die Rasenfläche mit Tatjana und Onegin übrig – ohne Bäume und Wände. Wir waren uns einig, dass nach drei intensiven emotionalen Stunden, der Himmel auf die Ereignisse reagieren musste. Tatjana und Onegin in der Mitte der Bühne, und es beginnt zu regnen. Der Himmel weint. Tatjana und Onegin selbst sollten nicht weinen, aber die Natur. Und ich hatte stets das klare Bild vor mir, dass Tatjana am Ende von der Bühne rennen musste und Onegin im strömenden Regen stehen lässt.

Das Konzeptionsgespräch am Anfang der Proben hielt ich ziemlich kurz. Bei anderen Produktionen erkläre ich meine Ideen und meine Konzeption ausführlich. Hier beschränkten wir uns vor allem auf die Welt, die Naturlandschaft, in der wir die Inszenierung ansiedelten. Ich wusste noch nicht, wie wir das Stück genau auf die Bühne bringen würden. Aber ich wusste, dass ich zwei wunderbare Hauptdarsteller:innen hatte. Asmik Grigorian kannte ich von meiner *Rusalka*-Produktion, und Günter Papendell war schon seit einigen Jahren im Ensemble. Ich war überzeugt, dass wir mit Asmik, Günter, dem Naturraum und Tschaikowskys Partitur Wege und besondere Momente finden würden. Zwei Szenen machten mir allerdings Kopfzerbrechen: Wie kann ich das Duell zwischen Onegin und Lenski inszenieren, wie Lenskis Tod darstellen? Eine Fechtszene oder ein Pistolenduell auf offener Bühne kamen nicht in Frage. Und wie sollten wir die Briefszene darstellen? Meine absolute Lieblingsszene – und ich hatte hierzu keine Idee. Ein paar Tage vor Probenbeginn geriet ich regelrecht in Panik. Wir hatten einen interessanten Raum kreiert, aber keine Ideen für die Schlüsselszenen.

Als ich nachts mal wieder nicht einschlafen konnte und im Internet herumsurfte, stieß ich auf eine Dokumentation über Motten. Motten zieht es bekanntlich ins Licht. Ein für mich sehr eindrückliches Bild des Dokumentarfilms zeigte, wie eine Motte aus dem Dunkeln in einen kleinen Lichtkegel trat und hier herumschwirrte. Die Ränder des Kegels markierten eine Grenze, die die Motte nach dem Betreten nicht mehr überschritt – als ob sie in dem Lichtkreis gefangen wäre. Und da dachte ich mir: Ah, das könnte ein passendes Bild für die Briefszene sein. Ich lasse den Raum um Tatjana herum in der Dunkelheit verschwinden und ziehe ihn auf einen kleinen Spot zusammen, in dem sie gefangen ist. Sie kann nicht schlafen, wird von dem Licht angelockt und kann den Kreis nicht verlassen – nachtaktiv, angezogen, zurückgewiesen und in einer Falle, wie eine Motte. Ich habe Verfolgerspots immer geliebt – schon als ich als kleiner Junge im Theater diesen

Lichtstrahl, diesen klar umrissenen Kreis auf der Bühne sah, wie er die Figuren verfolgte und sie von der Dunkelheit abhob. Woher kommt das Licht? Wer kontrolliert es? Was macht Tatjana in diesem Lichtkegel? Schreibt sie wirklich einen Brief? Ich hatte Asmik bereits von meiner Vorstellung erzählt, dass Tatjana besessen von Büchern sei und permanent liest. Ich wollte nicht, dass sie während der Arie selbst einen Brief schreibt, sondern vielmehr ihre Lieblingsbücher zur Hilfe zieht, konsultiert, befragt, Fragmente, Sätze, Wörter, Zitate aus ihnen zusammenträgt, um daraus schließlich den Brief zusammenzusetzen. Der Brief sollte eine Komposition aus Lieblingszitaten von ihr werden. Sie sollte also während der Arie in verschiedenen Büchern blättern, Zeilen und Wörter unterstreichen, Seiten rausreißen und schließlich ganz am Ende – erst nach der Arie – mit diesem Material den Brief an Onegin verfassen. Und das alles in einem kleinen Lichtkegel, ohne große Bühne, große Requisiten, Lichtwechsel, nur mit ein paar Büchern, dem eigenen Körper und der Stimme.

Damit hatte ich Asmik einen Rahmen gegeben. Mehr brauchte sie nicht. Asmik benötigt lediglich ein Setting, ein paar Hinweise und Anregungen und kreiert daraus die magischsten Opernmomente. Bei ihr ist alles Instinkt. Sie spielt nichts, sondern sie ist einfach. Sie identifiziert sich so sehr mit ihren Rollen, dass sie letztlich auf der Bühne eins mit ihnen wird. Es gibt nur sehr wenige Darsteller:innen, die solch eine Begabung haben, und Asmik ist sicherlich eine davon. Eine der berühmtesten und schönsten Stellen in der Briefarie ist die, in der Tatjana zum ersten Mal von ihrer Liebe zu Onegin singt, darüber, dass er ihr vom Himmel geschickt wurde und sie ihn schon immer erwartet habe – im Piano, fließend, ätherisch. Ich sagte Asmik, dass ich es schön fände, wenn wir ihr Gesicht an dieser Stelle nicht sehen würden. Sie drehte sich also um und kratzte sich am Arm, da sie einen Insektenstich hatte. Eine zufällige, kleine Geste, die aber perfekt zur Situation und zur Musik passte. »Ha! Kratz dich weiter, stell dir vor, dass deine Finger schweißig sind und du nervös bist«, rief ich ihr zu. Wir probierten unterschiedliche emotionale Zustände aus, mal sensibel, mal überschwänglich, mal unruhig, und schauten, wie lange die Position, mit ihrem Rücken zum Publikum, tragen würde. Ein weggedrehtes Gesicht, ein Rücken, zwei Arme hinter dem Rücken, Asmiks klitzekleine Fingerbewegungen und ihr wunderbarer Gesang – als ob sie sich schüchtern und nervös ihrem Geliebten erklären oder ein Geheimnis verbergen oder versuchen würde, Kontrolle zu erlangen, oder soeben zurückgewiesen worden wäre oder … Asmiks Interpretationen erzeugten die unterschiedlichsten, jeweils für sich sowie in ihrer Kombination passenden Assoziationen, so dass ich ihr letztlich sagte: »Nimm einfach jeden Abend eine andere emotionale Haltung ein. Variiere!«

Ein Konzept erstellen, Auf- und Abtritte von Darsteller:innen zu organisieren ist einfach. Das Schwierige am Inszenieren ist, auf Zufälle, auf Unplanbares und auf Talent zu vertrauen. So entstehen die besten Theatermomente. Ich habe nie mit Asmik im Detail über Tatjanas Gefühlsleben, sondern lediglich über einen groben Kontext gesprochen. Dann habe ich mit ihr Verschiedenes ausprobiert, ihr hier und da Anregungen gegeben, die eine Geste ein bisschen verstärkt oder die andere abgeschwächt. Es geht letztlich auch darum, die richtig guten szenischen Angebote, die ein:e Darsteller:in macht, zu erkennen und sie oder ihn dann darin zu bestärken. Mit großen Künstler:innen muss man nicht stundenlang über Konzepte, Ideen, Gefühlslandschaften etc. diskutieren und Szene für Szene durchanalysieren. Man muss sich nur grundsätzlich

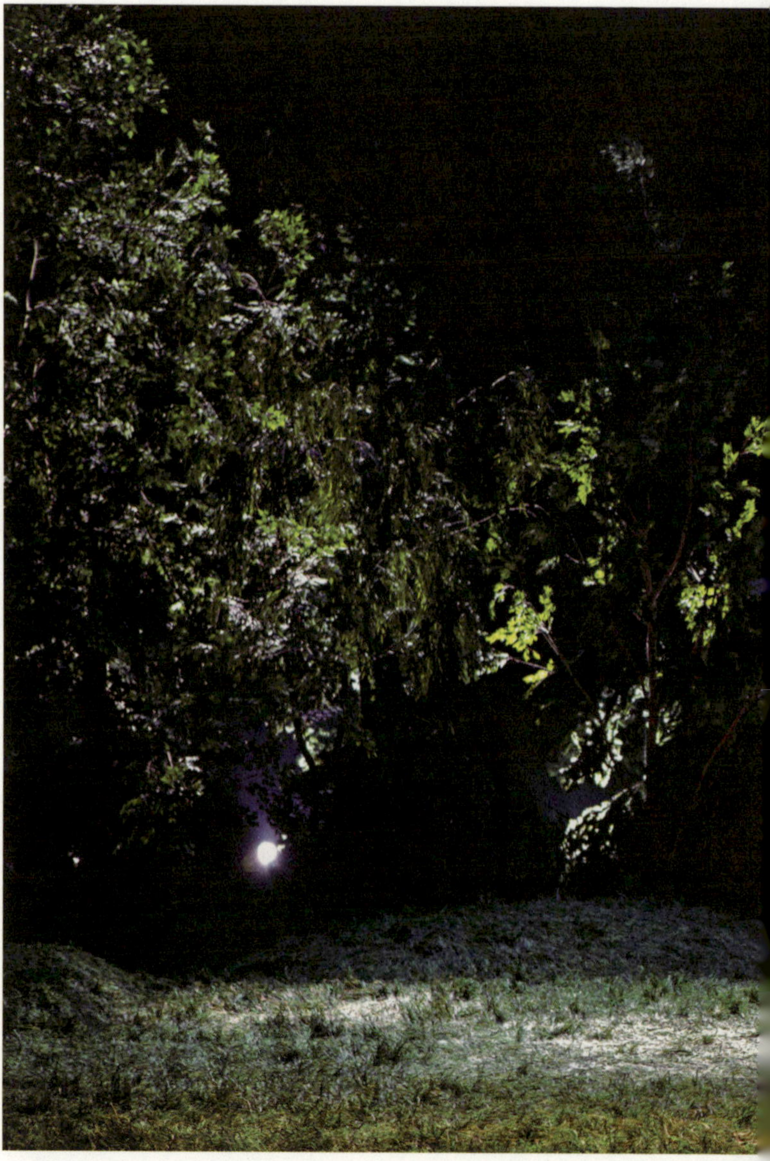

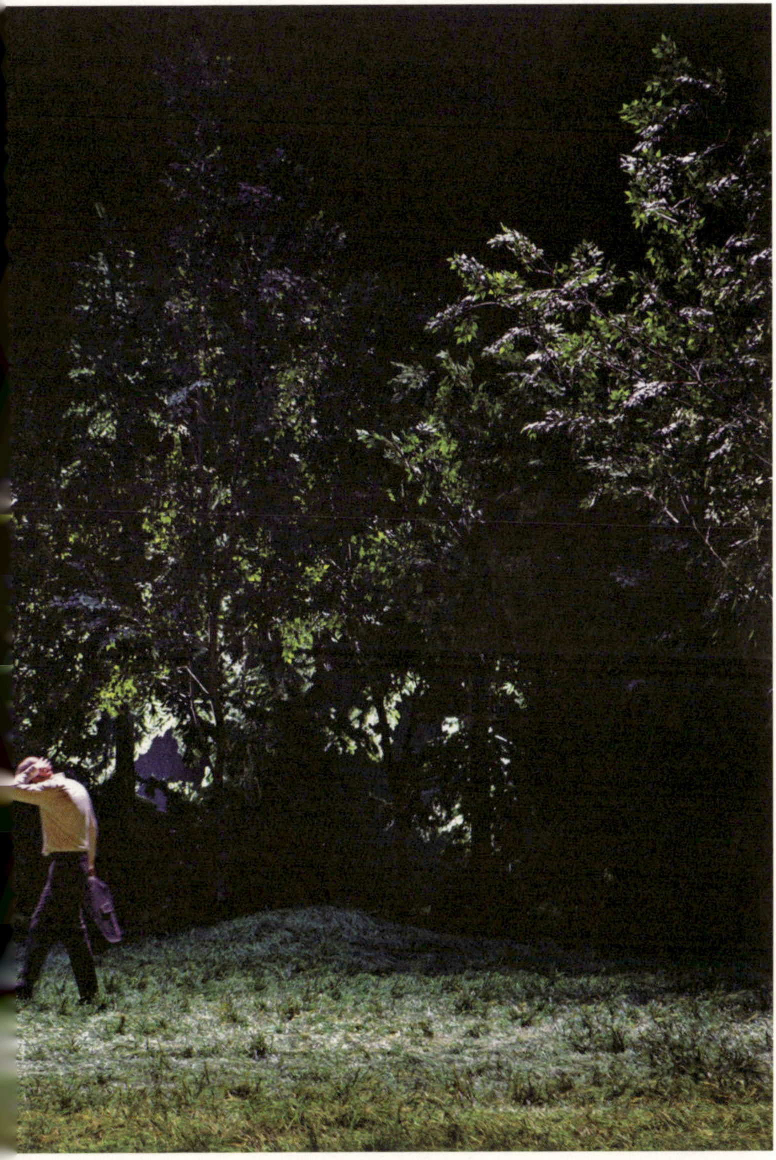

Günter Papendell (Onegin) in meiner Inszenierung von »Jewgeni Onegin«, Komische Oper Berlin, 2016

verstehen, Dinge ausprobieren und vor allem: einander vertrauen.

Blieb noch die Duellszene. Meist wird die Pause zwischen das erste und zweite Bild des zweiten Aktes gelegt, also genau in die Mitte der Oper. Das mag vielleicht dem Pipi-Drang des Publikums entgegenkommen, aber ergibt inhaltlich wenig Sinn. Eine Pause zwischen dem Fest zu Ehren Tatjanas und dem Duell zu legen, die beide inhaltlich und zeitlich eng verknüpft sind, erschien mir einfach falsch. Für mich bilden der erste und der zweite Akt einen Bogen: Tatjana und Onegin treffen aufeinander, lernen sich kennen und trennen sich nach dem Duell. Jahre später – nach einer Pause in der Vorstellung – begegnen sie sich im dritten Akt wieder. Für meine Inszenierung war es zwingend, dass Tatjanas Fest und die Duell-Szene direkt aneinander anschlossen. Und nach der Pause ein deutlich kürzerer, aber sehr intensiver dritter Akt folgte.

In den Inszenierungen, die ich von Onegin gesehen habe, war das Duell meist die furchtbarste und peinlichste Szene. Das gesamte Publikum wartet auf Lenskis Arie und erträgt danach die Duellszene. Wie zwei Männer sich großspurig zum Duell auffordern und ihre *pistol cocks* ziehen: »My pistol is bigger than yours!« Und das Ganze in einem hochromantisierten und hochtheatralen Setting: Schnee fällt, sie stehen einander gegenüber, schießen aufeinander, Lenski torkelt und fällt mit großem Operngestus zu Boden, während Onegin von der Bühne stürzt. Hilfe. Wie lässt sich diese Szene mit der wunderbaren Arie und dem anschließenden, eigentlich sehr packenden Zwiegespräch zwischen den beiden auf die Bühne bringen? Ohne den ganzen Müll, den wir schon hundertmal gesehen haben!

Aufgrund der Verlegung der Pause gingen das Fest und das Duell ineinander über. Onegin und Lenski betrinken sich auf der Party. Sie sind alte Freunde, die schon ein paar alkoholisierte Nächte miteinander durchgemacht haben. In dieser Nacht geht allerdings alles schief. Sie geben sich richtig die Kante, bis zur völligen Trunkenheit, und bekommen sich in die Haare. Morgendämmerung und betrunkene Menschen passen einfach nicht zusammen. Man hat nicht geduscht, fühlt sich benebelt, schlecht und eklig, schmeckt den Geruch von Alkohol, Rauch und Kotze, halb wach, halb im Schlaf. Sehr unangenehm. Das sollte Onegins und Lenskis Zustand beim Duell sein – sie sollten so betrunken sein, dass sie im Grunde gar nicht richtig wissen, was sie tun.

So also die Hinleitung zum Duell. Was passiert allerdings während des Duells? Meine Lösung war: Man sieht das Duell nicht. Am Bühnenrand stand ja ein Wald. Nutze ihn. Lass Onegin und Lenski in dem Wald verschwinden und, wie im antiken griechischen Theater, das fatale Ereignis, den Mord, ins Off verlegen, von wo aus wir nur den Schuss hören. Als Publikum bekommen wir lediglich das Vor- und das Nachspiel des eigentlichen Duells mit. Wie Lenski Onegin auffordert, in den Wald stolpert, Onegin ihm hinterhertorkelt, womöglich ohne die Absicht, Lenski zu töten. Der Stolz und der Alkohol übernehmen das. Und dann ein Schuss. Tatjana erscheint auf der Bühne, lauscht, weiß, dass etwas Schlimmes passiert ist, und fürchtet um Onegin. Dieser stürzt blutverschmiert auf die Bühne, Blut an seinen Händen, an seinem Rumpf und an den Beinen. Das Publikum kann sich vorstellen, was im Wäldchen vorgefallen ist, weiß es aber nicht mit Sicherheit. War es tatsächlich ein Duell? War es ein Unfall? Ein Missverständnis? Ein Spiel? Die letzten beiden Worte, »tot, tot«, richtet Onegin anklagend an Tatjana. Diese steht wieder mit dem Rücken zum Publikum. *Black.*

Einer der wichtigsten Momente der letzten Szene entstand

schließlich ebenfalls durch einen Zufall in den letzten Probenwochen. Ich wollte am Ende, nachdem Onegin Tatjana seine Liebe gesteht, wenn sie sich normalerweise küssen und Tatjana kurz danach die Bühne verlässt, unbedingt Regen haben. Wir hatten die Szene auf der Probebühne ohne Regen probiert und wollten nun in einer technischen Bühnenprobe testen, wie das mit dem Regen funktionieren könnte. Asmik und Günter spielten und sangen die Szene, wie wir es geprobt hatten, der Regen setzte ein, und die beiden unterbrachen die Szene, weil sie aufgrund des Wassers nicht singen konnten. Sie standen sich bewegungslos gegenüber, wurden nass und nässer, und man hörte nur den Regen fallen. Mir war klar, dass wir diesen Moment nutzen mussten. Die Musik hält an, und es bleibt nur noch das Geräusch der Regentropfen. Denn weder dieses noch ihre anderen Duette sind klassische Liebesduette. Sie singen zusammen, weil sie bereuen, trauern, unglücklich verliebt ineinander sind. Wir setzten also eine lange Fermate an diese Stelle, ließen ein Naturgeräusch zur Musik werden, bevor Tatjana die Bühne verlässt. Zurück bleibt Onegin im Regen.

Zentral für ein Stück wie *Onegin* ist das Zusammenspiel der Hauptdarsteller:innen. Asmik und Günter sind fantastische Sängerdarsteller:innen – was bereits eine tolle Voraussetzung ist. Denn nicht selten gibt es ein Missverhältnis, Tatjana singt und spielt atemberaubend, Onegin eher nicht. Oder umgekehrt. Darüber hinaus war aber entscheidend, dass die beiden gut zueinander passten. Denn sie bilden die DNA des Werks. In Mozarts Opern ist jede Partie zentral. Bei *Onegin* dreht sich letztlich alles nur um zwei Figuren: Tatjana und Onegin. Asmik und Günter sind zwar sehr unterschiedliche Persönlichkeiten – auf der einen Seite die litauische Vagabundin und auf der anderen Seite der Augsburger Romantiker, den stets

Schumann, Schubert und Heine zu begleiten scheinen, der eine überaus berührende, melancholische Fragilität in jede seiner Rollen einbringt. Und doch harmonierten sie von Beginn an.

Sie haben während der Proben wenig miteinander gesprochen. Das mag daran gelegen haben, dass sie sich auf Englisch verständigen mussten und beide prinzipiell nicht viel auf Proben reden. Manchmal sprach ich als Einziger. Wichtig daran war, dass sie sich einander nicht wirklich mitteilten, nicht wirklich voneinander wussten, wie sie ihre Rollen begriffen, was Tatjana und Onegin ihrer Ansicht nach dachten und fühlten. Wir führten keine Diskussionen über ihr jeweiliges Gefühlsleben oder über ihr Verhältnis zueinander – was für eine Produktion von *Figaro* oder *Rosenkavalier*, deren Beziehungsgefüge sehr komplex ist, essentiell wäre. Unser Austausch beschränkte sich auf: »Hmm, das fühlt sich nicht richtig an. Finden wir etwas anderes?« Oder: »Ich würde gerne mal Folgendes ausprobieren.« In dem Moment, in dem man Interpretationsansätze zu Figuren zur Sprache bringt, besteht die Gefahr, sie zu reduzieren. Stellt man sie hingegen gestisch, mimisch oder musikalisch dar, *ist* man diese Figuren einfach körperlich und bewahrt ihre Vielschichtigkeit. Und so blieb Asmiks und Günters Rolleninterpretation bis zur Premiere für den jeweils anderen ein Geheimnis. Genau diese Verschwiegenheit während der Proben führte zu dem besonderen Ergebnis auf der Bühne. Denn Tatjana und Onegin machen nichts anderes. Sie sprechen nicht über ihre Beziehung, sie wissen nicht, was ihr Gegenüber denkt oder fühlt, sondern stellen Mutmaßungen darüber an, sie fantasieren, imaginieren, kommen sich mal nahe und missverstehen sich dann wieder. Der Kern ihrer Beziehung besteht darin, dass sie ein Mysterium füreinander bleiben. Und genau das blieben auch Asmik und Günter füreinander. So haben die beiden etwas Unverwechselbares, Einzigartiges geschaffen, was keiner anderen Besetzung in der Folge gelang. Wir haben viele andere Sänger:innen seither für die Partien engagiert, die ebenfalls wunderbar sangen und spielten. Aber sie kamen nicht an das, was Asmik und Günter geschaffen hatten, heran: zwei sehr komplizierte Figuren, die versuchen Liebe in einer Welt zu finden, die sie nicht versteht.

So führte mich die Reise von dem Schrank mit den Schallplatten meines Großvaters über die heißen australischen Nächte in meinem Schlafzimmer zu den Proben und zur erfolgreichen Premiere von *Onegin*. Vor der Corona-Pandemie hatte ich mir vorgenommen, dass ich innerhalb der nächsten zwei Jahre nach Belarus reisen würde. Ich war mehrmals in Budapest, der Heimat meiner Großmutter Magda, mehrmals in Warschau, der Geburtsstadt meiner Großmutter Lea. Aber niemals in dem kleinen Schtetl Tschaschniki, das heute noch existiert. Im Gegensatz zu Warschau und Budapest werde ich in Tschaschniki, wo über die Jahrzehnte jegliches jüdisches Leben verschwand, wohl kaum Spuren meiner Familie finden. Vielleicht auf dem kleinen jüdischen Friedhof. Nichts wird so aussehen wie zu dem Zeitpunkt, als mein Großvater dort aufbrach. Es geht mir allerdings auch gar nicht darum, meine Vorfahren oder ihre Geister zu spüren, mich in sie reinzuversetzen, mir vorzustellen, wie sie gelebt haben. Es liegt mir fern, das relativ furchtbare Leben im Schtetl zu romantisieren. Ich muss dorthin reisen, um einen Fuß auf die Erde zu setzen, auf der mein Großvater gelebt hat, um an den Ort zurückzukehren, den die Velakovskys vor langer Zeit hinter sich gelassen haben. Und sei es nur für einen Tag. Mehr braucht es nicht.

HANS SACHS

Ein schwerer Unfall. Zwei völlig demolierte Autos, verletzte Menschen auf Bahren, tote Körper auf dem Boden. Dazwischen Sanitäter:innen, Feuerwehr und Polizei, die ihren verschiedenen Tätigkeiten nachgehen: bergen, versorgen, befragen. Blinkende Lichter, Warndreiecke und ein rot-weißes Absperrband, das uns sagt: Zutritt verboten! No-Go-Area! Das war für mich Richard Wagners *Die Meistersinger von Nürnberg*. Ein Katastrophenort. Auf keinen Fall die Absperrung überschreiten. Bis Katharina Wagners Sekretärin mich 2013 anrief und fragte, ob ich mich mit ihrer Chefin zum Mittagessen treffen könne. Mein erster, neurotisch-paranoider Gedanke war: O Gott, ich habe etwas Schlechtes über Urgroßvater Richard gesagt, und nun möchte sie mich eines Besseren belehren. Kurz zuvor hatte ich mich mehrmals in verschiedenen Zeitungen kritisch über ihn geäußert. Als wir uns in Berlin beim Mittagessen trafen, kam sie sofort zur Sache: »Ich würde mich freuen, wenn du *Die Meistersinger* in Bayreuth inszenieren würdest.« Ich musste lachen und erwiderte: »Nein, auf keinen Fall.« Für mich war völlig klar, dass ich diesen Unfallort niemals betreten würde.

Meine Wagner-Reise begann mit meiner Großmutter, die mich im Alter von fünfzehn Jahren zu einer konzertanten Aufführung von *Tristan und Isolde* mitnahm. Wie sie selbst, verliebte ich mich sofort in das Werk. 1996, mit achtundzwanzig Jahren, habe ich dann meinen ersten Wagner am Opernhaus in Sydney inszeniert: *Der fliegende Holländer*. 2005 folgte *Lohengrin* an der Wiener Staatsoper. 2006 habe ich noch einmal den *Fliegenden Holländer* und im selben Jahr *Tristan und Isolde*, beide am Aalto-Theater Essen, inszeniert. Von 2009 bis 2011 brachte ich den *Ring* in Hannover auf die Bühne. Ich war so unzufrieden mit dem Prozess – zwei Jahre lang nur Wagner –, dem Ergebnis und meinem Verhältnis zu ihm, dass ich beschloss, es mit Wagner nun gut sein zu lassen. An der Komischen Oper Berlin, die ich ab 2012 leitete, hatte ich sowieso ganz andere Pläne: französisches, russisches und Barock-Repertoire, Operette und Musical. Kein deutsches Gesamtkunstwerk.

Und dann Katharina Wagners Anfrage. Nicht irgendein Wagner, sondern das deutscheste, komplizierteste und problematischste Werk seines gesamten Œuvres. Und nicht irgendwo, sondern in Bayreuth, einem der berühmtesten Operntheater der Welt. Ein Opernhaus, von einem Komponisten im 19. Jahrhundert irgendwo inmitten von Deutschland errichtet, um ausschließlich seine eigenen Werke aufzuführen. Ein Opernhaus mit einer sehr ambivalenten Geschichte, insbesondere im 20. Jahrhundert, wo die Nazis, allen voran Hitler, sich nicht nur dem Kunstgenuss hingaben, sondern Wagner und Bayreuth als Propagandamaschine nutzten. Bei den Bayreuther Festspielen zu inszenieren ist etwas völlig anderes, als an der Bayerischen Staatsoper, der Komischen Oper Berlin, der Opéra national de Paris oder bei den Salzburger Festspielen zu arbeiten. Die komplizierte Geschichte, der unvergleichliche Nimbus, der den Grünen Hügel umweht, lasten auf den Schultern eines jeden Regisseurs, der dort tätig ist.

Ich lehnte also bei dem Mittagessen ab: »Vielen Dank! Aber ich denke, du solltest einen anderen Regisseur dafür finden.« So schnell ließ Katharina Wagner sich allerdings nicht abwimmeln und machte einen Vorschlag: »Nimm dir Zeit. Nimm dir ein paar Monate. Sage weder ›Ja‹ noch ›Nein‹.« Ich willigte ein, obwohl ich mir zu dem Zeitpunkt sicher war, dass es bei meiner Absage bleiben würde. Aber ich versprach ihr, dass ich die Bedenkzeit nutzen würde, um mich ernsthaft mit dem Stück zu beschäftigen. Gibt es vielleicht doch irgendeinen Zugang für mich? Wie mit der widersprüchlichen Handlung umgehen? Wie mit der schwierigen Rezeptionsgeschichte?

Ich traf mich ein paar Mal mit meinem Chefdramaturgen an der Komischen Oper Berlin, Ulrich Lenz, um über das Stück zu sprechen. Schnell wurde uns dabei klar, dass all das, was mich an den *Meistersingern* verstörte, all das, weswegen ich dieses Stück nicht leiden konnte, nicht zu relativieren war: Es dreht sich um deutsche Kultur, um deutsche Kunst, um Deutschsein und Deutschtum. Es ist mitnichten eine universale Geschichte. Auch wenn alle anderen Wagner-Werke deutschtümeln, so kann ich nachvollziehen, dass *Parsifal*, der *Ring* oder selbst *Der fliegende Holländer* als kosmische Abstraktionen, als universale Mythen begriffen werden. Aber *Die Meistersinger*?! Die Geschichte, die Figuren, der Handlungsort Nürnberg und das, was mit dem Stück im 20. Jahrhundert geschah, sind so eng verknüpft mit Deutschland – ob mit Fantasievorstellungen, realen Ereignissen oder einer Kombination von beidem –, dass eine Interpretation jenseits dieses kulturellen Kontextes überhaupt keinen Sinn ergeben würde. *Die Meistersinger* stellen vom ersten bis zum letzten Takt einen in sich hermetisch abgeschlossenen Raum dar. Ein deutsches Biotop. Ich hatte nichts darüber zu sagen, fühlte mich wie ein Künstler ohne Visum für diese Welt.

Dann stießen wir auf ein paar Briefe und Telegramme, die Wagner an Cosima geschrieben hatte. Einige davon begannen mit »Mein Evchen« und waren mit »Dein Sachs« unterzeichnet. Wagner und Cosima schienen also die Namen von Sachs und Eva, dem eigentlichen Liebespaar aus *Die Meistersinger*, als Kosenamen zu verwenden. Es gibt eine Anekdote darüber, wie Wagner sich, nachdem sein Assistent Joseph Rubinstein das Vorspiel zum dritten Aufzug am Klavier gespielt hatte, zu Cosima wandte und ihr sagte: »Ich habe die Eva geheiratet.« Setzte Wagner also seine Cosima mit Eva gleich? Identifizierte er sich selbst mit Hans Sachs? Jenseits dieser Hinweise sprach einiges dafür. Hans Sachs ist im Stück der deutscheste und beste aller Meistersinger. Wagner war Narzisst genug, um sich selbst als den größten deutschen Künstler seiner Zeit, wenn nicht sogar den größten Künstler aller Zeiten zu begreifen. Eine erste Spur?! Geht es in dem Stück womöglich nicht nur um Deutschtum, sondern vor allem um Wagner und seine Sicht auf das Deutsche? Plötzlich sah ich einen schemenhaften Pfad durch das *Meistersinger*-Dickicht. Ich witterte Blut, wie ein Jagdhund, und nahm die Fährte auf. Es braucht manchmal nur einen ersten Impuls, einen interessanten Anhaltspunkt, und ich bin nicht mehr zu stoppen. Wider besseres Wissen und entgegen tiefster Überzeugung dachte ich mir: Lass uns noch ein bisschen weitersuchen …

Ich nahm mir die Partitur vor und hörte mir die Musik immer wieder an. Okay, eine sehr lange Oper mit sehr viel C-Dur. Keine große Erkenntnis. Aber irgendwie weckte das Verhältnis zwischen Hans Sachs und Beckmesser, das vor allem im zweiten Akt von zentraler Bedeutung ist, mein Interesse. Wenn Richard Wagner sich mit Hans Sachs identifizierte, wer ist dann Beckmesser? In den Büchern über Richard Wagner taucht immer wieder der Name des Dirigenten Hermann Levi auf. Er war einer der Juden, mit denen Wagner trotz seines Antisemitismus berufliche Beziehungen pflegte bzw. auf deren Unterstützung er angewiesen war. Joseph Rubinstein notierte als sein Assistent seine Musik. Angelo Neumann finanzierte Wagners Produktionen. Und Hermann Levi, ein brillanter Musiker und Dirigent, dirigierte die entsprechenden Vorstellungen. Ohne die Hilfe und Zuarbeit dieser jüdischen Opernschaffenden hätte Wagner womöglich nie einen solchen Erfolg gehabt.

Mit Hermann Levi verband Wagner ein seltsames, zwiegespaltenes und ziemlich sadistisches Verhältnis. Hermann Levi, Sohn des hessischen Landesrabbiners in Gießen und damit keineswegs assimiliert, wurde in der zweiten Hälfte des 19. Jahrhunderts zu einem der bekanntesten und erfolgreichsten Dirigenten in Europa. Er vergötterte Wagners Schaffen, war hin und weg von dessen Musik und gab alles, um sie dirigieren zu dürfen. Wagner wiederum hasste zwar alles Jüdische, erkannte aber Levis Begabung und Musikalität, die er für die Aufführung seiner Werke nutzen wollte. Wagner arbeitete also mit Levi zusammen, ließ jedoch keine Gelegenheit aus, den Dirigenten zu peinigen und zu demütigen. Levis Vergötterung von Wagners Werk war wiederum so groß, dass er sich auf die Kollaboration einließ und dessen Herabsetzungen ertrug. Er dirigierte mit Begeisterung Wagners Opern und ließ sich davor oder danach bei diversen Begegnungen, beim Mittag- oder Abendessen von ihm verspotten. Die schrecklichen Anekdoten darüber könnten ganze Bibliotheken füllen. So bot Wagner Hermann Levi bei einem Abendessen im Spaß an, seinen *Parsifal* zu dirigieren, wenn er sich zum Christentum konvertieren lasse, und bestellte daraufhin »hebräischen Wein«, um das Taufvorhaben zu begießen. Wagner liebte es, sich auf Kosten von Levi zu amüsieren und mit Häme darauf hinzuweisen, dass es eigentlich völlig unangebracht sei, dass er als Jude seine deutschen Werke dirigiere. Er bezichtigte ihn sogar im Scherz des Ehebruchs mit Cosima. Völlig absurd. Denn eine Affäre zwischen Levi und Wagners ebenfalls antisemitischer Frau war unvorstellbar. Und doch als Vorstellung wirkungsvoll genug, um den antisemitischen Topos des Frauen verführenden Juden zu reproduzieren.

Hermann Levi wird immer wieder als Beleg dafür genannt, dass Wagner und insbesondere sein Schaffen eigentlich nicht antisemitisch seien. Schaut doch, er hatte einen jüdischen Assistenten, einen jüdischen Produzenten und arbeitete mit einem jüdischen Dirigenten zusammen. Wie kann dann seine Musik antisemitisch sein?! Dabei werden das toxische Verhältnis, die Erniedrigungen und Schmähungen bei gleichzeitiger Ausnutzung des musikalischen Talents von Levi – alles Aspekte, die Wagners perfiden Antisemitismus einmal mehr belegen – außer Acht gelassen. Wagner benutzte Juden, wo er sie brauchte, und demütigte sie, wo er es nur konnte. Er benutzte Angelo Neumann, da er sein Geld für die Finanzierung seiner Opern brauchte. Er benutzte Joseph Rubinstein, da er jemanden brauchte, der für ihn die Niederschrift seiner Musik übernahm. Und er benutzte Hermann Levi, da er einer der begnadetsten Dirigenten seiner Zeit war und Ludwig II. als Bedingung für die Uraufführung von *Parsifal* verlangte, dass sie von Hermann Levi dirigiert werde. Es gibt zig Anekdoten, die Wagners Antisemitismus belegen. Nach dem Wiener Ringtheater-Brand im Dezember 1881, dem etwa vierhundert Menschen zum Opfer fielen, soll er gegenüber Cosima sarkastisch-süffisant den entsetzlichen Wunsch geäußert haben, dass alle Juden in einer Aufführung von Lessings *Nathan der Weise* verbrennen sollten. Also während des Paradestücks gegen religiöse Intoleranz und Antisemitismus. Das ganze jüdische Publikum. Lässt eine solche Bemerkung irgendeinen Zweifel an Wagners Antisemitismus?! Die Rede von seiner Judenfreundlichkeit ist also kompletter Unsinn. Wagner wusste, wie er einflussreiche und für ihn nützliche Juden – Künstler:innen, Mäzene und Zuschauer:innen – für sich gewinnen konnte. Aber er spielte nur ein Spiel.

Die toxische, äußerst komplizierte Beziehung zwischen Wagner und Levi ist gewissermaßen ein Symbol für das schwierige Verhältnis zwischen Deutschtum und Judentum. Eng miteinander verwoben, aufeinander angewiesen, Skepsis, ja Hass auf der einen Seite und der Versuch, diesen Hass zu ertragen und pragmatisch damit umzugehen, auf der anderen. Ein nie enden wollender, qualvoller deutsch-jüdischer Tango. Was hat das mit den *Meistersingern* zu tun? Ist das Verhältnis zwischen Wagner und Levi vergleichbar mit dem zwischen Hans Sachs und Beckmesser? Zwei Musiker, ein Meister und ein Außenseiter, eine widersprüchliche Beziehung, Demütigungen … Noch eine Spur.

Beim Studieren der Partitur stieß ich noch auf ein weiteres, mich interessierendes Thema: Urteilen. Bereits im ersten Akt findet eine Art *Warm-up*-Gericht über Walters Gesang statt. Im zweiten Akt folgt dann ein Prozess über Beckmessers Liedkunst, der zur ersten Demütigung für Beckmesser wird. Und im dritten Akt kommt es dann zum großen Prozess, zu Beckmessers zweiter Demütigung und zu Walters Triumph. Das Stück selbst ist ein einziger Gerichtsprozess. Es beginnt konkret als Sängerwettstreit und entwickelt sich mehr und mehr zu einer allgemeineren Form von Kunstgericht, in dem Urteile über Kunst und Identität gefällt werden: Was ist guter Gesang? Welche Stimme ist gut, welche nicht? Was ist gute Musik? Was ist gute Kunst? Oder vielmehr: Was ist deutsche Kunst, was nicht?

Denn die Frage nach der künstlerischen Qualität setzt Wagner mit der nach der Nationalität gleich. Und damit war er im Europa des 19. Jahrhunderts nicht allein. Auch Frankreich, Italien und Russland glaubten jeweils, dass sie die besten Komponist:innen und die beste Musik hervorbrachten. Mit dem Unterschied, dass es in Deutschland darum ging, die verschiedenen deutschen Kleinstaaten erst zu einer deutschen Nation unter anderem mittels Kunst zu vereinen. Komponisten wie Wagner waren dementsprechend besessen von der Vorstellung einer reinen deutschen Musik und bereiteten mit ihrem deutschtümelnden, nationalistischen Schaffen schließlich den Boden für die Reichsmusikkammer. Zuerst stehen in *Die Meistersinger* also scheinbar nur die Bewerber und ihr Gesang auf dem Prüfstand, doch dann auch die Musik, die Kunst und schließlich das ganze Deutschtum. Es geht um viel mehr als um einen einfachen Wettstreit. Anders wäre auch nicht der hohe Preis zu erklären: Pogners Tochter. Ein abscheulicher Preis, den Eva bezahlen muss. Denn sie kann sich ihren Ehemann nicht selbst aussuchen, sondern ist der Entscheidung einer Männerjury ausgeliefert, die ihren potentiellen Mann nur nach dessen künstlerischen Qualitäten auswählt. Nach dem Motto: Nur ein guter deutscher Meister kann ein guter Ehemann für die begehrteste Frau der Stadt sein. Es wird also geurteilt, bewertet, verteidigt und Gericht gehalten. Und das in der Stadt, in der einer der größten und bedeutendsten Gerichtsprozesse der Menschheitsgeschichte stattgefunden hat: der Nürnberger Hauptkriegsverbrecher-Prozess.

Wie ließen sich diese unterschiedlichen Spuren nun miteinander verbinden? Die Eva-Sachs-Briefe von Wagner an Cosima, die Anekdoten über Wagner und Levi sowie das Gericht-Halten im Stück? Was könnte das Bindeglied sein? Vielleicht Wagner selbst? In meinen bisherigen Inszenierungen hatte ich mich immer davor gescheut, die jeweilige Komponisten-Persona oder irgendwelche biografischen Referenzen zum Leben des Schöpfers des entsprechenden Stücks auf die Bühne zu bringen. Denn die fiktiven Figuren und Handlungen der Werke interessieren mich weit mehr als die Biografien ihrer Schöpfer:innen. Bei den *Meistersingern* war es aber anders: Wagner begriff sich selbst als Sachs, spiegelte sich und sein Umfeld – zum Beispiel durch die Gleichsetzung von Cosima mit Eva – in dem Werk. Und nicht nur das – er kreierte darüber hinaus eine idealisierte Fantasiewelt, die sich den Anschein eines realen Nürnbergs, eines realen Deutschen Reichs gab. Nürnberg war allerdings zu keiner Zeit eine Stadt, die von Handwerkern regiert wurde, kein rassisch reines Ökosystem, sondern vielmehr ein Zentrum des Bankenwesens und des internationalen Handels. Ohne diese Vernetzung hätte es wohl kaum den bedeutendsten Sohn der Stadt, Albrecht Dürer, der alles Wesentliche über Malerei in Italien gelernt hatte, hervorgebracht. Wagner schuf sich sein eigenes Nürnberg, sein eigenes Deutschland, ein Disney-Land, das nichts mit der Realität und der Geschichte dieser Stadt zu tun hatte. Und das nicht aus einer Naivität heraus, sondern um darüber zu urteilen, wer ein deutscher Meister ist und wer nicht, was deutsch und was nicht deutsch ist, um zu zeigen, wie eine reine deutsche Idealwirklichkeit aussehen könnte, in deren Zentrum er sich selbst, als deutschesten aller deutschen Meister sah.

Im Kern dreht sich das Stück um Wagner selbst. Ich würde sogar sagen, dass es die längste und unerhörteste Form von Narzissmus ist, die jemals geschaffen wurde. Wagner schreibt nicht nur über deutsche Tradition, deutsche Musik und deutsche Lieder, sondern er behandelt auch seine eigene, zentrale Rolle innerhalb dieser Tradition. *Meistersinger* stellt ein Spiegelkabinett dar, in dem es kein Entkommen vor Wagner gibt. Hier war nun also ein Ansatzpunkt für mich, der ich bislang mit keinem anderen Komponisten derartig rang wie mit Wagner, dem wiederum zig verschiedene Urteile über den Meister, seine Musik, seine Werke, seinen Antisemitismus und seine Auffassung von Deutschtum im Kopf herumschwirrten und der in den *Meistersingern* das geeignete Stück erkannte, um genau diese Ambivalenz zwischen genialem Komponisten und Horrorvisionär auf die Bühne zu bringen und damit Wagner vor ein Kunstgericht und auf den Prüfstand zu stellen.

Die Inszenierung nahm also in meinem Kopf erste Formen an. Ich hatte einen Zugang gefunden, der es mir erlaubte, mich in eine Distanz zu versetzen, mich nicht von Wagner vereinnahmen zu lassen, mit Humor und Ironie auf das Material zu reagieren, aber doch zu einem ernsten Kern vorzudringen und dabei immer wieder auch der höchst emotionalen, verführerischen Musik Raum zu geben. Etwa sechs Monate nach unserem gemeinsamen Mittagessen rief ich also bei Katharina Wagner an: »Ich habe gute Neuigkeiten für dich. Ich mache es.« Sie war hellauf begeistert. Katharina hatte bereits Michael Volle als Sachs und Johannes Martin Kränzle als Beckmesser verpflichtet. Ich hatte bislang mit keinem der beiden zusammengearbeitet, aber kannte sie von verschiedenen Aufführungen und fand beide Besetzungen sehr überzeugend. Mein gutes Gefühl bestätigte sich bei ersten Gesprächen sowie in den Proben. Sie hatten die Partien schon gesungen, aber waren bereit und fähig, all ihre Rollenvorstellungen beiseitezulegen und sich auf ein komplett neues Konzept einzulassen. Als ich ihnen zum ersten Mal von meinen Ideen erzählte, waren sie sofort entflammt. Hans Sachs als Wagner und Wagner als Hans Sachs zu spielen, fand Michael Volle natürlich sehr spannend. Und durch Zufall sieht Johannes Martin Kränzle, wenn man ihm einen Bart anklebt, aus wie Hermann Levi. Sie warfen sich in die Proben und in jede einzelne Vorstellung derart hinein, so dass ich heute sagen kann, dass ich mir keine bessere Besetzung hätte erträumen können.

Ich hatte also zugesagt. Nun ab in den Löwenkäfig. Ich

wusste, dass meine Arbeit trotz erster guter Ansätze und einer passenden Besetzung noch in eine Katastrophe münden könnte. Alle Bayreuth-Produktionen erfahren große internationale Aufmerksamkeit und werden wie unter einem Mikroskop genauestens begutachtet. Als erster jüdischer Regisseur, der in Bayreuth inszeniert, lastete auf mir noch einmal ein besonderer Druck. Ich habe die zwei bis drei Jahre bis zur Premiere also intensiv zur Vorbereitung mit meinen Team – meiner Bühnenbildnerin Rebecca Ringst, meinem Kostümbildner Klaus Bruns und meinem Dramaturgen Ulrich Lenz – genutzt. Keine andere Inszenierung meiner Karriere habe ich so genau vorbereitet. Aus den ersten Gedanken und den Post-its an meinen Wänden musste ein richtiges, niet- und nagelfestes Konzept werden. Dies war eine der wesentlichen Erkenntnisse, die ich aus meiner unbefriedigenden Arbeit in Hannover gewonnen habe. Normalerweise gehe ich lediglich mit ein paar Ideen in die Proben und entwickle dann gemeinsam mit den Sänger:innen, die wiederum ihre Vorstellungen in den Prozess einbringen, die Inszenierung. Und genauso habe ich das beim *Ring* in Hannover versucht – ein fataler Fehler. Für Wagner-Opern benötigst du bereits vor Probenbeginn ein solides Ideengerüst. Denn erstens hast du für diese ewig langen Stücke nicht genügend Probenzeit, um bei null zu starten. Zweitens sind die Werke zu kompliziert. Und drittens bringen alle Produktionsbeteiligten ihre eigenen Analysen und Konzepte mit. Ich meine damit nicht die Interpretation der eigenen Partie, sondern des gesamten Werks, zu der sie Wagners Nimbus zu verleiten scheint. Um hierbei nicht ins Schwimmen zu kommen, muss man als Regisseur bereits selbst eine sehr klare und konkrete Vorstellung haben.

Neben der Arbeit mit meinem Team begann ich, wegen des Vorsingens und der Vorgespräche regelmäßig nach Bayreuth zu fahren. Die Zugfahrt von Berlin nach Bayreuth wurde für mich zum Ritual. Ich nutzte sie als Gelegenheit, um mir Gedanken über das Stück zu machen, während ich durch Deutschland fuhr. Ich reise immer mit dem Zug zu den Festivals und Opernhäusern, an denen ich inszeniere – sei es Salzburg, Amsterdam oder Aix-en-Provence. Ich hasse fliegen und liebe es, wenn meine Gedanken mit dem Zug in Bewegung geraten. Die Fahrten nach Bayreuth waren allerdings etwas ganz Besonderes, da ich quasi durch das von Wagner so idealisierte Deutschland zu dem von ihm erschaffenen Opernmekka reiste.

Meine ersten Aufenthalte in Bayreuth empfand ich als ziemlich gruselig. Während der *Ring*-Proben in Hannover hatte ich die ganze Zeit das Gefühl, dass ein Wagner-Dibbuk auf meiner Schulter sitzt und dieser böse Totengeist mir ins Ohr flüstert. Ich konnte ihn weder aus meinem Kopf noch aus dem Probenraum, noch aus der Inszenierung verjagen. Das ist bei Mozart, Janáček oder Tschaikowsky ganz anders. Wenn ich Stücke von ihnen inszeniere, verschwinden sie und ihre Biografien hinter den Noten. Wagner hingegen ist die Note. Sein Gesicht taucht in jeder einzelnen Note auf, in jedem einzelnen Wort, das er geschrieben hat. Es gibt keine vergleichbare Gestalt innerhalb der westlichen Kultur. Keinen vergleichbaren Künstler. Man muss in seine Werke hineinspringen, eintauchen und akzeptieren, dass man ihn niemals loswird. Wie ein Poltergeist. Ein deutscher Dibbuk eben. Und nun kam ich in diese Stadt, an dieses Theater, die durch und durch von Wagners Geist beseelt sind. Ich hatte das Gefühl, dass er mich permanent verfolgte, mich auslachte, verhöhnte und verspottete, wie Hermann Levi. Ich bei einem Vorsingen im Parkett oder nachts in den Straßen von Bayreuth – er drei Reihen oder drei Schritte hinter mir. Der rastlose, untote Wagner. Die Frist ist um.

Als besonders unheimlich empfand ich die Villa Wahnfried. Wagners häusliches Utopia. Hier hatte er sich ein kleines Paradies aus Seidenstoffen und Parfum jenseits der realen Welt mit all ihren Beschwerlichkeiten erschaffen, die Kammerversion der von ihm selbst erfundenen Fantasie von Nürnberg. Nach der Lektüre diverser Dokumente hatte ich mir eine großzügige Villa vorgestellt, in der Dinners, Soireen und Matineen rund um einen großen Flügel stattfanden. Bei der Besichtigung musste ich das Gegenteil feststellen. Das Haus und seine Zimmer waren eher klein, beengt, alles lag nah beieinander, so dass man permanent gehört haben muss, wie Wagner Klavier spielte, sich unterhielt, schrie oder lachte. Auf mich wirkten die Räumlichkeiten klaustrophobisch, ich malte mir aus, wie Wagner alles, was in ihnen stattfand, beobachtete und kontrollierte. Von Cosimas Schlafzimmer schaut man durch ein Fenster auf Wagners Grab. Auch nach seinem Tod hatten sie sich quasi gegenseitig im Blick. Und dann noch die Vorstellung, wie Hitler in der Villa übernachtet hat, bewacht von seinen beiden deutschen Schäferhunden.

Das Festspielhaus selbst erschien mir als nicht so beklemmend. Und doch ist es ein seltsamer Ort, oben auf diesem Hügel, eher ein Tempel denn ein Theater, wie der Neue Tempel von Jerusalem. Schon in den ersten Festspieljahren entstand eine Form von Pilgerschaft. Menschen reisten zur *Parsifal*-Premiere aus allen Himmelsrichtungen mit dem Zug an. Als ob sie nach Lourdes pilgern würden. Und was ist Bayreuth anderes als eine kulturelle Variante von Lourdes, Rom, Jerusalem oder Mekka, wohin man als Gläubige:r einmal im Leben wallfahren muss? Was ist die Pausenprozession der Wagneriane-r:innen auf und um den Grünen Hügel herum anderes als die Prozession um die Kaaba herum? Anstatt des schwarzen Würfels ein Festspieltempel. Anstatt Allah Richard Wagner. Ich denke, dass sich Wagner bei der Wahl von Bayreuth sehr bewusst darüber war, dass ein Festivalbesuch mit einer Reise verbunden sein würde. Stünde das Festivalhaus in Berlin oder München, wäre es wahrscheinlich nicht zu solch einem Wallfahrtsort geworden.

Bis heute hat die Aura dieses Ortes eine unnachahmliche Wirkung auf Kulturschaffende und Wagner-Liebhaber:innen. Bei einem meiner ersten Arbeitsbesuche traf ich einen sehr berühmten Dirigenten, der mich unbedingt im Festspielhaus herumführen wollte. Vor der Tür zum Orchestergraben hielt er auf einmal inne, stöhnte leise und flüsterte mit erotischem Unterton: »Ah, weißt du, wer diesen Türknauf angefasst hat?!« Ich wusste nicht, worauf er hinauswollte, und antwortete: »Keine Ahnung. Vielleicht die Putzkraft heute Morgen um 7 Uhr?« Daraufhin: »Nein, der Meister!«, stieß einen lustvollen Seufzer aus und drückte die Türklinke. Er warf mich beinahe die Treppen hinunter in den Graben, packte mich auf den Dirigentenstuhl – durch den sich natürlich die Perspektive komplett von der meinigen am Regiepult unterscheidet – und richtete sich erneut an mich: »Kannst du das nicht riechen?! Kannst du das nicht riechen?! KANNST DU DAS NICHT RIIIIIIIIIECHEN?!« Was meinte er damit? Abermals half er mir mit einem ekstatischen Ausruf auf die Sprünge: »Wagner! WAAAAAAAAAGNER!!!« Ich dachte bei mir, dass das so ziemlich das letzte sei, was ich gerade riechen möchte. Das Odeur von Wagner. Wagner als Parfum. Oy.

Die Mythologisierung des »Meisters«, die er selbst bereits zu Lebzeiten durch die Gründung der Festspiele einleitete, eines Rituals, mit dem ihm und seinen Kreationen gehuldigt werden sollte, wirkt bis heute. Die einen folgen diesem Kult wie auf Drogen. Wie die Wagnerianer:innen über die Musik sprechen, wie sie nach Bayreuth pilgern, entspricht genau dem, was Wagner angestrebt hat: Musik und Theater als Suchtmittel. Wagners Musik wirkt wie akustisches LSD. Und dessen Verehrung nimmt religiöse Züge an. Wir diskutieren und analysieren sein Schaffen, als handle es sich dabei um ein metaphysisches Phänomen. Sicherlich interpretieren wir auch Shakespeares *Hamlet* und *König Lear* oder Mozarts *Don Giovanni* oder Verdis *La Traviata*, aber nicht auf dieselbe Art und Weise. Und das liegt daran, dass Wagner sich in diese Stücke, wie Gott in den Koran, hineingeschrieben hat. Es gibt kein Entfliehen vor diesem Mann.

Andere, wie mich, verstört, beunruhigt und irritiert diese Fetischisierung eher. Bevor die Proben begannen, vergrößerte sich mit jedem Bayreuth-Besuch mein Wagner-Trauma. Aber ich ließ mich davon nicht abhalten, arbeitete weiter, bereitete mich vor und kam abermals zu dem Schluss, dass ich meine Ängste und Sorgen nicht verdrängen, sondern ihnen Raum in der Inszenierung geben müsse. Die Auseinandersetzung mit einem Wagner-Werk ist ein Ringen, ein Kampf. Mal empfinde ich Liebe und Bewunderung und dann wieder Ekel. Es ist, als ob man sich in ein Labyrinth begeben und darin herumirren würde. Es ist aufregend, es strengt einen an, es macht einen wütend. Mit Wagners Werken lässt sich nicht tanzen, sondern nur ringen und hoffen, dass dabei etwas Interessantes entsteht. Im Gegensatz zu Hannover wollte ich dieses Mal nicht so tun, als ob ich mit ihm tanzen würde, während mich im Verborgenen Wagner-, Bayreuth- und Wahnfried-Fantasien heimsuchten, sondern meinen Kampf mit dem Stück in die Inszenierung einbauen. Ich würde den Wagner-Dibbuk von meiner Schulter, von seiner Beobachter- und Flüsterposition stoßen und ihn in all seiner Wirkmacht, die mal etwas Belustigendes, mal etwas Bestürzendes, mal etwas Berührendes, mal etwas zutiefst Unmenschliches an sich hat, ins Zentrum der Bühne stellen müssen. Wagner hatte ein fiktives Nürnberg entworfen, ich würde ein fiktives Wahnfried kreieren.

Wir entschieden uns, bei der Ausstattung mit drei verschiedenen Zeitebenen und Orten zu spielen, die wir ineinandergreifen ließen: erstens das historische Nürnberg des 16. Jahrhunderts, also die Grundlage für Wagners Fiktion einer perfekten deutschen Stadt; zweitens die Villa Wahnfried zu seinen Lebzeiten im 19. Jahrhundert, der Ort, an dem er seine Wahlheimat fand; und drittens Nürnberg nach der Niederlage der Nazis im Zweiten Weltkrieg, also dort, wo die Nürnberger Prozesse stattfanden. Durch die dramatische Handlung, die Entstehungs- und Rezeptionsgeschichte waren diese drei Zeitebenen und Orte, Schein und Wirklichkeit miteinander verwoben, fiktive Figuren, wie Sachs und Eva, mit realen Personen, wie Wagner und Cosima, das Fantasiegericht der Meister, das über die deutsche Identität entschied, mit den realen Nürnberger Prozessen, in denen Deutschland auf die Anklagebank gesetzt wurde. Und auch, was die Dramenform anbelangt, gibt das Stück verschiedene Ebenen her. Wagner liebte die deutsche Spieloper und insbesondere die Werke von Albert Lortzing, also die Vorläufer der deutschen Operette. Er wollte selbst zeit seines Lebens eine Musiktheaterkomödie schreiben und ergriff mit den *Meistersingern* die Gelegenheit. Allerdings eigneten sich weder das Material noch er als Komponist dazu. Welche Komödie setzt sich fünf Stunden lang mit deutscher Identität auseinander? Und wie sollte der spöttische, sadistische und zynische Humor Wagners die für eine Komödie notwendige Leichtigkeit erzeugen? Und doch hat insbesondere der erste Aufzug komödiantische Züge, die dann allerdings im weiteren Verlauf immer mehr ins Ernste umschlagen.

Ich entschloss mich also, den ersten Aufzug in die Villa

Wahnfried zu legen und als Mel-Brooks-Komödie zu inszenieren. Wagner spielte und sang bereits im Zürcher Exil und dann später in Wahnfried seine Opern am Flügel seiner Familie, seinen Bekannten und Freund:innen vor. Seine Kinder steckte er in Kostüme und ließ sie einzelne Figuren darstellen. So ist er durch den ganzen *Ring* gegangen. Ein stundenlanger Vortrag. Ob er das auch mit den *Meistersingern* getan hat, wussten wir nicht. Aber das war für uns genauso wenig von Bedeutung wie für Wagner das reale, historische Nürnberg. Wir entwarfen also als Grundsituation einen sommerlichen Fantasienachmittag in der Villa Wahnfried, an dem Wagner gemeinsam mit Cosima zu einer Präsentation von den *Meistersingern* geladen hatte. Nach und nach treffen die Gäste ein, darunter Franz Liszt, der Vater von Cosima, und Hermann Levi, trinken eine Tasse Tee und erwarten voller Vorfreude Wagners Darbietung. Dieser beschließt allerdings, dass er die Vorführung nicht alleine bestreitet, sondern seine Gäste einzelne Partien übernehmen müssen.

Anstatt die realen Personen mit den fiktiven *Meistersinger*-Figuren einfach gleichzusetzen – was das komplexe Zusammenspiel zwischen Sein und Schein stark verkürzt und reduziert hätte –, bot uns das nachmittägliche Matinee-Setting also die Möglichkeit, dass Wagner, Cosima und ihre Gäste für die Präsentation in die Rollen des Stückes schlüpften. Richard Wagner, der sich mit Sachs identifizierte, übernahm natürlich dessen Partie. Cosima teilte er die Rolle von Eva zu, die Rolle, für die sie geboren zu sein schien: die erste Frau, das »Urweib«, die Mutter aller Mütter. Ich muss heute noch darüber schmunzeln, dass er ausgerechnet Cosima, dieser inzwischen in die Jahre gekommenen, kühlen Frau, die Rolle der Eva überträgt. Ihrem Vater Franz Liszt weist Wagner nachvollziehbarerweise die Rolle ihres fiktiven Vaters Pogner zu, eines sehr angesehenen, ehrwürdigen deutschen Meisters. Und Hermann Levi muss schließlich die unbeliebte Rolle des Beckmessers übernehmen. Beckmesser kann zwar kein Jude sein, da es in Wagners Fantasie-Nürnberg wohl kaum jüdische Meister gibt. Levi und Beckmesser lassen sich also nicht gleichsetzen. Sehr wohl kann aber Wagner Hermann Levi die unsympathischste und lächerlichste Rolle des gesamten Stücks übertragen, der er zumindest jüdische Züge, wie beinahe all seinen negativen Figuren, verliehen hat. Was könnte demütigender und erniedrigender für Levi an diesem Nachmittag sein?! Als von Wagner gezwungen zu werden, als Beckmesser niederzuknien, das Kreuz zu machen und zu beten?! Die Mischung aus Entwürdigung, Scham und Akzeptanz, mit der Johannes Martin Kränzle dies spielte, sagte alles.

Doch was ist mit den übrigen Hauptfiguren? Wer spielt Walter? Wer David? Hier drehte ich den Spieß um. Nicht die Gastgeber:innen und Gäste schlüpften in die Rollen aus dem Stück, kostümierten sich als Figuren aus dem 16. Jahrhundert, sondern umgekehrt entstiegen David und Walter, als Wagner verkleidet, dem Flügel, also dem Instrument, mit dem Wagner seine Fantasiewelten schuf. Wagner-Doppelgänger unterschiedlichen Alters. Denn Wagner sah sich letztlich nicht nur in Hans Sachs, dem alten, weisen und deutschesten aller Meister widergespiegelt, sondern auch in dem jungen Talent Walter, seinem Nachfolger, der schließlich Eva erobern sollte. Dem Idealbild des gut aussehenden, romantischen Helden, der Wagner, ein kleiner, nicht gerade hübscher Mann, nie war, aber gerne sein wollte. Ein Tannhäuser, Lohengrin, Siegmund oder Siegfried. In meiner Inszenierung ruft uns Wagner quasi zu: »Schaut mal, das bin ich auch! Und ich bin auch David, ein impulsiver, frecher Student, ein Revolutionär mit Haltung, der sich nichts bieten lässt und den Aufstand gegen Beckmesser im zweiten Aufzug anzettelt.« Das Wohnzimmer ein Spiegelkabinett, in dem Wagner sich in den drei großen Sympathieträgern des Stücks reflektiert.

Das gemütliche Kaffeekränzchen im Hause Wagner nahm also mit Beginn der *Meistersinger*-Präsentation mehr und mehr fantastische Züge an. Surreale Ereignisse, wie die Vervielfältigung Wagners, konterkarierten das filmrealistische Setting. In dem detailgetreuen Salon im Stil des 19. Jahrhunderts tauchten Figuren in Kleidern aus dem 16. Jahrhundert auf. Aus dem Spiel wurde eine verschobene, mehrfach gespiegelte Realität und aus der Realität ein Spiel. Viel Material für absurde Situationen, lustige Momente und vor allem Komik. Als ob ich eine Spieloper von Lortzing auf die Bühne bringen würde. Leicht, skurril und jenseits von aller überhöhter Bedeutsamkeit. Allerdings wollte ich das Publikum nicht mit diesem Eindruck in die erste Pause entlassen – ah, wie amüsant, wie kurzweilig. Kurz vor der Pause öffneten wir also den Wahnfried-Salon, und dahinter erschien ein anderer Raum: eine realistische Repräsentation des Nürnberger Prozess-Zimmers, mit Bänken für die Jury, einem Zeugenstand, den Flaggen der Alliierten und einem G. I., der Wache hält. Wagner verlässt sein wohliges Eigenheim, seine private Wirkungsstätte und tritt in den Zeugenstand, wie Walter vor die Nürnberger Meister-Jury. Wir befinden uns nicht mehr in Wahnfried und nicht mehr im 16. Jahrhundert, sondern vor einem Gericht. Vorhang.

Wagner wird der Prozess gemacht. Ihm und seinem Schaffen widerfuhr ein ähnliches Schicksal wie ganz Deutschland bei den Nürnberger Kriegsverbrecherprozessen nach dem Zweiten Weltkrieg. Sie wurden auf den Prüfstand gestellt, nach ihrer Rolle und nach ihrer Schuld an dem wachsenden Antisemitismus, der schließlich in den Nationalsozialismus mündete, befragt. Wagners Prozess ist bis heute nicht abgeschlossen. Wir halten nach wie vor über ihn Gericht. Wir bitten ihn nach wie vor, obgleich er schon tot ist, sich und sein Werk durch sein Werk zu erklären. Denn dieses kann in Form von Inszenierungen und Aufführungen heute noch zu uns sprechen, sich verteidigen, seine Schuld eingestehen oder Zeugnis ablegen. Denn Wagner und sein Werk sind Angeklagte und Zeugen zugleich. Wie Hans Sachs Walter verteidigt, so steht auch Wagner für sich selbst und sein eigenes Werk ein. In einem niemals enden wollenden Prozess. Der Angeklagte und Zeuge wird sich nie vollständig erklären, nie vollständig aussagen, und die Jury wird niemals eine finale Entscheidung treffen können. Sisyphus im Nürnberger Gerichtssaal.

Am Ende des ersten Aufzugs hat die Verhandlung begonnen und wird im zweiten Aufzug, dessen Zentrum die Begegnung von Sachs und Beckmesser bildet, fortgesetzt. Auch hier befinden wir uns in dem Gerichtssaal. Hier gilt es nun zu klären: Was ist der richtige und was der falsche Gesang? Worin besteht die richtige, worin die falsche Musik? Was unterscheidet deutsche von undeutscher Musik? Durch Hans Sachs, der die Antworten auf all diese Fragen hat, scheint uns Wagner permanent zuzurufen: »Mein Gesang ist der richtige. Meine Musik ist deutsche Musik.« Demgegenüber steht Beckmesser, diese seltsame, einsame Figur, die ihr Bestes gibt, ja sogar zu unlauteren Mitteln greift, schummelt und die Ideen des Mitbewerbers klaut, um den richtigen Ton zu treffen, um akzeptiert zu werden und dazuzugehören, letztlich aber doch versagt. Sosehr er sich bemüht, bleibt er doch ein *Outsider*, der nicht richtig singen, nicht richtig texten kann und nicht in die Gemeinschaft passt. Anfangs zieht er nur den sadistischen Spott von Sachs auf sich, dann wird die Erniedrigung durch Davids Prügel physisch, und im letzten Akt zwingt ihn schließlich die gesamte Nürnberger Gemeinschaft, die

Stadt zu verlassen: Es gibt Menschen, die zu Nürnberg gehören, und solche, die nicht dazugehören. So steht es im Stück. Das zu ignorieren und Beckmesser am Ende wieder in die Gemeinschaft aufzunehmen, erschien mir völlig falsch. Ich mag Produktionen nicht, in denen er am Ende wieder auftaucht, sich alle vertragen und die Hände schütteln – im Sinne von: »Das war doch nur Spaß!« Nein, er muss vertrieben und entfernt werden, um das Fantasiegebilde eines reinen Nürnbergs aufrechtzuerhalten.

Beckmesser ist kein Jude. Aber wie Alberich, wie Mime ist er mariniert in jedem nur denkbaren antisemitischen Vorurteil, das seit dem Mittelalter in Europa kursierte: Er ist ein Dieb, er ist gierig, er ist unfähig zu lieben, unfähig, wahre Kunst zu verstehen, er raubt deutsche Frauen, er stiehlt deutsche Kultur und deutsche Musik. Und das alles, wie ein assimilierter Jude, der sich kleidet wie alle anderen, der versucht, so zu singen und so zu sprechen wie alle anderen, aber dabei die Gesellschaft von innen heraus unterwandert und vergiftet. Wagner war zu klug, um jüdische Figuren auf die Bühne zu stellen. Stattdessen flickte er Frankenstein-Kreaturen aus allem zusammen, was er an Juden hasste. Dazu benutzte er auch seine Musik. In seinen Abhandlungen beschreibt Wagner, wie Juden beim Sprechen zischen, kreischen und schrille Laute von sich stoßen, und in seinen Opern entwickelt er dazu einen entsprechenden, kakophonischen Musikstil für Figuren wie Beckmesser. Wagner verglich jüdische Musik (womit er Felix Mendelssohn Bartholdy und Giacomo Meyerbeer und nicht die örtliche Klezmer-Band meinte) mit dem Vortrag eines Goethe-Textes auf Jiddisch, und genauso klingt Beckmessers unseliges Lied im dritten Aufzug: nach Goethe-Jiddisch-Kauderwelsch. Und schließlich ereilt Beckmesser ein ähnliches Schicksal wie den Juden im Deutschland des 19. und 20. Jahr-

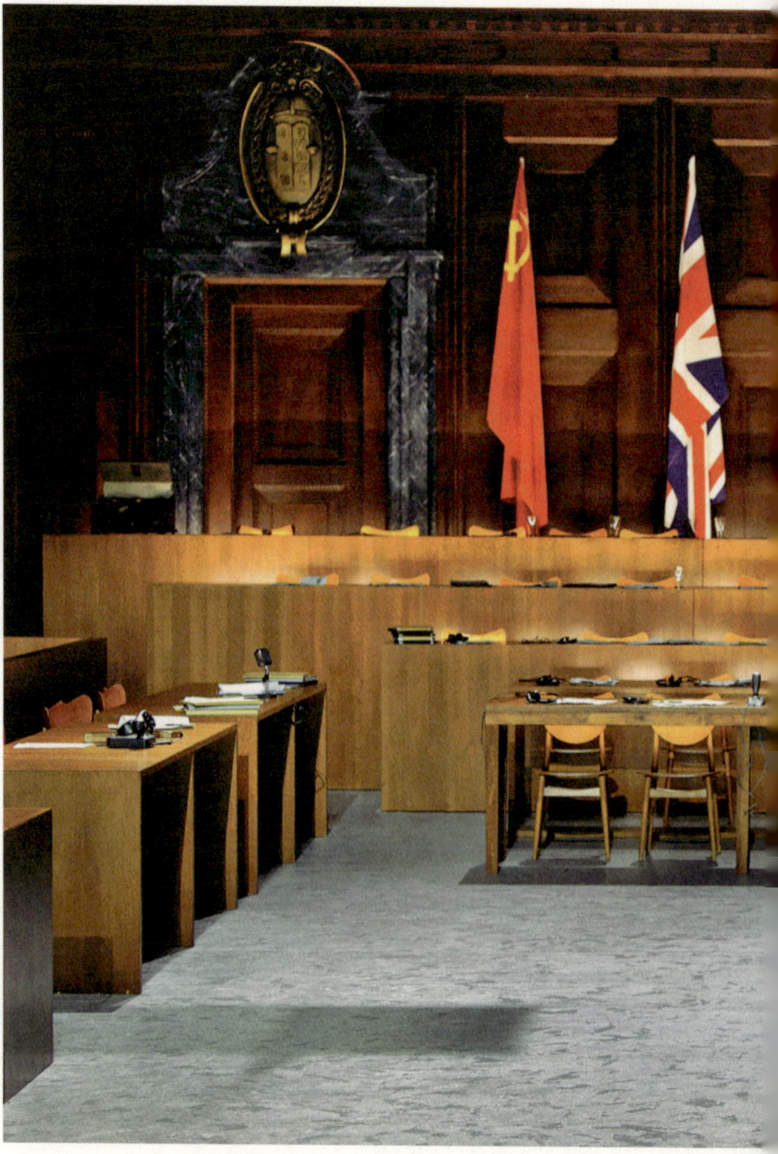

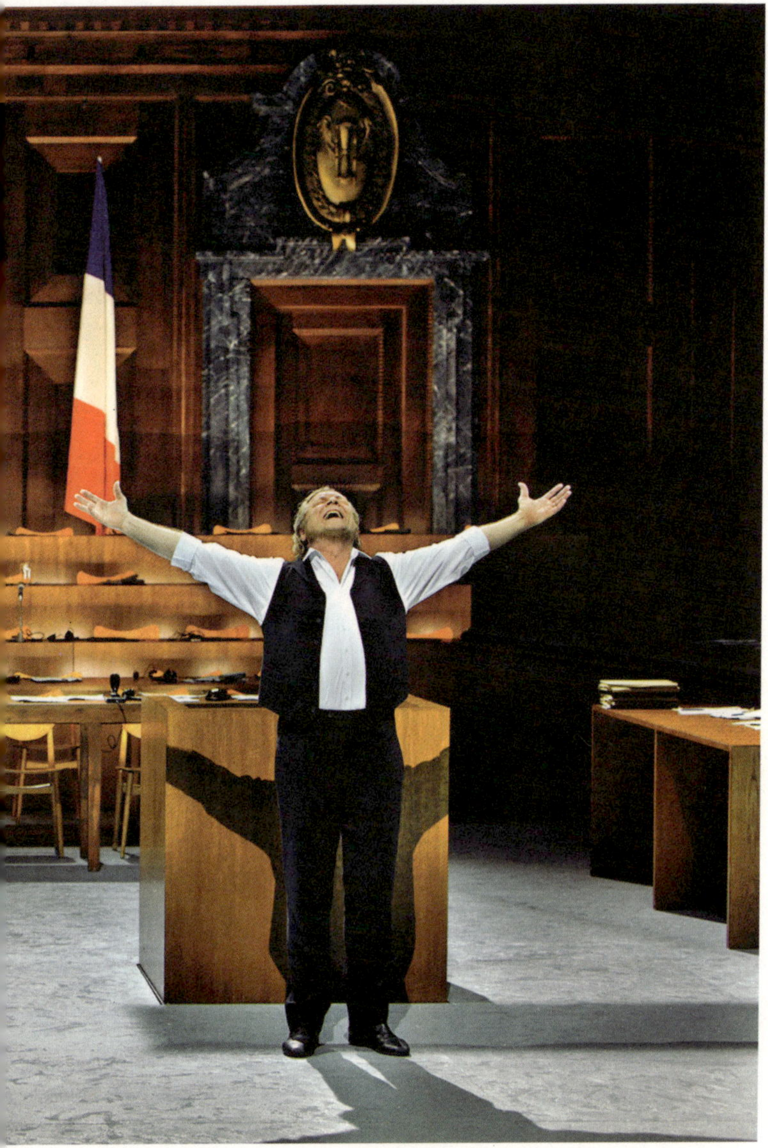

Michael Volle (Hans Sachs) in meiner Inszenierung von »Die Meistersinger von Nürnberg«, Bayreuther Festspielhaus, 2017

hunderts: zuerst Spott, dann physische Gewalt und schließlich die vollständige Entfernung.

Was wäre, wenn Wagner ein Pamphlet mit dem Titel »Schwuchteln in der Musik« verfasst hätte, in dem er sich über schreiende, kreischende, »verweiblichte« Falsett-Dandys ausgelassen hätte, die die deutsche Musik ruinieren würden und wir sie daher aus der deutschen Kultur entfernen müssten? Und dann komponiert er in seinen Opern Partien mit schreiendem, kreischendem, »verweiblichtem« Falsett, überträgt also seine schwulenfeindlichen Äußerungen auf seine Kunstfiguren? Wir würden zweifelsohne darin übereinstimmen, dass der Mann und sein Werk homophob seien. Natürlich ist es kompliziert, da Wagner zum Beispiel für Alberich mitunter grandiose Musik komponiert hat. Vielleicht hat er sich doch auch unbewusst in diesen Frankenstein-Kreaturen widergespiegelt. Quasi als Negativ, als Zerrbild seiner selbst, als ein Teil von ihm und der Gesellschaft, der ihm missfiel und den es loszuwerden galt. Als das, was nicht dem wahrhaft Eigenen entspricht. Das Andere.

Der ganze zweite Akt dreht sich im Grunde um das Verhältnis zwischen Eigenem und Anderem, um einen Diskurs, der immer noch stark in der deutschen Kultur verankert ist. Was gehört zu uns und was nicht? Während in der Begegnung von Sachs und Beckmesser aufgeschlüsselt wird, worin laut Wagner das Eigene und worin das Andere besteht und wer es jeweils personifiziert, zeigt Wagner in der Prügelszene am Ende des zweiten Aufzugs die Konsequenzen für Andersartige in einer Gesellschaft auf, die nach dem reinen Eigenen strebt. Mir war klar, dass ich spätestens dann das lustige Singspiel hinter mir lassen musste und dass es hier entgegen Wagners Ansinnen ernst werden würde. Beckmessers Gesang, mit dem er mitten in der Nacht um Eva wirbt, der allerdings durch Hans

Sachs' Schuhklopfen zum Lärm wird und die ganze Stadt aufweckt, hat für sich betrachtet durchaus komische Qualitäten. Zugleich komponiert Wagner aber eine radikale Kakophonie, in der man irgendwann nicht mehr weiß, wer eigentlich singt, schreit oder klopft und ob es sich dabei überhaupt noch um Musik handelt oder vielmehr um Unmusik, um eine Begegnung mit dem musikalisch Anderen. Ein kakophones, deutsches Volkstrauma. Denn was gibt es Schlimmeres für eine Gemeinschaft, die auf einer Vorstellung vom reinen Eigenen aufbaut, als mitten in der Nacht durch den Klang des Anderen aufgeweckt zu werden? Das Andere, das sie fürchtet. Das Andere, das sie auszugrenzen und fernzuhalten sucht. Was gibt es Schlimmeres, als im Schlaf, im kuscheligen deutschen Federbett, im gemütlichen deutschen Fachwerkhäuschen, im wohlbehüteten deutschen Städtchen von einem Juden gestört zu werden? Jüdisches Chaos als Wiegenlied. Lange Zeit war das der schlimmste deutsche Albtraum.

Die Reaktion auf dieses traumatische Gemeinschaftserlebnis muss dementsprechend hart ausfallen. Beckmesser musste in einem bisher unbekannten, dieses Mal physischen Maß gedemütigt werden. David und seine Gefährten brachen also Beckmesser den Arm, so dass er nicht mehr Laute spielen konnte. Sie nahmen den Gerichtshammer, mit dem Beckmesser am Ende des ersten Aktes noch Walters bzw. Wagners Gesang »gemerkt« hatte, und schlugen damit auf Beckmesser ein. Mir war es wichtig, die Prügel nicht als Slapstick, als komödiantische Kampfszene zu inszenieren. Es sollte so physisch, brutal und gewalttätig sein, dass sich das Publikum zu fragen begann: Und was passiert gleich? Werden als Nächstes Steine durch ein Fenster geworfen oder ein Davidstern an die Hauswand gemalt? Ich wollte zwar keinen Pogrom inszenieren, aber dennoch auf die verhängnisvolle Dynamik hindeuten, die im

Kleinen beginnt und in einer Katastrophe endet. Ich wollte den Albtraum, also die Störung des deutschen Ideals durch den karikierten Judengesang, genauso sichtbar machen wie die Albwirklichkeit von Beckmesser, die ganz real daraus resultiert. Nicht konkret durch einen aggressiven Nazi-Mob, sondern durch eine abstrakte Referenz.

Am Ende des zweiten Aufzugs erschien im Zeugenstand zunächst ein kleines, aufblasbares Haupt. Langsam füllte es sich mit Luft, wuchs stetig an, wurde größer und größer, bis es die Hälfte des gesamten Bühnenraums einnahm. Wie ein Ballonkopf von der New Yorker Macy's Thanksgiving Day Parade. Als Vorlage verwendeten wir eine Karikatur aus dem Film *Der ewige Jude*. Vor dem Publikum blies sich also eine der wohl bekanntesten antisemitischen Darstellungen eines Judenkopfes auf, mit Bart, Hakennase und Kippa. Ein Ewiges-Juden-Geschwür. Ein deutsch-jüdischer Horror.

Als der Nachtwächter ganz am Ende die Nürnberger ermahnt, klang es so, als ob der Kopf zum Publikum sang: »Hört, ihr Leut, und laßt euch sagen, die Glock hat eilfe geschlagen: bewahrt euch vor Gespenstern und Spuk, daß kein böser Geist eu'r Seel beruck!« Ich spürte jedes Mal, wenn ich mir die Vorstellung anschaute, wie das Publikum sich angesprochen, wie es sich unwohl fühlte und unruhig wurde. Und genau das wollte ich. Das Publikum, das anfangs noch der heiteren Spieloper beigewohnt hatte, sollte hier nun zusammenzucken.

Während der technischen Proben ergaben sich zwei kleine Zufälle. Eigentlich sollte der aufgeblasene Kopf das letzte Bild des Aktes sein. Am Ende einer Probe ließen Techniker die Luft aus dem Kopf heraus, so dass er langsam zusammenschrumpfte und wieder zurück in den Zeugenstand glitt. Mir war sofort klar, dass wir das genauso in die Inszenierung einbauen mussten. Nur heiße Luft. Bei einer anderen Probe kippte der

Kopf, während er in sich zusammensank, nach vorn. Das war nicht beabsichtigt, ereignete sich aber aufgrund der Lufttemperatur und -zirkulation ab dann bei jeder Probe und jeder Vorstellung. Auf der Kippa des Judenkopfes erschien somit in den letzten Sekunden des Akts nach und nach ein Davidstern in Schwarz-Weiß. Vorhang.

Die Reaktionen nach dem Ende des zweiten Aktes bestätigten, dass ich die mir vorgestellte Wirkung erzielt hatte. Während das Publikum nach dem ersten Aufzug frenetisch und gut gelaunt applaudierte, harrte es nach dem zweiten Aufzug ein paar Sekunden regungslos aus. Beklemmung, Betroffenheit, Nachdenklichkeit, Sprachlosigkeit. Aber auch großer Ärger. Die ersten »Buuhs« platzten heraus und steigerten sich zu einem regelrechten »Buh«-Konzert. Doch wem oder was galt diese Empörung? Dass ich diesen Kopf auf die Bühne gebracht hatte, obwohl er nicht im Stück steht? Dass ich eine furchtbare, antisemitische Darstellung eines Juden zeigte? Oder buhten sie Wagner für seinen Antisemitismus aus? Denn ich visualisierte lediglich, worüber Wagner sich in seinen Abhandlungen ausgelassen hat. Wir zeigten die Repräsentation eines Juden, wie Wagner sich *den* Juden vorstellte. Das lässt sich in seinen Texten nachlesen. Mich faszinierte, dass einige Zuschauer:innen dies anscheinend nicht ertrugen und die antisemitische, von einem jüdischen Regisseur ausgewählte Darstellung eines Juden in Bayreuth ausbuhten. Das Gros des Publikums verließ den Saal allerdings sehr bewegt, still und nachdenklich. Bis heute finde ich dies dem Schicksal Beckmessers, dem Schicksal der Anderen in einer auf Homogenität abzielenden Gemeinschaft angemessen. Der aufgeblasene Kopf war sicherlich eines der am kontroversesten diskutierten Elemente der Inszenierung. Für mich das perfekte Bild am Ende des zweiten Aktes.

Im dritten Akt, auf der Festwiese, machten wir schließlich

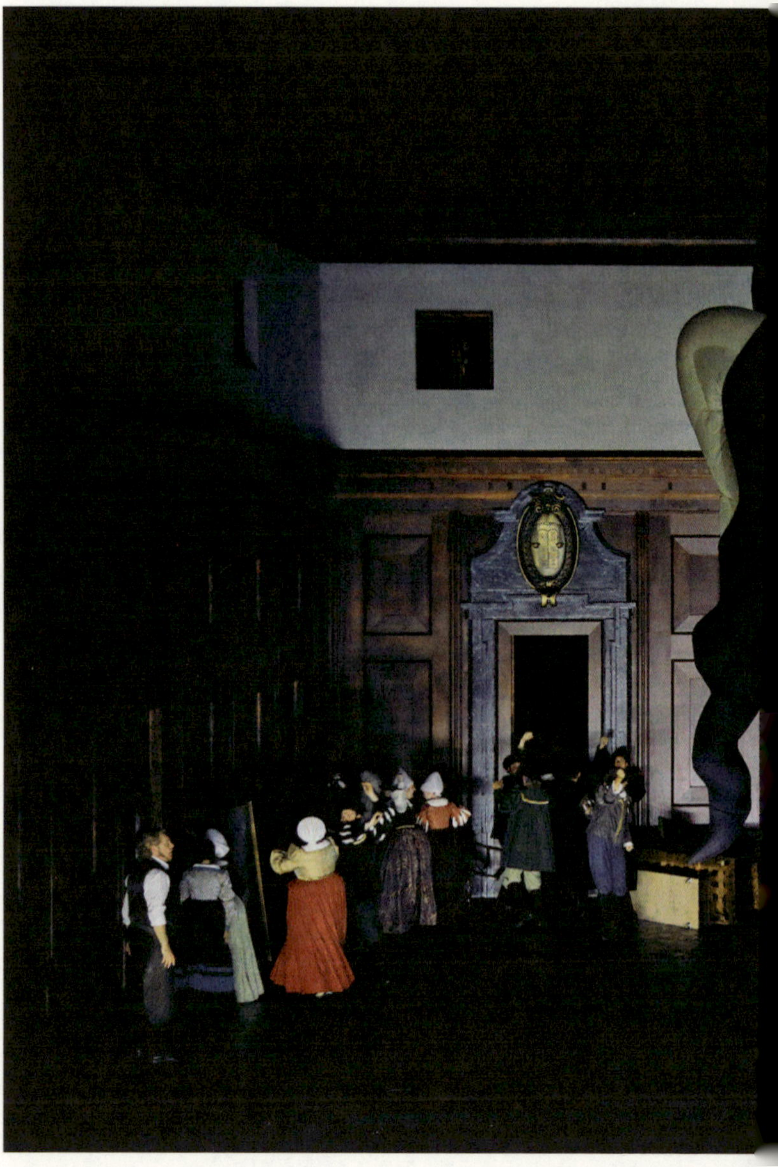

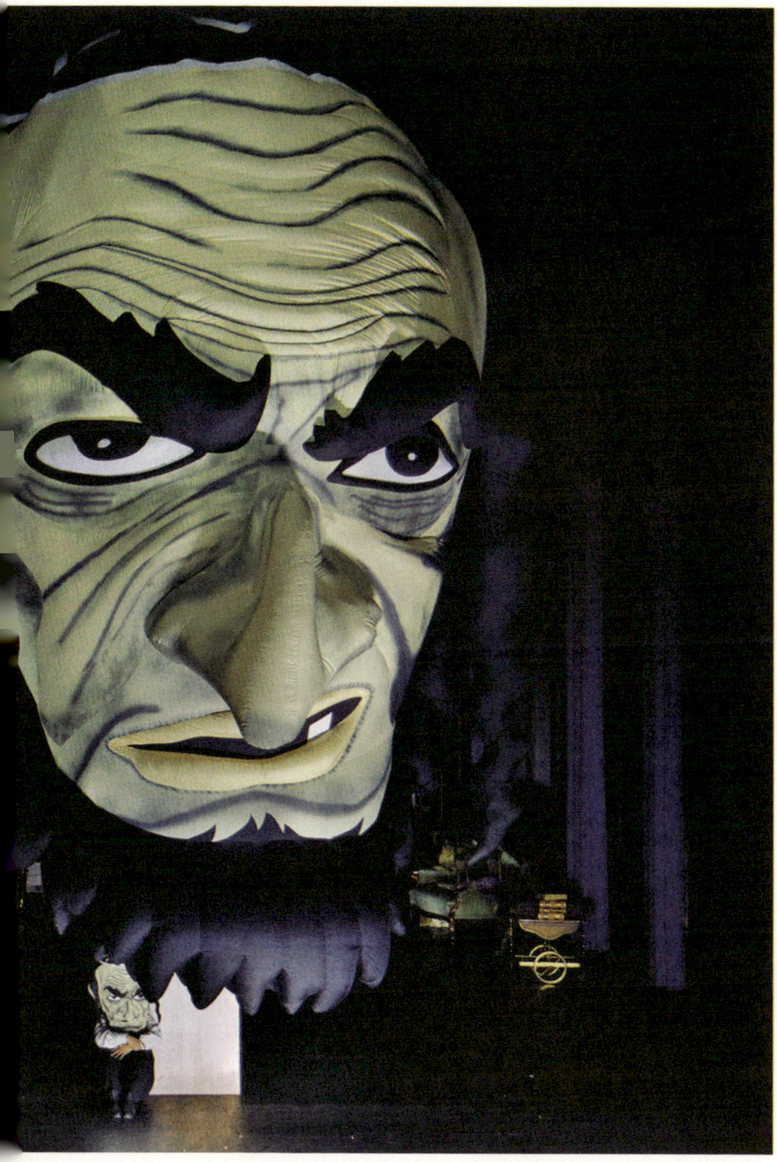

NS-Fratze des »ewigen Juden« in meiner Inszenierung von »Die Meistersinger von Nürnberg«, Bayreuther Festspielhaus, 2017

allen beteiligten Figuren sowie der gesamten deutschen Geschichte den Prozess im Nürnberger Gerichtssaal. Deutschland und Nürnberg als deutsches Fantasiegebilde waren Angeklagte, Zeugen und Geschworene zugleich. Sie befragten sich selbst, antworteten selbst, verteidigten sich selbst und urteilten über sich. Für das Publikum war das ziemlich verwirrend. Wer steht nun eigentlich vor Gericht und wer richtet? Ist das Volk angeklagt oder klagt es an? Oder Walter, oder Beckmesser? Oder Wagner? Oder Wagners Musik? Oder steht ganz Deutschland auf dem Prüfstand? Eine sehr fließende, instabile Situation, in der manchmal der Eindruck entstand, dass eigentlich jede:r jede:n anklagt, verteidigt und verurteilt. Aus diesem Gewirr und dieser Gemengelage musste sich am Ende, so steht es im Stück, Hans Sachs mit seinem sehr problematischen Monolog herauslösen, in dem er vor den Feinden Deutschlands, vor »welschen Dunst mit welschem Tand« warnt. Die Nazis haben den Monolog später für ihre Propaganda genutzt. Es gibt eine Anekdote, wie sich der Chor bei einer Aufführung in der Berliner Staatsoper zu Hitler in der Königsloge gewendet hat und ihm am Ende zusang: »Heil Sachs!« Ich wollte allerdings auf keinen Fall Hitler, die Gestapo oder die SS auf die Bühne marschieren lassen, ein großes Banner mit einem Hakenkreuz ausrollen oder irgendeine realistische Referenz auf Auschwitz auf die Bühne bringen. In keiner meiner Inszenierungen kamen jemals Stacheldraht, rasierte Köpfe, gestreifte Pyjamas oder fliehende Juden mit Koffern vor. Das interessiert mich überhaupt nicht.

Für mich musste am Anfang und am Ende Wagner stehen. Also die Person, die all die verschiedenen Zeitebenen, Räume, Figuren, Vorstellungen, Gedanken, Emotionen, Ängste, Gräueltaten durch seine Musik verbindet. Ich leerte den kompletten Gerichtssaal, so dass nur noch er übrig blieb. Ganz alleine. War das alles nur ein Traum, ein Spuk, ein Schatten- oder ein Geistertanz? Die Geister aus der Vergangenheit, die nun Wagner zurücklassen? Doch Wagner ist auch tot. Sehen wir nur seinen Geist? Oder den fiktiven Wagner, also Hans Sachs? Auf jeden Fall betrat Richard Wagner oder Hans Sachs oder sein Geist wie zuletzt am Ende des ersten Aktes noch einmal den Zeugenstand. Er richtete sich an das Publikum und sang seinen Monolog zu den Zuschauer:innen. Das Publikum wurde zur Jury, bekam die Rolle zugewiesen, über den problematischen Inhalt des Monologs zu richten. Nicht ich als Regisseur, sondern wir alle müssen uns als Publikum, als Gesellschaft fragen, wie wir zu Wagner, zu seinen *Meistersingern* und den Worten von Hans Sachs stehen.

Und ich wollte Wagner die Möglichkeit geben, sich am Ende noch einmal zu verteidigen. Die letzten Worte dem Angeklagten. Wahrscheinlich würde er sagen, dass er ein Künstler, ein Musiker, ein Komponist sei. Und dass seine Kunst über all den historischen, politischen und gesellschaftlichen Diskursen steht, über den Fragen nach Unrecht, Schuld und Verantwortung. Damit hat er einen Punkt. Wie schrecklich er sich auch im Privaten verhalten hat, wie antisemitisch, böse und sadistisch er auch war, wie furchtbar auch sein Einfluss auf Generationen deutscher Antisemiten und Nationalisten war, hat er doch grandiose Stücke komponiert und die gesamte westliche Musik revolutioniert. Auf Sachs' Monolog folgt am Ende von den *Meistersingern* eine kurze Replik des Festwiesenchors, der ihn normalerweise umringt und feiert: »Heil Sachs!« In meiner Inszenierung ließ Wagner ein von hundertvierzig Chorsänger:innen und Statist:innen markiertes, riesiges Orchester – dem Sinnbild für reine Musik – als allerletzten Zeugen auf die Bühne fahren. Vom Zeugenstand aus dirigierte er es, während der Chor die letzten Zeilen sang. Danach verschwand es wieder. Doch Wagner dirigierte weiter. Auch ohne Orchester. Im Gerichtssaal. Im Zeugenstand. »Seht her! Ich habe keine Schuld. Ich gebe euch meine Musik! Heil mir und meiner Musik!« Vorhang.

Was ich niemals in Bayreuth erwartet hätte, ist, dass ich nach meinem jahrelangen Ringen mit Wagner ausgerechnet dort, an seiner Wirkungs- und Weihstätte, so viel Spaß auf den Proben haben würde. Die Sänger:innen, der Dirigent Philippe Jordan, mein Team und ich mussten sehr viel und laut lachen. Zum Beispiel, als ich meinen Einbürgerungstest ablegte. Ein paar Monate vor Probenbeginn hatte ich mich um die deutsche Staatsbürgerschaft beworben, da ich inzwischen über zehn Jahre lang in Deutschland gelebt und meine Steuern gezahlt hatte, ohne stimmberechtigter Teil der Demokratie zu sein, also ohne wählen zu dürfen. Und ich wollte mich in Deutschland für längere Zeit niederlassen. Das Berliner Ausländeramt erklärte mir, dass ich einen Test absolvieren müsse, in dem ich dreiunddreißig Fragen unter anderem zur deutschen Staatsstruktur, zur Verfassung und zu den politischen Institutionen beantworten müsse. Ich erwiderte, dass ich in den nächsten Monaten nicht in Berlin sei, aber den Test gerne sobald als möglich ablegen würde. »Überhaupt kein Problem. Sie können den Test auch in einer anderen deutschen Großstadt machen. Die nächste Ausländerbehörde in der Umgebung von Bayreuth wäre Nürnberg.« Nürnberg! Ich würde meinen deutschen Einbürgerungstest während der Proben für *Die Meistersinger von Nürnberg* ebendort machen! Ich habe also einen Termin beim entsprechenden Ausländeramt vereinbart und kündigte einen Tag vorher bei den Proben an: »Morgen Vormittag fällt die Probe aus, da ich um 10:30 Uhr in Nürnberg überprüfen lasse, ob ich ein Deutscher bin.« Schallendes Gelächter. Am darauffolgenden Tag nahm ich ein Taxi vom Nürnberger Hauptbahnhof zum Ausländeramt. Bei einer der Straßen, in die wir auf dem Weg zur Behörde einbogen, stach mir sofort das Straßenschild in die Augen: Judengasse. Auf dem Weg zum Ausländeramt, wo ich gemeinsam mit einer Gruppe syrischer Geflüchteter in einem Multiple-Choice-Test dreiunddreißig Fragen zu Deutschland beantworten musste, passierte ich also die Nürnberger Judengasse. Nachmittags fuhr ich zurück nach Bayreuth, wo ich die Proben zu den *Meistersingern* fortsetzte. Besser könnte das Drehbuch für eine Lubitsch-Komödie kaum sein. Ich werde diesen Tag niemals vergessen. Einer der absoluten Top-Ten-Funny-Days in meinem Leben. Ich habe übrigens alle dreiunddreißig Fragen richtig beantwortet und kurz darauf die deutsche Staatsbürgerschaft erhalten.

Die Leichtigkeit und Lockerheit, die ich während des gesamten Probenzeitraums unerwarteterweise empfand, trugen zu einer weiteren Überraschung bei: Durch den Spaß und das viele Lachen fiel es mir plötzlich leicht, zu dem Wagner-Dibbuk auf meiner Schulter zu sagen: »O. K., wenn du nicht von mir weichen kannst, wenn du überall dabei sein musst, wenn du unbedingt mitmischen möchtest, dann komm herunter von meiner Schulter, stell dich in die Mitte der Bühne, vorne an die Rampe, mitten in den Lichtkegel und spiel Hans Sachs!« Und der Dibbuk verließ tatsächlich meine Schulter, kletterte runter und wurde zum Zentrum meiner Inszenierung. Ich trieb Wagner regelrecht aus meinem Körper und aus meiner Seele aus. Die Bayreuther Inszenierung der *Meistersinger* wurde für mich zu einem künstlerisch-spirituellen Exorzismus. Ich konnte plötzlich wieder seine Musik ertragen, ja genoss die teils wunderschönen Kantilenen. Ich hatte mich in Distanz zu ihm und seinem Werk gesetzt und konnte sie von dort aus in einem viel objektiveren, weniger emotionalen, verärgerten und empörten Licht betrachten. Ich fürchtete ihn nicht mehr. Und er sprach nicht mehr zu mir. Bei der Premiere zahlte er es mir allerdings noch einmal heim: Es regnete in Strömen. Und ich dachte mir: Aha, das ist also dein letzter Streich, Richard.

Umgekehrt hatte ich auch Wagner provoziert: Zu meiner ersten Probe brachte ich zum Beispiel meinen neuen Hund, Samson oder kurz: Sammy, mit. Er war noch blutjung, kein Jahr alt. Sammy und ich betraten also das Bayreuther Festspielhaus, eines der wenigen Opernhäuser weltweit, in dem Hunde willkommen sind. Richard Wagner hatte Hunde geliebt und so auch seine Nachfahren – einschließlich Katharina. *A dog friendly house*. Wir gingen in den Zuschauerraum mit dem originalen Holzparkettboden. Draußen war es sehr heiß, Sammy unruhig, zappelig und durstig. Ich gab ihm viel Wasser. Als Katharina Wagner den Saal betrat und Sammy euphorisch begrüßte, urinierte er vor lauter Aufregung auf das historische Parkett. Ein toller Start! Ich schämte mich und war peinlich berührt. Mein Hund uriniert auf Wagners heilige Bretter. Schnell entschuldigte ich mich bei Katharina und dem Team, wischte den Pudel-Bracke-Urin weg und begann mit dem Konzeptionsgespräch.

Nach meinem Hannoveraner *Ring* war ich felsenfest davon überzeugt, dass ich nie wieder eine Wagner-Oper inszenieren würde. Dieser Bann war nun gebrochen. Und als der Musikdirektor Tony Pappano mich für einen neuen *Ring*-Zyklus in Covent Garden anfragte, konnte ich sehr viel offener, lockerer und unbeschwerter in das Gespräch mit ihm gehen, als mir das bei Katharina möglich gewesen war. Zunächst sagte ich ebenfalls ab, ging dann aber in mich: Du hast den Dibbuk vertrieben, Wagner ist exorziert, und das ist die Gelegenheit, deine negative, unbefriedigende *Ring*-Erfahrung in Hannover mit einem besseren Produktionsprozess und einer besseren Inszenierung zu überschreiben. Ich stellte als Bedingung, die Besetzung selbst auszuwählen. Ich wollte nur mit Sänger:innen zusammenarbeiten, denen ich künstlerisch voll und ganz vertraue. Zudem wollte ich nur ein Stück pro Jahr und nicht alle vier im gleichen Jahr, wie in Hannover, herausbringen. Nie wieder ein ganzes Jahr nur mit dieser Musik verbringen. Mir war es wichtig, dazwischen auch andere Produktionen zu realisieren. Das ausschlaggebende, überzeugende Argument war schließlich aber, dass ich Wagner außerhalb von Deutschland inszenieren könnte. Ich müsste mich nicht um die gesamte deutsche Rezeptionsgeschichte, um die Verwicklungen mit der deutschen Vergangenheit, Kultur und Identität, mit dem deutschen Publikum und dem deutschen Feuilleton befassen – Faktoren, denen du bei einer Wagner-Inszenierung in Deutschland nicht ausweichen kannst. Eine riesige Erleichterung. Und ein spannendes Thema: Lässt sich der *Ring* ohne deutsche Referenzen und Bezüge überhaupt inszenieren? Können wir das Deutschtümelnde komplett beiseitelassen? Wagners Versuch einer universellen Kosmologie ernst nehmen? Ist das möglich? Das ist der Test, dem ich mich in London unterziehen werde. Ich werde weder Alberich noch Mime als Juden inszenieren, wie in Hannover. Ich werde nicht ein Panoptikum deutscher Geschichte auf die Bühne bringen, wie in Hannover. Ich werde versuchen, das Stück als allgemeingültigen Mythos ins 21. Jahrhundert zu holen. Was nur möglich ist, nach dem Exorzismus in Bayreuth. Mit Wagner auf der Schulter – vergiss es.

Die letzte, schöne Überraschung war die Reaktion des Publikums. Ich hätte niemals erwartet, dass ausgerechnet in Bayreuth so viele Zuschauer:innen derart positiv auf eine Inszenierung, die Wagner und Deutschland den Prozess macht, reagieren würden. Ich glaube, ein wesentlicher Grund dafür bestand darin, dass unsere *Meistersinger*-Interpretation viele verschiedene, auch kritische Fragen aufwarf und dem Publikum voll und ganz die Entscheidung überließ, ob und wenn ja, wie es sie beantworten möchte. Wir zogen Wagner und Deutschland vors Gericht, ohne ein Urteil zu fällen. Das überließen wir den Juror:innen im Saal, die jeweils für sich, ganz individuell entscheiden konnten: Ich liebe diese Musik! Was für eine lustige Komödie! Ich verehre Wagner, wie die Nürnberger Gemeinschaft Hans Sachs verehrt, »Heil Wagner!« Freispruch. Oder es konnte eine Jurorin in der Reihe L Platz 15 zu dem Schluss gelangen: Der Mann, der dieses Stück verfasst hat, muss eingesperrt werden. Oder: Mir fällt es schwer, nach dieser Inszenierung überhaupt eine Position einzunehmen. Nächste Instanz. Wir öffneten einen Möglichkeitsraum, in dem die Zuschauer:innen zu jeweils eigenen, persönlichen Urteilen kommen konnten.

Dass die gesamte Jury irgendwann zu einem einhelligen, finalen Urteil gelangt, halte ich hingegen für äußerst unwahrscheinlich: Sind die *Meistersinger* eine der größten Musiktheaterkomödien aller Zeiten? Handelt das Werk von Humanität, Gemeinschaft, Liebe und Akzeptanz? Oder genau vom Gegenteil? Ist es ein antisemitisches, nationalistisches Fantasiekonstrukt und damit sehr problematisch? Wir werden niemals eine kollektive Antwort darauf finden. Wir werden niemals das Wagner-Juden-Nazi-Problem lösen. Wir werden niemals einen Endpunkt hinter die Frage nach dem Verhältnis von Judentum und Deutschtum setzen. Wagner war das eine, die Shoa ein anderes – furchtbares, verheerendes – Kapitel. Aber nicht das letzte. Heute stecken wir mitten im Kapitel »Deutschland und Israel«. Können wir Israel in Deutschland kritisieren, ohne antisemitisch zu sein? Wie kann man in Berlin lebende und arbeitende, israelische oder jüdische Künstler:innen des Antisemitismus bezichtigen, nur weil sie Israels Politik verurteilen? *Never ending Tango*. Das ist der Preis, den Wagner bezahlt. Das ist der Preis, den Deutschland bezahlt.

Das Publikum hat es uns gedankt, dass wir den dunklen Schatten, genauso wie die lichte Seite dieser komplexen Musiktheaterkomödie ernst genommen und ihm nicht die *eine* Antwort gegeben haben. Die meisten *Meistersinger*-Produktionen sind entweder extrem naiv romantisierend: Es wird ein Nürnberg-Idyll, wie in einem Disney-Märchenfilm, präsentiert. Kleine süße Fachwerkhäuschen, zwischen denen Eva hindurchschlendert und ihren Prince Charming trifft. Und am Ende liegen sich alle in den Armen. Inszenierungen, wie man sie vor allem im Ausland erlebt und die all die schwierigen Seiten des Stücks mit viel Kitsch zukleistern. Oder aber didaktische Interpretationen, die uns mit einem großen Zeigefinger und einer Faust-aufs-Auge-Dramaturgie ermahnen. Vor allem in Deutschland habe ich schon sehr viele belehrende Inszenierungen gesehen, die mir eine, *die* richtige Antwort aufzwingen wollten. Das Stück ist problematisch, die Musik ist problematisch, du und die ganze Welt sind problematisch. Keine der beiden Versionen möchte ich auf der Bühne sehen. Und unserem Bayreuther Publikum schien es ähnlich zu gehen.

Um eine solche Ambiguität von Licht und Schatten zu erreichen, benötigt man Darsteller:innen, die in der Lage sind, zwischen Komödie und Tragödie zu changieren. Clowns und Charakterdarsteller:innen in einem. Johannes Martin Kränzle und Michael Volle sind für mich Paradebeispiele dafür. Wie sie im ersten Aufzug und Anfang des zweiten all ihre komödiantischen Fähigkeiten ausspielten und während des zweiten Aktes dann ins Tragische umschwenkten, wie sie mit der gleichen Energie und Leidenschaft und mit spielerischer Leichtigkeit von Slapstick zu Ernst wechselten, wie sie für ihre Rolle, für die szenischen Vorgänge musikalische Risiken eingingen, wie sie den Text so artikulierten, dass man jedes Wort verstand – insbesondere für komödiantische Szenen das A und O –, ist lehrbuchreif. Wir hätten einen Meisterkurs für Opernstudent:innen, ja professionelle Sänger:innen veranstalten sollen, um diese beiden Virtuosen zu studieren. Im Publikum vergaß man vollkommen, dass sie Opernsänger:innen oder Darsteller:innen waren. Man sah lediglich zwei Charaktere. Nach jeder Vorstellung ging ich zu ihnen und sagte ihnen begeistert, dass ich kaum jemals solch eine hohe Darstellerkunst gesehen habe – wo sich Schmerz und Humor, Ernst und Leichtigkeit, Tragisches und Lustiges derart vereinen.

Die Bayreuther Produktionen bleiben fünf Jahre lang im Festspielrepertoire. Umbesetzungen sind bei solch einem langen Vorstellungszeitraum eigentlich gang und gäbe. Nicht so bei meiner *Meistersinger*-Inszenierung. Bis zur letzten Vorstellung im Jahr 2021 sangen Michael Volle, Johannes Martin Kränzle, Klaus Florian Vogt und Daniel Behle die Hauptpartien, dirigierte Philippe Jordan und zeichnete ich für die Inszenierung verantwortlich. Ich denke, das hängt damit zusammen, dass alle wesentlichen Beteiligten sich die Produktion zu eigen machten. Es war eben nicht nur Koskys oder Jordans Produktion, sondern auch Michael Volles und Johannes Martin Kränzles *Meistersinger.* Sie wollten unbedingt jedes Jahr *ihre* Partien in *ihrer* Produktion singen und spielen. Dass ich wiederum fünf Jahre lang dabei blieb, ist auch keine Selbstverständlichkeit für Bayreuther Verhältnisse. Denn viele Regisseur:innen haben Bayreuth in der Vergangenheit direkt nach der Premiere in einem Dunst von Skandal, Hass und Streit verlassen und sind nie wieder zurückgekehrt. Ich habe es hingegen genossen, die Inszenierung jedes Jahr weiterzuentwickeln, Szenen zu überarbeiten, zu kürzen oder zu ergänzen.

Im Sommer 2021, in meiner fünften Festspielsaison, fuhr ich ein letztes Mal für die Wiederaufnahme nach Bayreuth. Eine neun Jahre lange Reise ging zu Ende. Ich sah die allerletzte Vorstellung und war sehr bewegt, zufrieden mit der Inszenierung, aber auch mit mir selbst. Durch *Die Meistersinger* hatte ich meinen Frieden mit Wagner geschlossen. Aufgrund von Corona konnten wir die Dernière leider nicht richtig feiern, aber zumindest mit den Hauptdarsteller:innen und dem Team anstoßen. Bei ihrer Dernièrenansprache auf der Bühne wandte sich Katharina Wagner zu mir und rief mir zu: »Bitte komm zurück und inszeniere ein weiteres Stück.« Aber ich war mir dieses Mal sicher, dass ich nicht mehr zurückkehren würde. Meine Arbeit an diesem Ort war getan. Sie hat ihren Zweck für mich als Künstler und als Mensch erfüllt. Ich bin geheilt. Und es regnete wieder. Wie bei der Premiere. Ich lief im Regen nach Hause. Völlig befreit. Nichts verängstigte mich mehr. In diesem furchtbaren, kleinen Dorf. Und ich dachte mir: Du wirst nie wieder hierherkommen. Ich schlief gut, stand früh am nächsten Morgen auf und verließ die Stadt. Goodbye Bayreuth.

MISS PIGGY

Miss Piggy und die *Muppet Show* begleiteten mich durch meine gesamte Kindheit und Jugend. Jede Woche lief eine neue Folge im Fernsehen, auf die ich hin fieberte. Ich war besessen von der Show. Es gab noch keine DVDs, kein Internet, sondern nur ein bestimmtes Zeitfenster, an dem ich den Fernseher einschalten musste, um meine Lieblingssendung zu sehen. Ich habe viel ferngesehen, wie die meisten Kinder in den 1970er Jahren, mit nur einem Meter Abstand vor dem Bildschirm. Ich habe auch den Vorläufer von der *Muppet Show*, die *Sesamstraße*, angeschaut, war aber bei Weitem nicht so begeistert davon. Ernie & Bert, das Krümelmonster und Bibo haben mich einfach nicht so gepackt. Die *Muppets* hingegen, diese niemals endende, immer weiterlaufende Show, die mit dem immer gleichen Eröffnungssong begann – *This is what we call the Muppet Show!* –, dem eine Reihe von Varieté-Nummern verschiedener Muppets folgte, fesselte mich. Immer wieder das gleiche Format und doch komplett verschiedene Nummern.

Es gab stets einen *Special Guest*, einen berühmten, internationalen Star – mal Barbra Streisand, mal Rudolf Nurejew, mal Liza Minnelli. Heute frage ich mich, wie es überhaupt möglich war, diese Persönlichkeiten dafür zu gewinnen, in einer Kindersendung aufzutreten, zu singen, zu tanzen und sich immer auch von den Muppets verspotten und erniedrigen zu lassen. Insgesamt war die Show alles andere als perfekt. Im Gegenteil lief stets vieles schief: Der Gast erwies sich als problematisch, die Show kam ins Stocken, oder eine Nummer geriet vollkommen aus dem Ruder. Mittendrin Kermit der Frosch, der als Produzent, Stage Manager oder Regisseur (was war er eigentlich?) versuchte, das Chaos zu organisieren, und dabei in unglaublichen Stress geriet. Auch wenn das Chaos groß war, die Show ging immer weiter, weiter und weiter. Eine dreißig Minuten lange, *all singing, all dancing* Pirandello-&-Beckett-Varieté-Show.

Drei Aspekte faszinieren mich bis heute an den *Muppets*: allem voran natürlich der Theater- oder besser gesagt der Varieté-Charakter. Die Bühne, das Publikum, der rote Vorhang – all das kannte ich von meinen Opern-, Theater- und Ballettbesuchen und liebte es. Allerdings waren die *Muppets* anders: eine dreiminütige Tanznummer, dann eine zweiminütige Comedy-Einlage, gefolgt von einem Song mit völlig anderer Musik, als ich sie kannte … Keine durchgehende Handlung, kein richtiges Drama wie in der Oper oder im Schauspiel, sondern eine Reihe von Shownummern. Varieté war für mich vollkommenes Neuland. Zu meiner Kindheitszeit war dieses Unterhaltungstheater-Genre des 19. und beginnenden 20. Jahrhunderts quasi ausgestorben. Zu Hause vor unserem Fernseher fand ich durch die *Muppets* einen Zugang zu dieser fantastischen Gattung.

Des Weiteren war ich von der Diversität der Show, die sich insbesondere in der Unterschiedlichkeit der Charaktere zeigte, angetan. Ohne den zuschauenden Kindern zu predigen, dass jedes Wesen einzigartig ist und dass wir nur zusammen Großes – wie eine Show – zustande bringen können, haben die Muppets genau das auf eine sehr lustige, bezaubernde Art gezeigt und dargestellt: Du kannst ein eitles Schwein, ein überforderter Frosch oder ein komischer Bär sein, und hier ist ein Platz für dich. Egal, welche Schwächen oder Stärken du hast, du kannst deinen Beitrag zur Show leisten, du

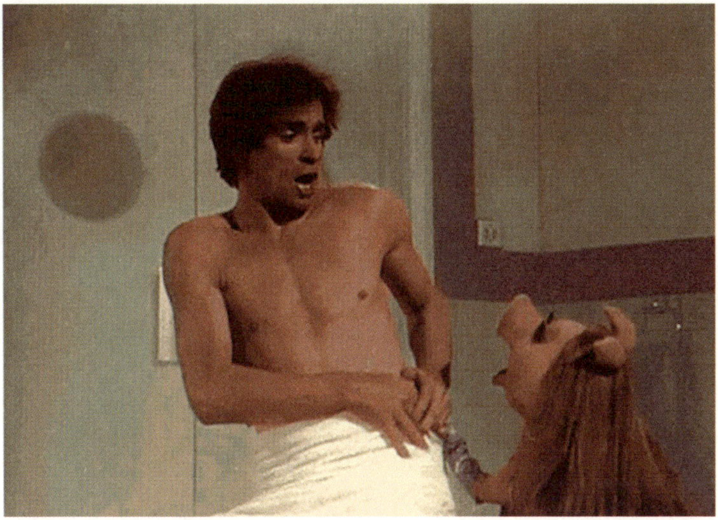

»Maybe you're overdressed?« Rudolf Nurejew und Miss Piggy im Dampfbad, Muppet Show, Folge 213, 1978

hast deinen Auftritt, deinen großen, von einem Orchester begleiteten Moment. Ohne Zeigefinger, ohne Dogma und mit viel Humor haben die Muppets den Kindern ein Verständnis von Diversität, von Toleranz und Zusammenhalt vermittelt.

Später habe ich dann schließlich die Subversivität, die in der Show steckt, entdeckt: die sexuellen Anspielungen, die anklingenden Gender- und Race-Fragen, die alles durchziehende Ironie. Der atemberaubende Gastauftritt von Rudolf Nurejew 1978 steht dafür paradigmatisch. Meine Großmutter Magda hatte mir immer wieder von diesem Ballettstar, einem der berühmtesten Tänzer des 20. Jahrhunderts, erzählt. Ich hatte ihn noch nie auf der Bühne gesehen, und dann taucht er auf einmal in der *Muppet Show* gemeinsam mit Miss Piggy auf: in einem Dampfbad. Der Mann, der normalerweise für *Nuss-*

knacker oder *Giselle* auf den großen Ballettbühnen gefeiert wurde, erschien hier halb nackt, lediglich ein Handtuch um die Lenden, im heißen Wasserdampf. Natürlich schwang da die Vorstellung mit, wie Rudy in New York in den Saunen abhing, um Sex zu haben. Es war ein offenes Geheimnis, dass er eine Sexmaschine war. Und nun taucht dieser schwule, sexliebende Mann mit seinem Astralkörper in einer Kindersendung auf, wo er von einer fabelhaften Schweine-Dragqueen auf direkteste Art und Weise sexuell bedrängt wird. Miss Piggy versucht den schwulen Ballettgott zu verführen, ihm das Handtuch vom Leib zu reißen und mit ihm Sex zu haben – in einer Kindersendung!

Die Mehrdeutigkeit und die damit verbundenen Anspielungen solcher Szenen wurden mir natürlich erst später bewusst. Sie zeigen auf jeden Fall, dass die *Muppets* nicht nur eine Kindersendung waren, sondern – wie die *Simpsons* – unterschiedliche Altersgruppen auf unterschiedliche Weisen ansprachen. Für Kinder waren die *Muppets* etwas komplett anderes als für Erwachsene. Beide Publika wurden adressiert, ohne das jeweils andere zu vernachlässigen, zu unterschätzen oder zu langweilen. Die *Muppets* waren ein *queer space*.

Ich schaute mir also jede Woche die *Muppet Show* an und verliebte mich in die Charaktere, nicht in einzelne, nicht nur in die Hauptfiguren, Miss Piggy, Kermit und Fozzie Bär, sondern in alle: Ich war fasziniert davon, wie Rolf Klavier spielte, und im Grunde spiele ich seither Klavier wie er. Ich liebte den dänischen Koch, den Laborassistenten Beaker, die singenden und tanzenden Schweine im Raumschiff. Sie wurden alle zu meinen Freund:innen. Sie waren mir letztlich näher als meine Freund:innen im wirklichen Leben. Ich bevorzugte keine der Figuren, da ich mich in allen wiederfand. Kermit war für mich irgendwie schon immer jüdisch und schwul. Max Reinhardt meets Charlie Chaplin. Es ist nicht einfach, grün zu sein. Es ist nicht einfach, für Miss Piggy vorgesehen zu sein, obgleich diese Beziehung niemals zustande kommen wird – warum eigentlich nicht!? Es ist auch nicht einfach, für diese Show mit so vielen komplizierten Beteiligten, in der immer etwas danebengeht, verantwortlich zu sein. Er muss Lösungen für die Probleme finden, damit sich der Vorhang hebt. Ich habe damals durch Kermit schon sehr viel über den Beruf, den ich später einmal ausüben würde, gelernt: *The Show must go on – put the lights on – you do that role quickly – put her on with that puppet* … Man muss nur Kermit zuschauen, um zu verstehen, was es heißt, Regisseur:in oder Intendant:in zu sein. Viele Menschen haben mich in den letzten Jahren gefragt, woher ich meine Inspiration als Künstler und Intendant hole. Max Reinhardt? Walter Felsenstein? Nein. Es gibt nur eine Quelle: Kermit. Ich habe immer die große Verantwortung auf seinen Schultern gespürt, die Erwartungen, die an ihn als Produzenten der Show, aber auch als Liebhaber von Miss Piggy gestellt wurden. Er wirkte auf mich immer extrem einsam, traurig und melancholisch. *But the show must go on.*

Und dann das krasse Gegenteil: Miss Piggy. Mit ihrer Extravaganz, mit ihrem Gender-Play, ihrem ausufernden Gestus ist sie eine Diva. Andererseits ist sie aber auch ein Schwein, das gewalttätig wird, andere schlägt, über die Bühne schmeißt, wenn ihm etwas nicht passt. Miss Piggy ist keineswegs eine Frau, sondern ein Schwein, das mit allen ihm zur Verfügung stehenden Mitteln – Perücke, Make-up, Kleidung, Sprache, Stimme – in die Rolle einer Lady zu schlüpfen versucht, was ihm allerdings niemals vollständig gelingt. Und damit ist sie für mich eine der einflussreichsten Dragqueens der Popkultur. Sie flirtet permanent mit allen und jedem, ist durch und durch Fleisch, erotisch, begierig, provokant und bodenlos unverschämt. Sie ist Maria Callas, Bette Davis und Ethel Merman – alles in einem.

Schließlich ist da noch Fozzie Bär. Ich konnte nie über seine trockenen Witze lachen. Für mich stellt er den Inbegriff eines traurigen, jüdischen Clowns dar, der bei einer Tour in einer Varieté-Show eines Provinztheaters gelandet und dort nie wieder weggekommen ist. Seine große Zeit ist vorbei oder hat womöglich nie richtig begonnen. Er hat ein weites Herz, bemüht sich sehr, und alle lieben ihn – aber nicht wegen seines Talents, seines Könnens, sondern aufgrund seiner Persönlichkeit und der damit verbundenen Tragik. Der Schtetl-Clown als Bär. Ich habe alles Mögliche in Kermit, Miss Piggy und Fozzie Bär projiziert und sie umgekehrt auch in mich aufgesogen. Ich bin zu einer Art Mischung aus einem Schwuchtel-Frosch, einer Schweine-Dragqueen und einem traurigen, jüdischen Bär geworden. Wann immer ich die Anfangsmelodie höre – *It's time to play the music. It's time to light the lights. It's time to meet the Muppets on the Muppet Show tonight* –, bekomme ich gute Laune und Tränen in den Augen.

Die *Muppets* haben mich infiziert, inspiriert und prägen mich bis heute. Wenn ich die zwei stärksten Einflüsse auf meine Arbeit benennen müsste, dann wären es wohl die *Muppets* und Franz Kafka. Das Schaffen von Kafka habe ich erst viel später kennengelernt. Mit fünfzehn Jahren habe ich *Die Verwandlung* gelesen, kurz danach *Der Prozeß* und dann *Das Schloß*. Jede:r Leser:in hat seine literarischen Schlüsselmomente – für die einen ist es *Brave New World* (*Schöne neue Welt*), für die anderen *1984*, für wieder andere Dostojewski. Für mich waren es Kafkas Erzählungen. Du liest einen Autor, und plötzlich ändert sich dein Leben komplett. Für den jungen, pubertierenden Kosky gab es nichts Näherliegendes, als sich mit Kafkas Figur K. zu identifizieren. Auch wenn die *Muppets* und

Kafka auf den ersten Blick wenig gemein zu haben scheinen, sind sie für mich engstens miteinander verknüpft. Schon allein zeitlich, da ich die *Muppet Show* auch noch mit fünfzehn Jahren, also zur selben Zeit, als ich Kafka entdeckt habe, anschaute. Darüber hinaus sind die Muppets für mich zweifelsohne kafkaesk und Kafka muppetesk.

Kafka schrieb zahlreiche Geschichten über Tiere, von denen die *Verwandlung* nur die bekannteste ist. In einer anderen hält ein Affe einen akademischen Vortrag über seinen Werdegang, in wieder einer anderen reflektiert ein Tier, vielleicht ein Dachs oder ein Maulwurf, die Konstruktion seines Baus, wieder eine andere handelt von Josefine, einer Maus, die durch ihren Gesang Berühmtheit beim Mäusevolk erlangt hat, obwohl sie eigentlich nur fiept. In seinen bekannten Werken befinden wir uns stets in Situationen, aus denen es keinen richtigen Ausweg gibt, nie genügend Informationen, aus denen sich ein schlüssiges Gesamtbild zusammenfügen ließe, aber viele absurde Wiederholungen: Wir werden nie von dem Verbrechen erfahren, das zur Anklage geführt hat, wir werden nie das Schloss betreten, und die Show wird niemals enden. Warum eigentlich nicht? Wer veranstaltet die Show? Und warum?

Kafka liebte das jiddische Theater. Das hängt mit seiner Freundschaft zu Jizchak Löwy zusammen, einem jiddischen Schauspieler in Prag, in dem Kafka eine Art Ersatzvater sah, obwohl Löwy ein paar Jahre jünger als er war. Kafka war derart fasziniert von der jiddischen Sprache und dem jiddischen Theater, dass er anfing, selbst Jiddisch zu lernen. Zeit seines Lebens hat er sich immer wieder gefragt, in welcher Sprache er seine Texte verfassen solle, ob auf Tschechisch oder auf Deutsch. Ich kann mir gut vorstellen, dass er – hätte er länger gelebt – irgendwann angefangen hätte, auf Jiddisch zu schreiben. Eigentlich die perfekte Sprache für die Kafka-Welt. Auf jeden Fall hat er das jiddische Theater, diese Mischung aus Melodram, Musik, Tanz, Folklore und Mystizismus, aus unterschiedlichen, höchst gegensätzlichen Musik- und Theaterformen, wo abwechselnd gesungen, getanzt, gelacht und geweint wurde, geliebt. All diese Facetten lassen sich letztlich auch in seinen Arbeiten wiederfinden. Das, was Kafka an Jizchak Löwy und dem jiddischen Theater in Prag geliebt haben muss, liebe ich wiederum an den *Muppets*.

Mit zehn Jahren nahmen mich meine Eltern mit zu einer Vorstellung von *A Chorus Line*, ein Musical und damit ähnliches Neuland für mich wie das Varieté-Theater. Und nicht irgendein Musical, sondern ausgerechnet *A Chorus Line*, in dem die Produktion einer Bühnenshow im Hier und Jetzt zum Thema wird. In den klassischen Opern, Theatern und Balletten, die ich bislang gesehen hatte, ging es immer um historisch inszenierte und ausgestattete Geschichten, um Fantasiewelten jenseits des Theater- und Bühnenalltags. *A Chorus Line* handelt hingegen von einer *Audition* für eine Show in der Gegenwart. Wie bei den *Muppets* erhält das Publikum einen Blick hinter die Kulissen. Dementsprechend erwartete mich bei meinem Vorstellungsbesuch kein opulentes historisches Bühnenbild und Sänger:innen in alten Kostümen, wie ich es gewohnt war, sondern lediglich eine leere Bühne mit ein paar Tänzer:innen im zeitgenössischen Trainingsoutfit.

Die Vorstellung selbst hielt noch viele weitere Überraschungen für mich bereit: beispielsweise die rockige, jazzige Musik, die ich so bei meinen bisherigen Theater- und Opernerlebnissen noch nicht gehört hatte. Über *A Chorus Line* fand ich einen Zugang zu Pop. Neben meinen klassischen Opern und Sinfonien begann ich, Musik von Abba und der Ritchie Family zu hören und dazu im Wohnzimmer herumzutanzen.

Später kamen dann Billy Idol, Adam & The Ants und Spandau Ballet hinzu, von denen ich ein großer Fan wurde. Zudem musste ich darüber staunen, wie die Tänzer:innen den Regisseur im Zuschauersaal ansprachen und damit die Vierte Wand durchbrachen. Natürlich wusste ich nicht, was die Vierte Wand ist, spürte aber, dass hier etwas Besonderes geschah, eine Konvention, die ich bereits kannte, unterlaufen wurde. Den Regisseur selbst sah man nicht. Wir hörten lediglich seine Stimme, wie sie gottgleich aus dem Dunkeln zu den Darsteller:innen sprach. Wo ist dieser Mann? Was ist seine Funktion? Warum sprechen die Tänzer:innen zu ihm? Oder wenden sich die Tänzer:innen nicht eigentlich an uns, an das Publikum, oder besser gesagt, an mich? Und schließlich die Glitzerwelt am Ende, wenn die Tänzer:innen nach der *Audition* in goldenen Kostümen auf die Bühne treten, ihre letzte Nummer, »One Singular Sensation«, singen und zugleich ihre erste richtige Shownummer tanzen und sich dabei in einer Spiegelwand vervielfältigen. Alles funkelte, glitzerte und verschwand schließlich. Am Ende nichts als eine leere, gespenstische Bühne.

Ich musste unbedingt eine Aufnahme davon haben, bat meine Eltern darum und hörte sie immer und immer wieder an. Eigentlich ist das Musical nicht unbedingt für ein zehnjähriges Kind gedacht. Während der *Audition* berichten die Tänzer:innen von sehr persönlichen Erlebnissen: vom Outing als schwuler Mann, von Missbrauch durch die Eltern oder von Schönheitsoperationen, ohne die man keine Chance auf der Bühne bekommt. Der dementsprechende Song, »Tits and ass«, wurde zu einem meiner absoluten Lieblingssongs, obwohl ich nur halb verstand, worum es ging. Kaum zu glauben, dass ich als Zehnjähriger wirklich zu »Tits and ass« in meinem Schlafzimmer herumtanzte und erste Lippensynchronisationsversuche anstellte. Auch wenn ich diese Dimensionen des

Musicals nicht komplett erfasste, so spürte ich doch eine intuitive Verbindung – wenn beispielsweise die drei Frauen von ihrer schwierigen Kindheit berichten, wie sie in ihren Ballettstunden oder in Ballettvorstellungen alles Leid vergaßen, nur noch die Schönheit des Tanzes sahen und damit für sie klar war, dass sie auf die Bühne mussten. Wie sich der Vorhang öffnete, sie auf die Bühne traten und das Leben auf einmal erträglich, ja sogar schön wurde.

Alle Texte des Musicals basieren auf Interviews mit den Tänzer:innen der Originalproduktion. Der Choreograph und Regisseur Michael Bennett wollte eine Show über Tanz-*Auditions* machen und lud befreundete Tänzer:innen zu einem Workshop ein, um mit ihnen über ihre Erfahrungen zu sprechen. Die Tänzer:innen kamen nach ihren Shows spätabends zu ihm, wo sie bereits mehrere Dutzend Flaschen Wein erwarteten. Eigentlich waren nur ein paar Stunden angedacht, aber schließlich erzählten die Tänzer:innen die ganze Nacht durch. Man kann sich heute noch die Aufzeichnungen anhören, wie die Tänzer:innen von ihrem Kampf, von den Kompromissen und Entbehrungen berichten. Auf Basis dieser Gespräche schuf Michael Bennett gemeinsam mit dem Komponisten Marvin Hamlisch die Show. Daher ist sie so authentisch, so berührend und auch so radikal neu. Heute sind wir bestens vertraut mit dokumentarischem Theater. Aber in den 1970er Jahren war ein Stück, das auf Erfahrungsberichten von realen Menschen beruhte, komplett neu. Zumal Michael Bennett das Material nicht in eine experimentelle, avantgardistische Form oder in eine traurige Tragödie goss, sondern in ein Musical, das einerseits herzzerreißend und aufwühlend, andererseits aber auch unterhaltsam ist. Die persönlichen Geschichten der Kandidat:innen berühren und bewegen einen zutiefst, und zugleich beschwingen einen die Songs und Tanznummern.

Ich war so besessen von dem Musical, dass ich meine Eltern darum bat, immer wieder mit mir reinzugehen, nochmal, nochmal, nochmal. Ich habe es sieben Mal gesehen. Damals konnte ich nur erahnen, wie bahnbrechend dieses Musical ist. Ah, Musiktheater besteht nicht nur aus klassischer Musik, historischen Stoffen, Königinnen, Königen und verrückten Frauen, es muss keine Joan Sutherland völlig durchdrehen, sich mit ihrer Stimme in die Höhe schwingen und in einem großen weißen Kleid zu Boden sinken! Musiktheater kann auch Rock- und Jazzmusik beinhalten, Musiktheater kann zeitgenössisch sein, Musiktheater kann auch sich selbst zum Thema haben, es kann die Vierte Wand durchbrochen werden! Für mich gehört *A Chorus Line* zu den absoluten Top Ten der radikalsten Musiktheaterwerke des 20. Jahrhunderts. Diese Radikalität und auch die Verbindungslinien zu den *Muppets* wurden mir erst später bewusst: Wie die *Muppets*, so besteht auch *A Chorus Line* aus einer Reihe von Varieté-Nummern, wie die *Muppets* so thematisiert auch *A Chorus Line* das Showbusiness selbst. Bei den *Muppets* dürfen alle mitmachen. In *A Chorus Line* steht hingegen die große Frage im Raum, wer auf die Bühne darf, wodurch dieses Musical kafkaesk wird: Denn eigentlich gibt es keine Show, sondern die Show dreht sich allein um Menschen, die sich darum bemühen, in die Show reinzukommen. Und hierbei werden sie angeleitet von einer Stimme aus dem Dunkeln, die nie selbst in Erscheinung tritt. *Das Schloß* mit Pailletten …

1984, als ich siebzehn Jahre alt war, nahm mich mein Vater mit auf eine Geschäftsreise nach New York. Er musste für einen kurzen Abstecher nach Europa und ließ mich bei Freund:innen zurück in der Weltmetropole – was ich natürlich super fand. Er hatte mir Geld gegeben, damit ich mir die Stadt anschauen sowie Museen und Vorstellungen besuchen konnte. Und so zog ich umher und sah an einem Broadway-Theater eine Leuchtreklame mit dem Titel *La Cage aux Folles* (*Ein Käfig voller Narren*). Keine Ahnung von der Produktion. Aber mein Interesse an Musicals war bereits geweckt, und die ausgehängten Fotos mit fantastisch gekleideten Dragqueens taten ihr Übriges, so dass ich mir sofort eine Karte für die Nachmittagsvorstellung kaufte. Im Publikum saßen hauptsächlich schwule Männer, und ich mit meinen siebzehn Jahren mittendrin. Es war die Originalproduktion mit George Hearn als Zaza, sagenhaft, voll von extravaganten Dragqueens, Federn, Kleidern, Pailletten, Ringen, Ketten und Perücken. Keine leere Bühne, keine Spiegel, keine Trainingsanzüge, sondern überall Männer in Frauenkostümen, nicht vergleichbar mit *A Chorus Line*. Ich konnte es damals nicht richtig fassen. Es schockierte mich überhaupt nicht. Im Gegenteil, die ganze Show war genau richtig so, alles passte zusammen und ließ mich doch verblüfft, verwundert und unglaublich begeistert zurück. Nicht, weil ich schwul war und mir dachte, ah, das ist meine Community, sondern weil mich die überbordende, glitzernde und grelle Ästhetik packte.

Als ich die Vorstellung von *La Cage aux Folles* am späten Nachmittag verließ, war ich komplett hin und weg. Ich begab mich zurück ins Village, wo die Freund:innen meiner Eltern lebten – wohlgemerkt das Village der 1980er Jahre, das wenig gemein hat mit dem heutigen Village. Schon der Time Square war ein einziger Drogenmarkt, voll von Dealern und Prostituierten. Auf meinem Weg kam ich an einem kleinen Theater vorbei, an dem Plakate mit dem Titel *Galas* klebten. Auf dem Plakat war ein Mann zu sehen, der sich als Maria Callas verkleidet hatte. Es war Charles Ludlam, einer der begnadetsten queeren Künstler:innen der 1970er und 1980er Jahre. Er schuf einzigartige queere Broadway-Shows und starb leider viel zu früh an Aids. *Galas* war damals seine neueste Show, in der er eine Drag-Version von Callas verkörperte und sie parodierte. Das wusste ich alles nicht und kaufte mir doch – angezogen von dem Titel und dem sonderbaren Plakat – auch eine Karte für diese Vorstellung. In nur wenigen aufeinanderfolgenden Stunden sah ich also, wie durch Fügung der Theatergötter, *La Cage aux Folles* und Charles Ludlams schräge »Callas«-Interpretation.

Ich war damals ein Schwamm. Ich sog alles auf, was sich mir anbot – Opern, Theater, Musicals, Filme, Varieté-Shows, Bücher, Schallplatten, Parodien –, und presste es später, als ich anfing als Regisseur zu arbeiten, wieder aus. Wenn ich mir heute den Schwamm von damals vergegenwärtige, so stelle ich fest, dass die ersten Musical- und Varieté-Tropfen von den *Muppets* stammten. Ich besuchte zahlreiche Musicalvorstellungen in Melbourne, schaute mir die Verfilmungen der Klassiker an und hörte mir verschiedenste Aufnahmen an. Nachschub erhielt ich in einem Melbourner Schallplattenladen, der auf Broadway-Musicals spezialisiert war und die neuesten Musicals schon kurz nach ihrer Veröffentlichung anbot. Der Musicalbereich war wie eine *Cruising Area*. Überall schwule, meist ältere Männer, die sich, wie ich, für Musicals begeisterten. Ich kaufte mir Aufzeichnungen von Musicals, die mir überhaupt nichts sagten, nur weil ihr Cover mich ansprach. Ich wurde zu einem richtigen Broadway-Musicaljunkie. In meinem Zimmer hatte ich bereits eine Box für Opernschallplatten und eine andere für Instrumentalwerke. Und nun kam eine dritte Box mit Musicalaufnahmen hinzu. Ich bemerkte natürlich die Unterschiede zwischen Oper, Musical und Varieté-Show, zwischen Maria Callas, *La Cage* und Charles Ludlam. Und doch zeigten mir Shows wie die von Ludlam, dass sie nebeneinander als gleichwertig bestehen konnten, sich mitunter aufeinander bezogen, ja Verbindungen eingingen.

Viele US-Amerikaner:innen und Europäer:innen übersehen und vergessen diese Verflechtungen, da ihre Wurzeln lange zurückliegen, da sie komplex und vielschichtig sind. So ignorieren viele Amerikaner:innen die Beziehung zwischen dem Broadway-Musical und der europäischen Varieté-, Revue- und Operettentradition, der das Musical letztlich entsprang. Und der europäische Snobismus vereitelt wiederum, Offenbach, Strauss, Kálmán und Abraham mit dem US-amerikanischen Musical in Beziehung zu setzen. Ignoranz auf der einen, Snobismus auf der anderen Seite des Atlantiks. Die großen amerikanischen Musicalkomponisten der ersten Stunde – George Gershwin, Irving Berlin, Harold Arlen, Richard Rodgers und Jerome Kern – kannten die europäische Operettentradition über ihre Eltern und Großeltern, die in die USA geflohen waren. Sie hatten sich die Melodien von Strauss, Kálmán und Lehár einverleibt und kombinierten sie in ihren Kompositionen mit amerikanischen Klangwelten, wie dem Harlem-Jazz in New York. Das Musical ist aus dem Geiste der Operette geboren, und die Operette entsprang wiederum dem deutschen Singspiel. *Die Zauberflöte* ist somit das Mutterschiff des Musicals, quasi ein Musical, bevor es diese Genrebezeichnung überhaupt gab. Würde Emanuel Schikaneder heute leben, wäre er wohl Musicalproduzent am Broadway. Wenn Europäer:innen das Musical verachten, so ist das für mich so, wie wenn man die eigenen Enkel verstößt, und umgekehrt kommt die amerikanische Ignoranz gegenüber der Operette einer Verleugnung der Großeltern gleich.

Dieses Vergessen, die amerikanische Ignoranz und der europäische Snobismus sind eng mit der jüdischen Geschichte des 19. und 20. Jahrhunderts, mit dem europäischen Antisemitismus, mit Flucht und Emigration verknüpft. Denn die meisten Operetten- und Musicalkomponisten des 19. und 20. Jahrhunderts waren Juden: Offenbach, Kálmán und Abraham, Gershwin, Rodgers, Bernstein und Sondheim. Es gibt natürlich Ausnahmen wie Franz Lehár und Cole Porter. Aber die Mehrheit war jüdisch. Die Genres sind also nicht nur durch ihre Musik, ihre Ästhetik und ihre Geschichte, sondern vor allem auch durch die jüdische Kultur miteinander verbunden. Am Anfang des 20. Jahrhunderts sind viele jüdische Künstler:innen aufgrund von Pogromen in Osteuropa und in den 1920er und 1930er Jahren dann wegen der Nazis in die USA geflohen. Dort haben sie entweder am Broadway oder in Hollywood eine neue Wirkungsstätte gefunden. Man könnte sagen, dass Hollywood als fantastische, jüdische Traumfabrik gegründet wurde, um den Gräueln in Europa und auf der ganzen Erde zu entfliehen. Jeder große Film der alten Hollywood-Ära wurde von einem Kind jüdischer Immigrant:innen oder jüdischen Immigrant:innen beauftragt. Auch der Broadway wurde zum Schmelztiegel jüdischer Kultur, hier schossen die Theater zu Beginn des 20. Jahrhunderts, meistens geleitet von Juden, wie Pilze aus dem Boden. Auf der Bühne emigrierte jüdische Darsteller:innen, Musiker:innen, Stücke von emigrierten jüdischen Komponist:innen – darunter Paul Abraham und Kurt Weill – und im Publikum die jüdische, bürgerliche Diaspora. Ohne jüdische Emigration gäbe es heute wahrscheinlich weder den Broadway noch Hollywood und damit keine amerikanische Kultur, wie wir sie kennen. Sicherlich sind auch die Einflüsse der Black und Latino Culture auf die US-amerikanische Musik immens. Aber genauso bedeutend und essentiell für die amerikanische Popkultur sind die aus Europa geflohenen jüdischen Künstler:innen.

1989 reiste ich zum ersten Mal nach Europa. Das Goethe-Institut hatte mich für ein halbes Jahr nach Berlin eingeladen. Noch vor dem Fall des Eisernen Vorhangs flog ich nach Budapest, besichtigte das Haus meiner ungarischen Großmutter sowie ihre frühere Loge im Opernhaus, deren Platz sie mir seinerzeit ganz genau beschrieben hatte. Ich fuhr nach Prag, besuchte das jüdische Ghetto und den jüdischen Friedhof. Ich reiste nach Polen, nach Warschau, Krakau und Auschwitz. Und ich besuchte zum ersten Mal Ostberlin, wo ich mir eine *Bohème*-Vorstellung an der Komischen Oper ansah. Während der ganzen Reise wandelte ich nicht nur auf den Spuren meiner jüdischen Familie, sondern ebenso auf denjenigen des jiddischen Theaters.

Ende des 19. Jahrhunderts begannen polnische und russische Autor:innen, Zeitungsberichte, Romane und Gedichte auf Jiddisch zu verfassen und verhalfen der bislang vor allem auf Märkten, in den Straßen und im Privaten gesprochenen Sprache zu ihrer Verschriftlichung. Es fand eine regelrecht explosionsartige Verbreitung von jiddischen Texten statt, nicht nur in Osteuropa, sondern auch in Wien, Berlin und New York. Theaterautor:innen verfassten radikale Dramen und insbesondere Tragödien, die wiederum von experimentellen Regisseur:innen in einem Zusammenspiel aus Sprache, Tanz, Musik und Bildender Kunst inszeniert wurden. Der deutsche expressionistische Stummfilm kann uns wohl am ehesten einen Eindruck von der Ästhetik und der Bühnensprache des jiddischen Theaters vermitteln, da er sich gewissermaßen aus ihm speiste: abstrakte Bühnenbilder, keine realistischen Kostüme, extravagantes Make-up, stark ritualisierte Gesten und Handlungen, mythologisch und unterhaltsam zugleich. Uns liegen heute lediglich ein paar Aufführungsfotos vor, die wie *Stills* der frühen deutschen Stummfilme aussehen, sowie Beschreibungen, wie zum Beispiel von Kafka. Die verschiedensten Genres wurden gewissermaßen zu einem Gesamtkunstwerk vereinigt, die Stücke befassten sich mit der Kabbala genauso wie mit Volksgeschichten, mit Geistern, Sex und Magie. Das war mal zum Lachen, mal zum Weinen, mal zum Mitklatschen, mal zum gebannt Zuhören. Die Stücke waren geschrieben und inszeniert für ein jüdisches Publikum, aber erreichte weit darüber hinaus ein an radikalen Kunst- und Theaterformen interessiertes Publikum. Einer der Regisseure, die mich am meisten in meiner Arbeit beeinflusst haben, Jewgeni Wachtangow, zeichnete für die Moskauer Inszenierung von *Der Dibbuk*, ein Klassiker des jiddischen Theaters, im Jahr 1922 verantwortlich. Die Aufführung war eine Sensation, die in ganz Europa Aufmerksamkeit erfuhr. Wachtangows Regie war gleichermaßen von Konstantin Stanislawski wie von Wsewolod Meyerhold geprägt und vereinte diese gegensätzlichen Theatervisionen zu etwas komplett Neuem: Fantastischer Realismus. Psychologie und Magie.

1933 endete diese kurze Theaterepoche abrupt. Wie die Weimarer Jazz-Operette, so wurde auch das jiddische Theater von den Nazis liquidiert. Es starb nicht aus, verwandelte sich nicht in eine andere Form, sondern wurde regelrecht vernichtet. Vereinzelt wurde versucht, die Tradition weiterzuführen, zum Beispiel in New York, aber nicht sehr lange. Viele der Künstler:innen, die vor den Nazis fliehen konnten, gingen an den Broadway oder nach Hollywood, wo sie sich maßgeblich an der Entwicklung neuer, amerikanischer Kunstformen beteiligten. Natürlich kann man sich darüber freuen, dass nicht wenige von ihnen dort nochmals Karriere machen konnten und dass der Film und das Theater in den USA immens davon profitiert haben. Und doch ging etwas Wunderbares für immer verloren – als ob man einen jungen Menschen, der noch sein ganzes Leben vor sich hat, töten würde. Die deutschsprachige Welt verlor etwas, das sie nie wieder zurückerlangen würde. Sie »killte« nicht nur die Clowns, sondern einen Teil ihrer Seele, für immer.

Bereits vor meiner Europareise war mein Interesse an jiddischem Theater, jüdischer Kultur und jüdischem Lebensstil geweckt. Ich recherchierte in Bibliotheken, begann, jiddische Gedichte und Stücke sowie Sekundärtexte darüber zu lesen und meine polnische Großmutter Lea zu befragen: Warum sprichst du nie Jiddisch mit uns? Was hat es mit dem jiddischen Theater auf sich? Meine Großmutter war Anfang des 20. Jahrhunderts mit ihrer Familie aus einem polnischen Schtetl nach London geflohen. Ihre Eltern, also meine Urgroßeltern, sprachen Jiddisch, Lea, die in London aufwuchs, allerdings nicht. Sie kannte nur zwei, drei jiddische Kinderlieder, die ihr ihre Mutter zum Einschlafen vorgesungen hatte. Und mit jiddischem Theater war sie noch weniger vertraut. Sie hatte keine großartige Bildung erfahren, war weder intellektuell noch künstlerisch interessiert – also eine einfache Ostjüdin aus einem armen Arbeitermilieu, im Grunde genau das Gegenteil von meiner ungarischen Großmutter, Magda, einer großbürgerlichen assimilierten Jüdin.

Lea war freie Näherin und arbeitete in London für verschiedene Designer:innen, die ihr ihre Entwürfe zum Schneidern gaben. Sie genoss hohes Ansehen in der Branche und hatte stets viele Aufträge. So nähte sie zum Beispiel Kleider für ein damals sehr junges, unbekanntes englisches Model, das später eine große Karriere machen sollte: Twiggy. Lea lernte meinen Großvater, Joseph Fischer, einen ungarischen Juden aus armen Verhältnissen, in London kennen. Er verkaufte Obst und Gemüse auf dem Covent Garden Market, heute ein touristischer Ort, damals aber ein sehr lebendiger Markt. Ich werde nie vergessen, wie ich – als ich das erste Mal am Opernhaus Covent Garden gearbeitet habe – mir einen Kaffee gekauft, mich in die Mitte des Platzes gestellt und daran gedacht habe, wie mein Großvater jeden Tag hierherkam, um sein Obst und Gemüse zu verkaufen. Und ich inszeniere heute nebenan im Opernhaus Schostakowitschs *Die Nase*. Leider habe ich meinen Großvater nie kennengelernt. Er starb, als ich noch ein Kleinkind war.

Nach dem Tod ihres Mannes wanderte meine Großmutter mit meiner Mutter, ihrem einzigen Kind, nach Australien aus. Hier nähte sie für das Unternehmen meines Vaters Pelzteile zu Mänteln zusammen. Nach wie vor kooperierte sie eng mit verschiedenen Designern und schuf Prototypen für sie. Mein Vater hatte zum Beispiel die Lizenz für Pierre-Cardin-Pelze in Australien, da er sieben Pelzgeschäfte besaß und damit einen großen Absatzmarkt bediente. Pierre Cardin kam einmal zur Stippvisite nach Australien und sagte, dass meine Großmutter die beste Näherin der Welt sei und dass er sie gerne mit nach Paris nehmen würde. Das kam für sie nicht in Frage, da sie bei und mit ihrer Familie leben wollte. Und so saß sie weiterhin in einer Ecke des Pelzgeschäfts meines Vaters mit ihrer Nähmaschine und nähte stundenlang vor sich hin.

Im Gegensatz zu meiner ungarischen Großmutter war Lea sehr glücklich in Australien. Sie hatte eine Beschäftigung, eine eigene Wohnung, verbrachte viel Zeit in unserem Haus, wo sie uns häufig nach der Schule auf dem Sofa erwartete. »Wie war dein Tag? Willst du ein Stück Schokokuchen?« Sie war eine fantastische Bäckerin und Köchin. Sie interessierte sich weder für Kunst noch für Politik, noch für irgendwelche intellektuelle Diskurse. Ich kann mich nicht daran erinnern, dass sie jemals mit in ein Konzert oder in die Oper kam – auch nicht zu meinen Inszenierungen. Sie hatte einfach kein Interesse daran. Das heißt nicht, dass ich ihr gleichgültig war. Ihre Liebe zeigte sie mir und meinen Geschwistern auf andere Weise, durch ihre häusliche Fürsorge und insbesondere durch Essen. Liebe war für sie Essen. In meiner Erinnerung kochte und backte sie permanent irgendetwas – eine Hühnersuppe köchelte auf dem Herd, Zimtschnecken oder ein Schokokuchen steckten im Ofen. Und sie war sehr körperlich. Eine kleine, knuddelige Frau mit großen Brüsten, die mit uns kuschelte und schmuste. Sie liebte Klaviermusik und bat mich manchmal, etwas für sie zu spielen. Allerdings hörte sie meist nur ein paar Minuten zu und dann: Oh, ich muss mal nach dem Kuchen im Ofen oder nach dem Eintopf auf dem Herd schauen. Nach höchstens fünf Minuten zurück in die Küche.

Lea wusste nicht viel über die jiddische Sprache und das jiddische Theater zu erzählen. Dafür eröffnete sie mir eines Tages, dass ihre Brüder jiddisches Vaudeville im Londoner East End gemacht hatten, der eine als Komponist – er schrieb Musik für jiddische Shows –, der andere, Onkel Oskar, als Clown. Er wurde »Hebrew Comedian« genannt. In meiner Familie gab es also eine Verbindungslinie zum Varieté, zum Musical und zum jiddischen Theater. Jiddisches Vaudeville ist nicht gleichzusetzen mit jiddischem Theater, da es nicht den hohen künstlerisch-experimentellen Anspruch hatte und nicht auf Dramentexten, sondern auf einer Reihe von Revuenummern basierte. Und doch sind sie natürlich miteinander verwandt durch die jiddische Sprache und die Kombination verschiedenster Bühnenkünste – Akrobat:innen trafen im jiddischen Vaudeville auf Tänzer:innen, Sänger:innen und Diven auf Clowns. Mein Onkel Oskar hat niemals geheiratet, weswegen er in meiner Fantasie schwul war. Leider hatte er psychische Probleme und wurde in eine Psychiatrie eingeliefert, wo er schließlich starb. Fozzie Bär in einer Zwangsjacke.

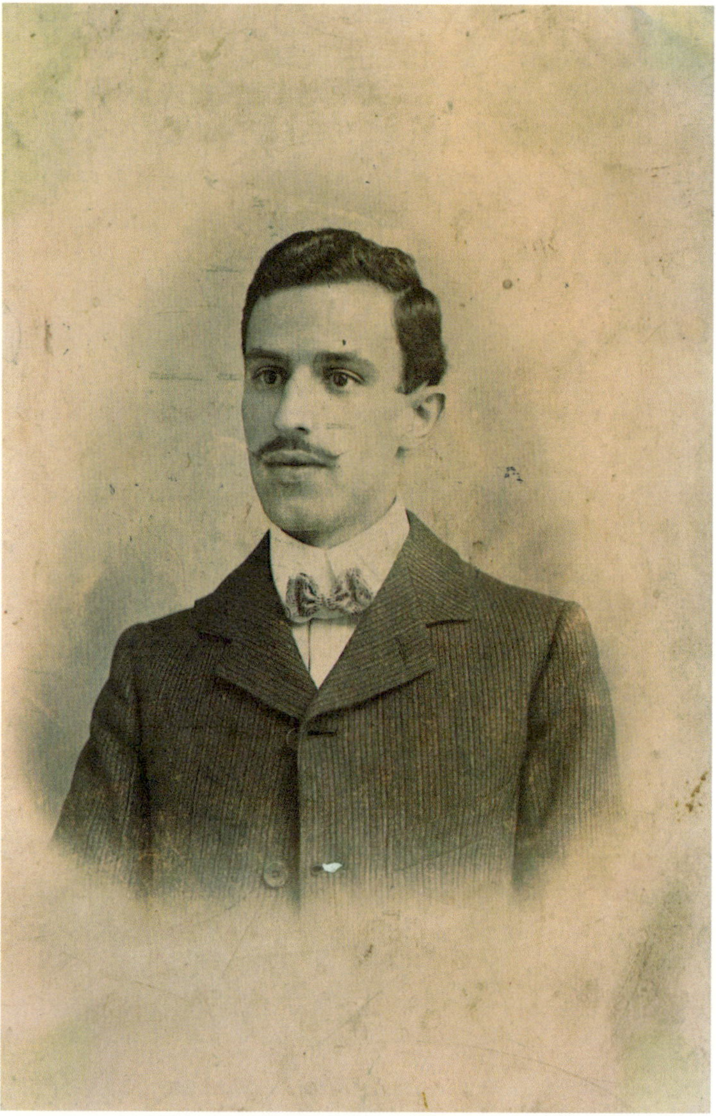

Mein Onkel Oskar, London 1926

Der Schwamm Barrie hatte also mit zehn Jahren die *Muppets* aufgesogen, dann *Chorus Line*, *La Cage aux Folles* und Charles Ludlam, war später nach Prag, Budapest, Warschau und Auschwitz auf den Spuren seiner Familie, auf den Spuren des jiddischen Theaters und des jiddischen Vaudevilles gereist und kehrte schließlich 1990 mit all diesen Eindrücken durchtränkt zurück nach Australien, wo er sich als Regisseur auszuwringen begann. Ich hatte bereits zuvor, während meiner Studienzeit, viele Theaterprojekte an der Universität gemacht, so um die zwölf. Und im Anschluss wurde ich für ein paar Opern- und Theaterproduktionen in Melbourne angefragt. Ich hatte eine tolle Zeit, und das waren fantastische Angebote. Und doch bemerkte ich nach meiner Zeit in Europa, dass ich meine Theaterarbeiten unabhängig und auf eine Weise, die zu mir und meinen Vorstellungen passt, produzieren möchte und dafür einen geeigneten Rahmen brauche. Dafür gründete ich 1990 die Gilgul Theatre Company. Gilgul heißt auf Hebräisch »Seelenwanderung« und geht von der Vorstellung aus, dass Seelen sich bewegen, von einem Körper zum anderen wandern können. Der Begriff taucht häufig in der Kabbala auf. Und doch trifft er auch das Wesen von Oper und Theater. Seelen müssen von Komponist:innen zu Regisseur:innen, Sänger:innen und letztlich zum Publikum ziehen. Mit der Gilgul Theatre Company begann meine künstlerische Auseinandersetzung mit dem jiddischen Theater und dem jiddischen Vaudeville. Ein Höhepunkt war die Premiere von *Der Dibbuk* 1993.

Die Produktion basierte auf dem berühmten Theaterstück *Der Dibbuk* (1920) von Salomon An-ṣki, das ich allerdings mit weiteren jiddischen Texten, Musik und Elementen des australischen jiddischen Theaters, zu dem ich ebenfalls Recherchen angestellt hatte, kombinierte. Es ging mir nicht um ein nostalgisches *Reenactment* des jiddischen Theaters, sondern um eine aktuelle Auseinandersetzung mit den alten Texten und diesem vergessenen Genre. Sechs Monate lang entwickelte ich das Stück gemeinsam mit vier Schauspieler:innen, vollkommen besessen von allem, was mit jiddischem Theater zu tun hatte. Die Vorstellungen fanden schließlich in einem alten Melbourner Warenhaus statt, vier Schauspieler:innen auf der Bühne und ich am Klavier. Ich hatte zuvor schon einige Produktionen, sowohl Theater als auch Oper, inszeniert, aber mit *Der Dibbuk* fand ich zu meiner eigentlichen Stimme als Regisseur. Ich hatte eine Verbindung zwischen erstens der Spiritualität und dem Mystizismus der Kabbala, zweitens der musikalischen wie körperlichen Trance des jiddischen Theaters und drittens Antonin Artauds Vorstellungen vom Theater der Grausamkeit, der darin beschriebenen radikalen Körperlichkeit und Ekstase, entdeckt und spielte sie in meiner Inszenierung aus. Genau diese Art von experimentellem, körperlich-spiritualistischem Theater, das sich aus meinen ästhetischen Erfahrungen und meiner persönlichen Geschichte speiste, aber zugleich darüber hinaus allgemeinere, in mir verankerte Fragen zu Kultur und Gesellschaft aufwarf, wollte ich machen.

Meine beiden Großmütter lebten noch, als ich *Der Dibbuk* inszenierte, und Magda kam tatsächlich zur Premiere, in einem Abendkleid, wie sie es in der Oper oder im Konzert trug, hier allerdings in einer freien Produktion. Sie hasste es. Geschrei auf Jiddisch, Exorzismen, viel Blut, nackte Körper und eine jüdische Braut, die den dämonischen Dibbuk auf offener Bühne gebar. Und warum überhaupt Theater in einer Garage machen?! Ein Horror für sie. Am Wochenende nach der Premiere war Magda bei meinen Eltern, bei denen inzwischen Lea im Ruhestand lebte, zum Mittagessen eingeladen. Als ich sie auf meine Produktion ansprach, brach es aus ihr heraus: »Es

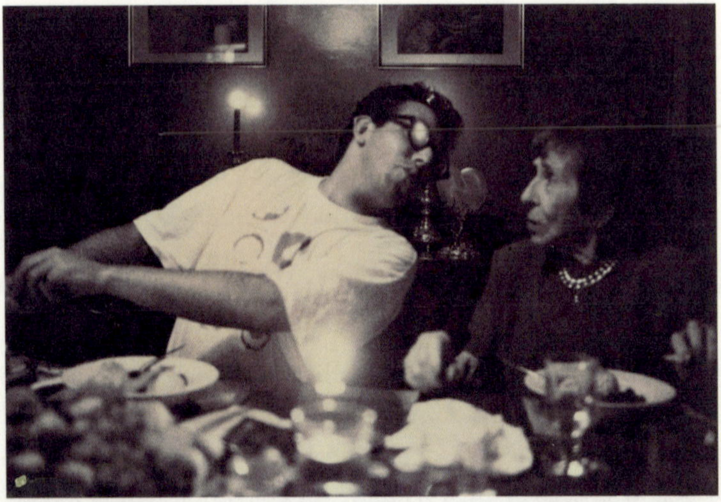

Meine Großmutter Magda und ich, Melbourne 1990

war schrecklich, schrecklich, schrecklich.« »Warum?« »Wegen der jiddischen Sprache!« Lea wollte von Magda wissen, was so schlimm an Jiddisch sei. »Meine Familie hat Jiddisch gesprochen, und ich finde es eine ganz wunderbare Sprache. Ich würde mich freuen, wenn ich es beherrschen würde.« Magda drehte sich zu ihr: »Jiddisch ist keine Sprache. Wenn überhaupt, dann ist es die Sprache von Kartoffelfressern!« Lea erwiderte naiv, dass ihre Familie keine Kartoffelfresser gewesen seien. Magda war in Fahrt und ließ sich nicht mehr bremsen. Jiddisch sei keine Sprache, sondern eine Perversion, pervertiertes Deutsch. Nun schaltete ich mich ein: »Das behaupteten auch die Nazis.« Aus Magda brach es heraus: »Und sie hatten recht!« Lea verließ den Raum, und Magda nippte weiter an ihrem Rotwein.

Ich dachte mir: Diesen Moment musst du unbedingt in Erinnerung behalten. Meine beiden Großmütter gemeinsam an einem Esstisch, wie sie sich über die Bedeutung des Jiddischen auseinandersetzen, die eine Großmutter aus einfachen polnischen Verhältnissen, die mit Jiddisch Geborgenheit und Familie verbindet, die andere Großmutter, assimiliert, eine typische kosmopolitische k. u. k. Jüdin, die Jiddisch hasste. Das bürgerliche Judentum in Deutschland, Österreich und Ungarn hatte im 19. und zu Beginn des 20. Jahrhunderts regelrecht Angst davor, dass die einfachen Ghetto-Juden aus Osteuropa Mitteleuropa überrennen und dem Ansehen des westlichen Judentums schaden würden – wie Kafka und Joseph Roth es ganz zutreffend beschreiben. Viele ungarische assimilierte Juden, wie meine Großmutter Magda, dachten bis zuletzt, dass die Nazis nicht in Ungarn einfallen würden. Und falls doch, würden sie mit den bürgerlichen ungarischen Juden anders verfahren als mit den Schtetl- und Ghetto-Juden Osteuropas. Meine ungarische Großmutter sah sich zuerst als Europäerin, dann als Ungarin und ganz am Ende als Jüdin. Doch die Nazis machten letztlich keine Unterschiede. Sie ermordeten Magdas komplette Familie. Und dennoch rief Magda Lea zu, dass die Nazis bezüglich der jiddischen Sprache recht hatten! Ich war sprachlos und bemerkte zugleich, dass Jiddisch offensichtlich ein sehr starker, negativer Trigger sein konnte. Nicht nur für Magda und die Nazis, sondern – wie ich später herausfand – auch schon für Richard Wagner, der über das Mauscheln und das Kreischende in der jiddischen Sprache schrieb. Bereits Wagner sorgte sich um die Infiltration der deutschen Kultur durch das Judentum. Sie durchsetzen und nehmen uns unsere Sprache, unsere Musik, unsere Kultur und letztlich unser Land …

Nach *Der Dibbuk* folgten noch fünf weitere Produktionen mit meiner australischen Theatergruppe, Gilgul Theatre Company, in den 1990er Jahren. Als ich 2001 zum Co-Direktor des Wiener Schauspielhauses ernannt wurde und von Australien nach Österreich zog, setzte ich als eines meiner ersten großen

Vorhaben eine Kafka-Trilogie aufs Programm. Die erste Produktion der Trilogie, in der ich versuchte, Kafka, jiddisches Theater und *Muppets*-Elemente miteinander zu kombinieren, heißt *Dafka*. Es war eine Koproduktion mit den Wiener Festwochen und meine erste Inszenierung mit jüdischem Schwerpunkt in Europa. Sie kam beim Wiener Publikum überhaupt nicht an. Der Ausgangspunkt der Inszenierung war, dass eine Gruppe toter Juden in der Hölle saß und begann, Gott vorzusingen, vorzutanzen und vorzuspielen, um von ihm aus der Hölle entlassen zu werden. Eine *Audition* für das Entlassenwerden aus der Unterwelt. Alles erbärmliche Charaktere – traurige Showgirls, elende orthodoxe Rabbiner, eine Kafka-Figur –, die verzweifelt versuchten, sich aus der Hölle herauszusingen und -zutanzen. Ich saß, wie immer in meinen frühen Inszenierungen, am Klavier, begleitete die Shownummern und unterbrach die *Auditions*: »Next!« »Stop!« »Again from the top!« Buchstäblich *A Chorus Line* oder besser eine Art jüdische Parodie davon. Am Ende gab es eine große Stepptanznummer zu George Gershwins »I'll build a stairway to paradise«. Die gesamte Besetzung steppte sich regelrecht die Seele aus dem Leib, um der Hölle zu entrinnen.

Nach wie vor ist *Dafka* eine meiner absoluten Lieblingsproduktionen. Meine jüdischen Freund:innen und einige Amerikaner:innen aus New York lachten sich kaputt, während das Wiener Publikum die Produktion überhaupt nicht verstand. Sie hatte nichts mit der Shoa, nichts mit Auschwitz, nichts mit den Gräueltaten, die die Österreicher:innen den Juden vor und während des Zweiten Weltkriegs angetan hatten, zu tun. Und doch stellte das Publikum ausschließlich diese Verbindung her. Ich hatte noch zwei weitere Produktionen meiner Trilogie vor mir. Für mich war es nach diesen Reaktionen umso wichtiger, sie auf die Bühne zu bringen und dem Wiener

Publikum damit eine Auseinandersetzung mit jüdischer Kultur jenseits der Shoa zu bieten.

Die *Dafka*-Premiere markierte den Beginn einer schwierigen Beziehung zu Wien, und sie hält bis heute an. In Wien kreuzten sich gewissermaßen die Wege meiner sehr unterschiedlichen Großmütter. Lea wurde in Wien geboren. Ihre Eltern befanden sich um 1900 auf dem Weg von Warschau nach London und mussten, meine Großmutter hochschwanger, in Wien anhalten, da meine Großmutter auf die Welt wollte. Magda wiederum besuchte in ihrer Kindheit und Jugend mindestens einmal im Monat die Wiener Staatsoper. Auf der einen Seite die aus einem Warschauer Schtetl fliehenden Ostjuden und auf der anderen Seite die assimilierten, hochbürgerlichen k. u. k. Juden. Und schließlich befand sich meine erste Station in Europa genau an dieser Weggabelung. *I have arrived in the city of my grandmothers.*

In den Jahren nach der Wiener Trilogie rückte das jiddische Theater in den Hintergrund meiner Arbeit. Musicals – obwohl ich sie liebte und viele besuchte – waren bislang noch gar nicht in den Vordergrund getreten. 2008 brachte ich mein erstes Musical, *Kiss me, Kate*, an der Komischen Oper Berlin auf die Bühne. Für mich waren drei Punkte wichtig: die Größe, die Besetzung mit Charakterdarsteller:innen und eine extravagante Show. In den letzten Jahrzehnten haben sich die Besetzungen am Broadway aus finanziellen Gründen zusehends verkleinert. Die großen *Book Musicals* der 1920er bis 1960er Jahre verlangen aber nach großen Orchestern, großen Ensembles und nach einem großen Klang, wie ihn die Bühnen in New York und London heute nicht mehr bieten können. Die Komische Oper Berlin eröffnete mir nun die Möglichkeit, *Kiss Me, Kate* mit dem Orchester, einem großen Ensemble aus Schauspieler:innen, Sänger:innen und Tänzer:innen zu inszenieren und es damit noch größer aufzuziehen, als es jemals am Broadway aufgeführt wurde. Einhundertvierzig Personen auf der Bühne und siebzig Musiker:innen im Graben.

Die Hauptpartien wollte ich nicht mit jungen, austauschbaren Musicaldarsteller:innen besetzen. Jemand empfahl mir Dagmar Manzel, und ich schaute mir ihre *Großherzogin von Gerolstein* am Deutschen Theater in Berlin an. Umwerfend. Am Broadway wäre Dagmar Manzel als Kate mit ihrer klassischen Schauspielkarriere und ohne Musicalausbildung niemals in Frage gekommen. Aber in Berlin spielte mir die Experimentierfreudigkeit des deutschen Theaterwesens in die Karten. Gerade Dagmar trug als begnadete Schauspielerin und Komödiantin zum riesigen Erfolg von *Kiss me, Kate* bei. Aus Wien brachte ich den Choreographen Otto Pichler mit, der mit seinen Tänzer:innen Choreographien erarbeitete, wie man sie auf deutschen Opern- und Theaterbühnen noch nicht gesehen hatte. Ein Schock für die Komische Oper, da es nichts mit der Tradition von Walter Felsenstein zu tun hatte.

Während der Proben drippelten aus mir, aus dem Schwamm, der sich jahrzehntelang vollgesogen hatte, Tropfen von *A Chorus Line* und den *Muppets*. Denn worum geht es in *Kiss me, Kate*? Es ist ebenfalls ein *Backstage-Musical*, in dem wir eine Theatergruppe hinter den Kulissen dabei beobachten, wie sie Shakespeares *Der Widerspenstigen Zähmung* aufführt. Trotz zahlreicher Zwischenfälle im Backstage-Bereich, die sich in den Ereignissen des Shakespeare-Stücks spiegeln, muss die Show am Laufen gehalten werden, wie bei den *Muppets*. Fred, der Produzent, ist gewissermaßen Kermit der Frosch. Und die widerspenstige Kate beißt, ohrfeigt und tritt um sich, ja führt sich auf wie Miss Piggy. Wie durch Fügung war mein erstes Musical im Grunde eine Kombination aus *A Chorus Line* und den *Muppets*, mariniert in der Musik von Cole Porter.

Ein paar Jahre später, im Jahr 2013, als ich bereits Intendant der Komischen Oper Berlin war, erfüllte sich ein langersehnter Traum, und ich inszenierte *West Side Story*. Die Produktion spielte nicht im New York der 1950er Jahre, sondern im Berlin der Gegenwart. Auf der Bühne bekämpften sich nicht Latinos, sondern eher Jugendliche, die an Berliner Straßengangs erinnerten, ohne auf diese konkret zu verweisen. Es hatte nichts mit den sentimentalen, verstaubten Klischeebildern zu tun, die, wenn wir an *West Side Story* denken, in unseren Köpfen auftauchen. Das Stück ist auch überhaupt nicht sentimental, sondern sehr brutal, bewegend und vor allem zeitlos. Dafür brauchte ich kein riesiges Bühnenbild, sondern einen offenen Raum, wie ein Basketballplatz – eine leere Bühne, dazu ein bisschen Bühnenmaschinerie, Sänger:innen und Tänzer:innen sowie Licht. So, wie der zehnjährige Barrie es zum ersten Mal bei *A Chorus Line* gesehen hatte.

Schließlich brachte ich 2017 *Anatevka* auf die Bühne. Als Jugendlicher habe ich den Film *Fiddler on the Roof* gesehen, der wie *Anatevka* auf Scholem Alejchems Roman *Tevje, der Milchmann* beruht. Walter Felsensteins außergewöhnliche Inszenierung von *Anatevka* war die erfolgreichste Produktion seiner gesamten Ära und wurde von 1971 bis 1988 über fünfhundertmal gespielt. Sie war ein Hit in der DDR, und Felsenstein wusste nur zu gut, welch grandioses Werk *Anatevka* ist. Es schien also nur folgerichtig, dass ich als jüdischer Regisseur, Intendant der Komischen Oper und Musicalliebhaber zum siebzigsten Geburtstag der Komischen Oper eine Neuinszenierung auf die Bühne brachte. Auch hier verknüpften sich wieder unterschiedliche, persönliche Fäden miteinander – meine Liebe zum jiddischen Theater, Vaudeville und Musical mit meiner Familiengeschichte. Denn letztlich ist die Geschichte Tevjes diejenige meines Großvaters Boris und seiner Familie. Die

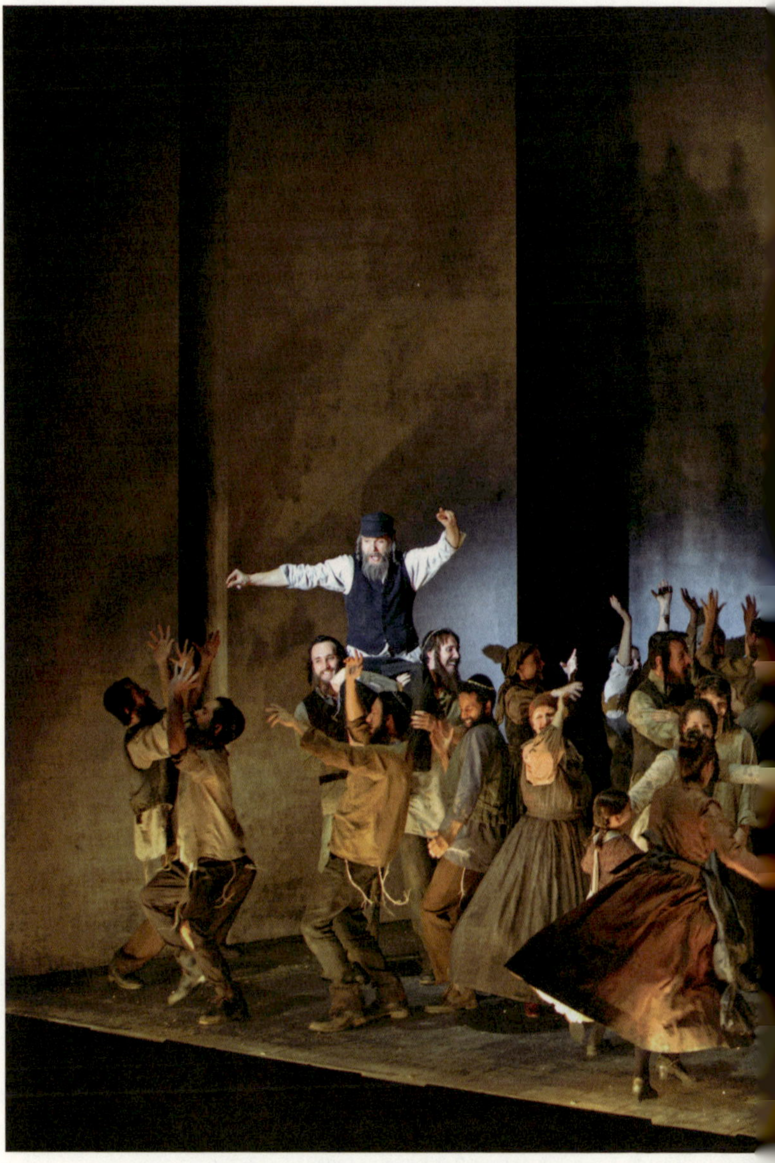

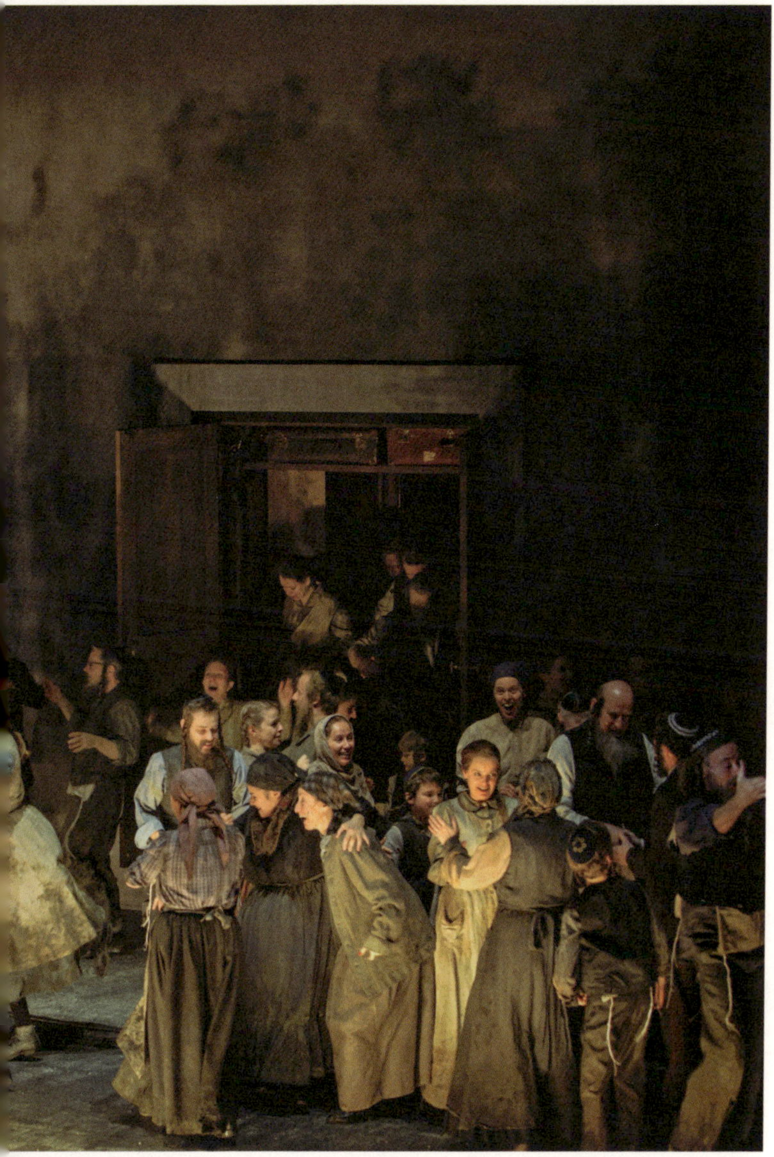

Max Hopp (Tevje) und das Ensemble der Komischen Oper Berlin in meiner Inszenierung von »Anatevka«, 2017

Geschichte des Lebens in einem russischen Schtetl, der Flucht aufgrund von Pogromen und des Aufbruchs in eine neue, unbekannte Zukunft. Wenn ich als Kind durch die Pelzlager, die mein Großvater nach seiner Ankunft in Melbourne aufgebaut und mein Vater nach seinem Tod übernommen hatte, zwischen Schränken voll von Nerzen und Opossumpelzen hindurchschlich, träumte ich mich in verschiedene Fantasiewelten. Mir war klar, dass nicht ein realistisches Schtetl, nicht eine nostalgische Chagall-Referenz, sondern genau dieser Eindruck vom Pelzlager meines Großvaters Boris der Ausgangspunkt meiner Inszenierung sein sollte. Mein Bühnenbildner Rufus Didwiszus baute ein Fantasie-Schtetl aus Schränken, Tischen und Stühlen, ein Labyrinth wie Boris' Pelzlager auf. Zu Beginn des Stückes tritt ein Junge mit Kopfhörern, einem Skateboard und einer Geige in der Hand auf. Er ist auf dem Weg zu seiner Geigenstunde, spielt das Fiddler-Motiv, ist gewissermaßen selbst der Fiddler. Auf einmal klopft es an einer der Schranktüren, Tevje, sein Urgroßvater, tritt heraus und beginnt, dem Jungen eine Geschichte, seine Geschichte zu erzählen: Ihm folgen weitere Personen, seine Familie, seine Nachbar:innen aus dem Schrank, aus einer anderen Zeit, und so fängt *Anatevka* an. In meiner Inszenierung trafen sich meine polnische und meine russische Familiengeschichte, jiddisches Vaudeville und belarussischer Exodus, mein Großvater Boris war Tevje, und mein Großonkel Oskar hätte ihn verkörpern können.

SALOME

Birgit Nilsson vor einem grün-roten Hintergrund, das grinsende Gesicht, der seltsame Ausdruck ihres Mundes, die schreckliche Perücke. Noch heute taucht dieses Bild für eine Millisekunde als Assoziation in meinem Kopf auf, sobald ich ›Salome‹ höre oder lese. Ich sehe das Schallplattencover vor mir. Es hat sich in mein Gedächtnis gebrannt, zieht mich an und stößt mich ab. Birgit Nilsson als Dragqueen. Stockholm-Sirene. Strindberg meets Lady Bunny.

Ein Jahr nach meiner Bar Mitzwa schenkte mir meine Großmutter Magda eine Schallplatte von *Salome* mit Birgit Nilsson in der Titelrolle und dirigiert von Georg Solti. Ich war bereits bestens vertraut mit dem üblichen Opernritual: zuerst die Aufnahme anhören, das Libretto studieren, darüber beim Abendessen mit meiner Großmutter sprechen und die Vorstellung im Princess Theatre besuchen … Ich las also den Text auf der Hülle, holte die Platte heraus und legte sie auf. Was für eine unglaubliche Klanglandschaft! Was für ein merkwürdiges, sonderbares Libretto! Was für eine sonderbare Stimme! Birgit Nilsson besaß zweifellos eine der größten Stimmen des 20. Jahrhunderts. Aber leider kann ich mir ihre Salome heute nicht mehr anhören, da ihre Stimme viel zu groß und zu dramatisch für diese Partie ist. Dennoch öffnete sie und diese merkwürdige Oper eine Tür bei mir, und dahinter entdeckte ich eine völlig neue musikalische, dramatische, emotionale und intellektuelle Welt, von deren Existenz ich bislang nichts geahnt hatte. Ich war damals ein schwitzender, übergewichtiger Teenager auf der Suche nach sich selbst, und schnell wurde ich von

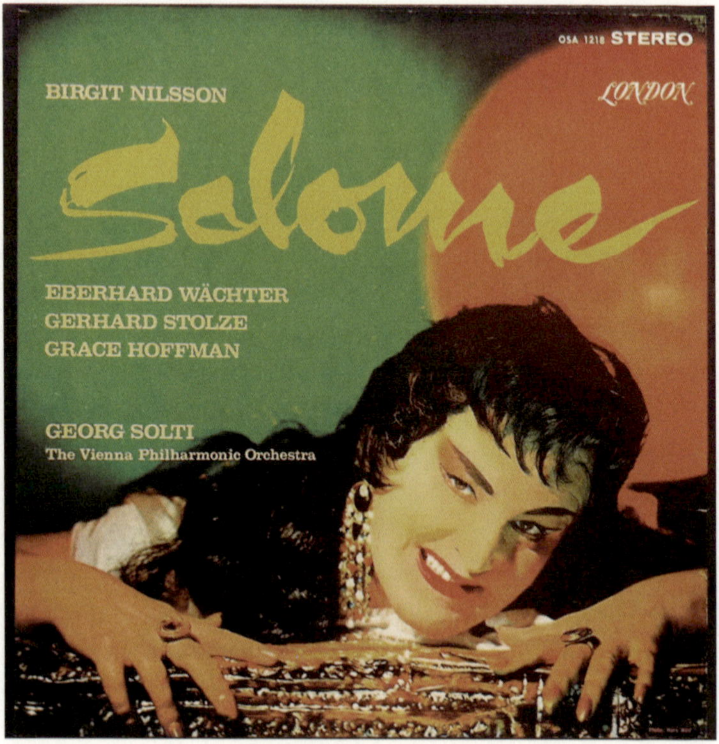

Birgit Nilsson als Salome, 1962

Salome, von Herodes und natürlich dem wunderschönen Jüngling Narraboth, über den alle zu Beginn der Oper sprechen bzw. singen und auf den alle heiß zu sein scheinen, besessen.

Von der Inszenierung im Princess Theatre war ich dann allerdings ziemlich enttäuscht. Sie hatte nichts mit meinen Fantasien und Emotionen zu tun. *Salome* ist natürlich auch ein besonders schwerer Fall. Wie lässt sich diese sehr irreale, symbolisch aufgeladene Musik- und Textwelt auf die Bühne bringen? Die biblische Inszenierung mit Pappmaché-Kopf schien mir damals schon die falsche Lösung zu sein. Meine Großmutter brachte mir auf eine gewisse Art und Weise auch ästhetisches Urteilen bei. In der Pause oder nach der Vorstellung oder am nächsten Morgen beim Frühstück begann sie einen Monolog über die Sänger:innen, die Dirigent:innen, das Orchester und ihre jeweilige Interpretation. Sie sprach selten über die Inszenierung, das Bühnenbild oder das Kostüm und bevorzugte eher eine traditionelle Ausstattung. Und doch fällte sie ein ästhetisches – eher auf die Musik bezogenes – Urteil. Ihr wichtigster Bewertungsmaßstab waren die Opernvorstellungen, die sie in ihren ersten dreißig Lebensjahren gemeinsam mit ihrem Vater in Budapest und Wien besucht hatte. Sie verglich das Erlebte mit jenen Aufführungen und mit Jahrhundertsänger:innen wie Fjodor Schaljapin, Jussi Björling, Maria Jeritza und Richard Tauber, stellte fest, dass der Dirigent keine Ahnung vom Werk habe, befand das Orchester mal als zu laut, mal als zu zaghaft, die eine Stimme als fantastisch, die andere als zu dünn. Ich saß still auf meinem Stuhl und hörte ihr gebannt zu. Ein endloser Monolog von meiner Budapester Scheherazade.

Etwa zur gleichen Zeit nahm mich meine Großmutter regelmäßig mit in die National Gallery of Victoria in Melbourne, in der unter anderem das Gemälde *Study from the Human Body*, 1949, von Francis Bacon hing. Meine Großmutter hatte mir vorher nichts über Bacon erzählt, und damals gab es noch kein Internet, so dass ich Francis Bacon, sein Leben, sein Schaffen etc. nicht googlen konnte. Ich stand also ohne jegliches Vorwissen vor dem Gemälde und wusste sofort, dass sich hier eine weitere völlig neue, dieses Mal visuelle Landschaft vor mir ausbreitete. Dieser vereinzelte Körper, dieses homoerotische Bild von Isolation, wie in einem Niemandsland, diese seltsame Kombination aus Verzweiflung, Hoffnungslosigkeit

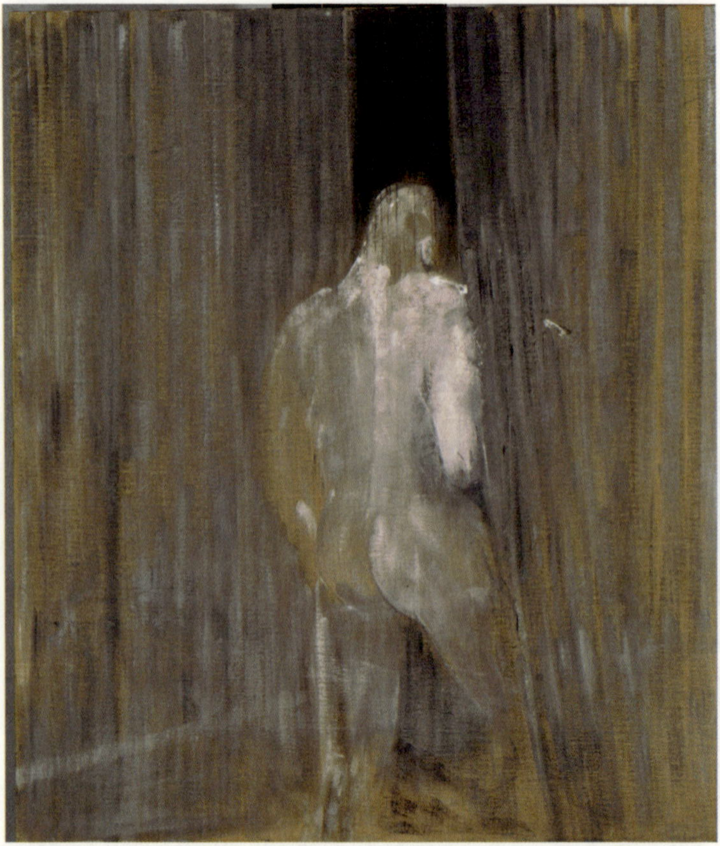

Francis Bacon, Study from the Human Body, 1949,
National Gallery of Victoria, Melbourne

und Sadismus wurde später zu einem der wichtigsten Einflüsse für meine Theaterarbeit – neben den *Muppets*.

Da waren also diese Birgit-Nilsson-Aufnahme und Francis Bacons Triptychon in der Nationalgalerie, die ich irgendwie unbewusst in Beziehung zueinander setzte. Dazu kam noch ein weiteres, ganz besonderes Theatererlebnis: Lindsay Kemp gastierte in Melbourne, und meine Eltern nahmen mich mit zu einer Vorstellung. Meine Großmutter war zuständig für Opern und Konzerte, meine Eltern für Theater, Musicals und Tanz. Sie hatten ein Abonnement für das Melbourner Staatstheater und fanden es wichtig, ihren Sohn ins Theater mitzunehmen, denn sie hatten schnell verstanden, dass ich Musik, Theater, Tanz und Oper über alles liebte. Warum nun gerade Lindsay Kemp? Keine Ahnung. Prinzipiell waren meine Eltern sehr offen, neugierig und interessiert. Lindsay Kemp war eine durch und durch queere Künstler- bzw. Tänzerpersönlichkeit, quasi queer *avant la lettre*. In seine Choreographien flossen Elemente des japanischen Butoh-Theaters, des Ausdruckstanzes in der Tradition von Isadora Duncan, der Pantomime, der Commedia dell'arte und eine große Portion *queer drag culture* der 1970er Jahre ein. Kate Bush und David Bowie waren Teil seiner Company, Bowie wohnte eine Zeit lang in London mit ihm zusammen. Lindsay Kemp kann sicherlich als einer der wesentlichen Einflüsse auf ›Ziggy Stardust‹ begriffen werden.

Und nun kam diese queere Kultfigur nach Melbourne und präsentierte eine ihrer berühmtesten Produktionen, *Flowers*, eine Art Meditation über Jean Genet. Und der vierzehnjährige Barrie saß mit seinen Eltern im Zuschauerraum. Insbesondere das Ende hat mich nachhaltig geprägt, ja zählt sicherlich zu den wichtigsten Theatermomenten, die ich je erlebt habe: Ich erinnere mich, wie Lindsay Kemp halb nackt, von oben bis unten weiß geschminkt, mit einer Art Schleier auf dem Kopf wie ein Geist die Treppe herabschreitet. Ich erinnere mich an ohrenbetäubend laute Rockmusik. Ich erinnere mich, wie plötzlich Blut aus seinem Mund fließt, wie aus einer offenen Wunde. Ich erinnere mich an Kemps verzerrtes Gesicht, als ob er schreien würde – ein stummer Schrei. Ich erinnere mich an einen Spot, der sich zusammenzieht und immer kleiner wird, bis das Licht nur noch das bleiche, kreischende, blutverschmierte Gesicht von Kemp erfasst – *Black*! Einer der schönsten Theateraugenblicke meines Lebens. Kemp drang durch meine Augen, Ohren und meinen Mund in meinen Körper ein und zog mein Herz aus mir heraus. Es war atemberaubend, verstörend und fabelhaft zugleich.

Neben Theater, Oper, klassischer Musik und Tanz hatte ich eine Leidenschaft für den Film entwickelt und in meiner Videothek den Bereich mit internationalen Arthouse-Filmen für mich entdeckt. Meist griff ich nach Filmen, ohne genau zu wissen, wer die Regisseur:innen oder die Schauspieler:innen waren. Diese Abteilung garantierte mir irgendwie besonders spannende Filmerlebnisse. Und da war nun dieses Video mit einem überaus attraktiven Schauspieler namens Brad Davis auf dem Cover, nach einem Buch von Jean Genet, gedreht von Rainer Werner Fassbinder: *Querelle*. Und wieder entfaltete das Cover auf mich eine besondere Anziehungskraft. Ohne Genet oder Fassbinder zu kennen, fühlte ich mich als schwuler Junge sofort von Brad Davis sowie der Coverästhetik angesprochen, ja irgendwie verführt. Ich nutzte die Chance, als meine Eltern an einem Abend ausgingen und mich alleine zuhause ließen, mir den Film heimlich anzuschauen. Ich hatte das Gefühl, etwas Verbotenes zu tun. Eigentlich unerklärlich – meine Eltern nahmen mich ja schließlich mit zu Lindsay Kemp, sie wussten damals sicherlich schon, dass ich schwul bin, und hatten nie ein Problem damit. Aber egal. Letztlich erhöhte das die Spannung. Selbstverständlich verfiel ich Brad Davis voll und ganz. Und natürlich faszinierten mich die queeren Bilder der Matrosen, wie sie schwitzend auf dem Schiff arbeiteten und dann auf der Suche nach Sex durch die Straßen schlenderten. Aber auch Fassbinders Filmästhetik elektrisierte mich. Diese künstliche Farbenwelt – die schwülen Orange- und Rottöne am Tag und die kühlen Blautöne in der Nacht. Noch nie hatte ich eine solche Farbenwelt in einem Film gesehen. Dazu noch die seltsame, somnambule Erzählstimme, die Musik – all das schuf im Zusammenspiel eine sehr merkwürdige Stimmung, eine surreale Zwischenwelt, die sicherlich realistische Züge hatte – Menschen bewegen und begegnen sich – und doch die Realität hinter sich lässt, um zu einem ganz eigenen Fantasieland zu werden. Wo findet das alles statt? Zu welcher Zeit? Was für eine Welt eröffnete Fassbinder einem Teenager wie mir, indem er die Männer nach dem Sex sich gegenseitig die Kehle durchschneiden ließ?!

Salome, Bacon, Lindsay, Fassbinder und mein aufgrund meiner Adoleszenz verrücktspielender Hormonhaushalt – ein spezielles Gebräu! Meine Sexualität, Bacons Bilder, Lindsays blutverschmierter Mund, der Männer verschlingende Querelle und die Geschichte, die Musik von *Salome* – mit diesem Kopf, dem geköpften Haupt eines Mannes – verknüpften sich für mich auf eine seltsame erotische Art und Weise. Es müssen bereits damals in mir erste Verbindungslinien entstanden sein, die dann für meine Frankfurter *Salome*-Inszenierung vierzig Jahre später von Bedeutung waren. Irgendwie scheine ich all diese Erfahrungen im selben Zimmer meines Gehirns abgespeichert zu haben. Ich hätte damals nicht beschreiben können, was das Mobiliar oder sagen wir, die Gäste, dieses Hotelzimmers miteinander verband – nur, dass sie mich auf eine ähnliche Art und Weise interessierten, ja faszinierten und sie für mich zu einer ähnlichen Gefühlswelt gehörten.

Mein grundsätzliches Interesse an *Salome*, an Richard Strauss und Oscar Wilde war also geweckt. Ich las *The Importance of Being Earnest*, *The Picture of Dorian Gray*, seine wunderschönen Kindergeschichten wie *The Happy Prince*, seinen Brief *De Profundis*, *The Ballad of Reading Gaol* und schließlich Richard Ellmanns große Biografie über ihn. Ich war nicht nur fasziniert von Wildes Literatur, sondern vor allem auch von seinem Leben. Ich las von seinen schrecklichen Infektionen, die so heftig waren, dass er im Sterben aus allen möglichen Körperöffnungen schwarze Flüssigkeit ausschied. Oscar Wilde wird häufig in der Rezeption auf das Klischee des traurigen schwulen Dandys reduziert, wodurch sein außergewöhnliches Leben, seine Courage und sein literarisches Genie völlig vernachlässigt werden. Er lebte absolut unkonventionell, machte seine Sexualität öffentlich, war ein Pionier der queeren Bewegung – ebenfalls *avant la lettre*. Und noch viel wichtiger: Dieses Leben spiegelte sich in seinen Werken wider, in der Klugheit, dem Witz, der Originalität seiner Texte.

Als Richard Strauss dann Wildes *Salome* um die Jahrhundertwende vom 19. ins 20. Jahrhundert für seine Oper adaptierte, entzog er ihr einen Großteil ihrer Homoerotik. Ich würde Strauss niemals als homophob bezeichnen. Aber genau so wenig als homophil. Er hat jegliche Queerness aus der Vorlage entfernt, überraschenderweise aber extrem queere Musik komponiert. Eine üppige, saftige Musik, die manchmal völlig quer zur Wildeschen Vorlage steht und manchmal perfekt zu ihr passt. Es ist kaum zu glauben, dass einer der heterosexuellsten und spießbürgerlichsten Komponisten der Musikgeschichte eine derart homoerotische Musik verfasst hat. Er hat damit die Türen des 20. Jahrhunderts aufgestoßen. An den Stellen, an denen die Motive ihre Tonalität zu verlieren scheinen, die Singsich der Sprechstimme annähert oder die Klänge sehr unsicher und undefiniert wirken, lässt sich bereits Arnold Schönberg erahnen. *Salome* ist einer der ersten Schritte ins 20. Jahrhundert, dem dann Schönberg, Berg, Webern und Weill folgen sollten.

Salome war sofort ein Riesenerfolg, nicht obwohl, sondern gerade weil die Oper sowohl musikalisch als auch thematisch so radikal war. Der damalige, unter anderem durch Freud, Wedekind und Klimt geprägte Zeitgeist der Jahrhundertwende schien geradezu nach einem Skandal, nach einer Mischung aus Femme fatale, Sex, Gender, Bibelanspielungen, Enthauptung und dazu noch Oscar Wilde zu gieren. Ein absolut skandalöses Ereignis, an dem alle teilnehmen wollten und das alle umgehauen hat. Danach hat Strauss nie wieder Vergleichbares geschaffen. *Elektra*, *Ariadne*, *Rosenkavalier* gehen in andere Richtungen. Ich mag *Elektra* sehr, aber ich liebe *Salome*. Elektra hat mich als Figur nie so interessiert wie Salome. An *Ariadne* fasziniert mich vor allem die musikalische und theatrale Form. Das Orchester ist kleiner besetzt, und damit ist sie eine der wenigen Strauss-Opern, in denen man jedes einzelne Wort versteht und die nicht überorchestriert ist. In allen anderen Opern scheint Strauss immer beweisen zu wollen, was er alles kann: Schau mal, Mami, für wie viele Instrumente ich komponieren kann! Hofmannsthal hat Strauss ja auch vorgeworfen, den *Rosenkavalier* mit der riesigen Orchesterbesetzung zu zerstören. Meine Großmutter hat den *Rosenkavalier* geliebt – *Der Rosenkavalier* war für sie *die* Strauss-Oper. Sie hat sich in den 1920er und 1930er Jahren in Wien und Budapest keine Besetzung entgehen lassen. Und ihre Liebe ist gewissermaßen auf mich übergesprungen. Mich faszinierte schon immer die Künstlichkeit dieses Stückes. Die späteren Werke – *Arabella*, *Capriccio* und *Intermezzo* – entsprechen schließlich vielmehr dem kleinbürgerlichen Naturell von Strauss. Aber selbst da muss man ihm lassen, dass er eine unfassbare ästhetische Spürnase hatte. Er erschnüffelte Wilde, Hofmannsthal und Stefan Zweig, er hatte ein Händchen für Regisseure und für bühnenwirksame musikdramatische Effekte. Das lässt sich aus der umfangreichen Korrespondenz mit Hofmannsthal herauslesen. Die meisten guten theatralen Ideen für den *Rosenkavalier* stammen von Strauss. Das hat sicherlich auch damit zu tun, dass er selbst im Graben stand und das Opernrepertoire dirigierte. Er kannte die Stimmen und Instrumente nicht nur vom Hören, sondern vom Selbst-Musizieren, vom Dirigieren. Damals wollte ich unbedingt Dirigent werden. Mein Vater, der viel Pelzhandel mit China trieb, empfing immer wieder chinesische Geschäftspartner. Meine Mutter kochte dann für diese Delegationen chinesisches Essen, wir hatten daher viele Essstäbchen im Haus. Für mich mussten diese Stäbchen dann als Dirigentenstäbe herhalten. Ich dirigierte mit chinesischen Essstäbchen mein gesamtes LP-Repertoire an Opern und Sinfonien durch – von Strauss' Opern bis hin zu Mahlers Sinfonien.

Ende der 1980er, als ich Anfang zwanzig war und an der Universität studierte, betrat dann noch ein weiterer, witziger Gast mein *Salome*-Zimmer: Ken Russells Film *Salome's Last Dance*. Oscar Wilde im Puff. Wilde und sein Liebhaber kommen in ein Bordell, wo der Besitzer ihnen zu Ehren eine *Salome*-Vorstellung veranstaltet. Die ganze Belegschaft – Prostituierte und Kunden – wirkt mit und übernimmt verschiedene Rollen. Ein sehr, sehr junges Mädchen, Imogen Millais-Scott, spielt Salome, Glenda Jackson Herodias, Kleinwüchsige übernehmen den Part der Juden, tanzen und springen herum wie

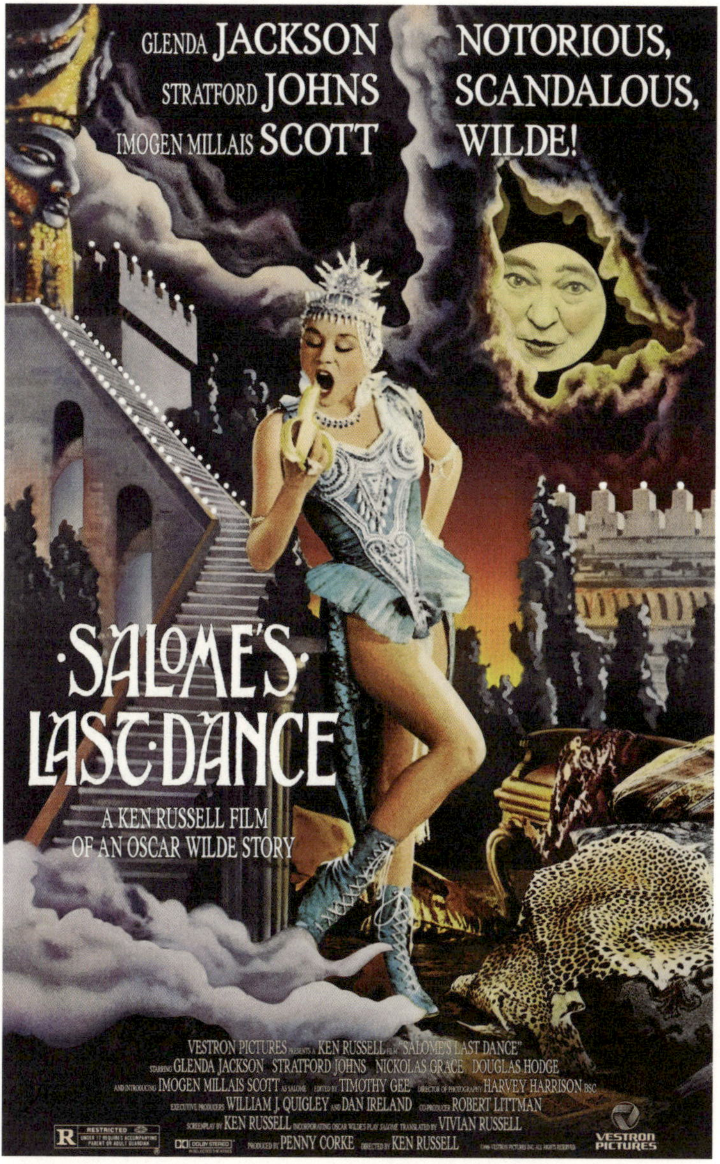

Filmplakat von Ken Russells »Salome's Last Dance« (1988)

Parodien chassidischer Juden. Eine ungeheuerliche Groteske, die an Mel Brooks erinnert und die mir zeigte, dass Wildes Text voller Humor steckt. Diese Erkenntnis war und ist für mich sehr wichtig. In den deutschen Übersetzungen des französischen Originals kommt das nicht so rüber, aber die englische ist an vielen Stellen sehr lustig.

Zu meinen ersten Höreindrücken gesellten sich dann noch weitere dazu: Meine Großmutter schenkte mir eine zweite *Salome*-LP mit Ljuba Welitsch, ihrer Lieblingsinterpretin der Salome. Und ein Kommilitone an der Universität empfahl mir Maria Cebotari. So machte ich Bekanntschaft mit den beiden wohl besten Interpretationen der Salome. Beide kamen der Figur stimmlich deutlich näher als Nilsson. Manchmal schlagen sie einen sehr sanften, weichen und leichten Ton an. Und sie spielen viel mehr mit dem Text – was Wilde durchaus verdient hat. Wenn man sie hört, fragt man sich, ist das ein fünfzehnjähriges Mädchen oder eine erwachsene Frau? Wer ist das? Was ist das? Im Grunde verlangt Strauss etwas Unmögliches: eine Jungfrau mit einer Stimme wie Isolde. Denn das Orchester ist einfach viel zu groß. Strauss selbst wollte unbedingt die Sängerinnen besetzen, doch kamen seine Favoritinnen nicht gegen den ursprünglichen Orchesterklang an, weshalb er im Nachhinein die Besetzung zusammenstrich. Viele der Sängerinnen, die *Salome* im Laufe des 20. Jahrhunderts auf der Bühne gesungen oder aber aufgenommen haben, hatten eigentlich zu große Stimmen.

Meine Begeisterung schlug irgendwann in eine gewisse Antipathie um – diese Fin-de-Siècle-Frauenfeindlichkeit, diese Femme fatale, diese Vamp-Figur! All das fand ich ziemlich abschreckend. Dazu kamen die enttäuschenden Begegnungen mit den falsch besetzten Aufnahmen und den schlechten Inszenierungen. Entweder verstaubte Historienschinken, die sich ästhetisch an die Hollywood-Bibelfilme der 1950er Jahre orientierten, oder moderne Produktionen mit einem reduktionistischen Ansatz. Am beliebtesten ist hier die Deutung, dass Herodes Salome missbraucht hat und das gesamte Stück sich um ihr Trauma dreht. Für mich hat diese Interpretation weder etwas mit Oscar Wildes Text noch mit Richard Strauss' Musik zu tun. Eine Sackgasse. Denn wenn du all ihre Handlungen auf das, was ihr Männer angetan haben, zurückführst, nimmst du ihr jegliche Macht, jegliches Verlangen und jeglichen Willen. Du domestizierst sie, du machst sie zum Opfer. Und genau das ist sie eben nicht. Sie ist das Gegenteil. Sie bekommt das, was sie will. Du reduzierst das Stück und misst ihm eine banale Bedeutung bei. Kindesmissbrauch ist natürlich mitnichten banal. Aber die Reduktion von *Salome* darauf, hat etwas Banales – was weder dem Stück noch Kindesmissbrauch gerecht wird.

In den Hollywoodversionen werden wiederum orientalistische Interpretationen und sehr skurrile, mitunter lächerliche Spielarten der Femme fatale präsentiert. Solche exotistischen Interpretationen liegen meiner Meinung nach völlig daneben. Viele verbinden mit der Musik von *Salome* die großen Hollywood-Historienfilme der 1930er, 1940er und 1950er Jahre, weil die damaligen Filmmusikkomponisten – wie Erich Wolfgang Korngold und Max Steiner – im Stil von Richard Strauss komponierten. Diese Hollywood-Filmkompositionen klingen manchmal wie Parodien auf *Salome*. *Salome* hat für mich weder etwas mit der Bibel-Schmibel zu tun – sie wird ja gar nicht in der Bibel namentlich erwähnt – noch mit irgendwelchen exotischen Vorstellungen vom »Nahen Osten«.

Und es dreht sich auch nicht alles um Sexyness und Verführung: »Hey, I am so sexy! Desire me!« Nur weil sie am Ende tanzen muss, heißt das noch lange nicht, dass Salome das will, dass sie »sexy« erscheinen oder irgendjemanden verführen möchte. Dieses Bild der erotisch-exotischen Verführerin hat viele wunderbare und berühmte Sopranistinnen dazu angespornt, letztlich selbst den Tanz der sieben Schleier zu tanzen: »Nein, nein, ich brauche keine Ersatztänzerin. Ich kann selbst tanzen.« Im Anschluss an solch eine Vorstellung sprechen alle nur noch darüber, ob eine Sängerin selbst getanzt hat und ob sie am Ende tatsächlich nackt war. »Sie war auch nackt! Unglaublich! Wie mutig!« Damit hat das Stück allerdings überhaupt nichts zu tun. Es geht nicht darum, ob eine Sängerin am Ende ihren unbekleideten Körper zeigt oder tanzen kann. Und ehrlich gesagt, können die meisten großen Sopranistinnen eben nicht richtig tanzen.

Für mich stand schließlich fest: Es ist unmöglich, dieses Stück auf die Bühne zu bringen. Jede Inszenierung konnte nur zu einer riesigen Enttäuschung werden. Wie kann die Radikalität des Werks – all diese Stimmungen, Gefühle, die Mischung aus Horror, Lust, Geilheit und Terror –, wie kann all das auf die Bühne gebracht werden?! Wie sollte man den Tanz der sieben Schleier oder die Enthauptung darstellen?! Wo gibt es Sängerinnen, die einerseits wirken wie ein junges Mädchen, aber eine Stimme besitzen, die es mit dem riesigen Orchesterapparat aufnehmen können?! Und wen interessiert dieses frauenfeindliche Werk überhaupt?! Warum sich mit *Salome* beschäftigen, wenn es daneben solch brillante Werke wie *Wozzeck* oder *Moses und Aron* gibt?! Ich habe aufgehört, mir *Salome*-Produktionen anzusehen und -Aufnahmen anzuhören. Ich packte das Stück auf meine Liste mit Lieblingswerken, die sich nicht inszenieren lassen. Ich schloss mein *Salome*-Zimmer mit all den wichtigen Gästen und Einflüssen und betrat andere, in den 1990er und 2000er Jahre für mich spannendere Räume.

Erst 2017 öffnete sich die Tür wieder einen kleinen Spalt breit, als der Intendant der Oper Frankfurt mich fragte, ob ich nicht *Salome* bei ihm inszenieren wolle – die erste *Salome*-Anfrage, die ich in meinem Leben erhalten habe. Und ich lehnte zunächst einmal ab. Unmöglich, unmöglich, unmöglich. Der Intendant drückte dann allerdings den richtigen Knopf, indem er sagte, eine neue, sehr spannende Sängerin werde ins Frankfurter Ensemble übernommen, die zur Rolle und zu meiner Arbeitsweise passen würde: Ambur Braid.

Es gibt eine Reihe typologischer und ikonischer Opernrollen, die eine wunderbare Projektionsfläche bilden und über die sich abstrakt nachdenken, diskutieren und philosophieren lässt: Carmen, Don Giovanni, Lulu und auch Salome. Carmen steht für dies, Don Giovanni für das. Das ist höchst interessant, aber für die konkrete Inszenierung nicht so hilfreich. Denn diese ikonischen, titelgebenden Figuren sind so offen, ungreifbar und vielschichtig, dass es vor allem darauf ankommt, wer diese Partien singt und auf der Bühne darstellt. Wenn Salome überhaupt für etwas steht, dann für Vielschichtigkeit, Ungreifbarkeit und Wandelbarkeit. Sie ist ein Mädchen, eine Frau, lustig, schrecklich, verstörend, frech, willensstark – ein Chamäleon. Und sie ist eigentlich nichts außer der Sängerin, die sie verkörpert.

Die besten und spannendsten Interpretationen von Figuren wie Salome, Don Giovanni oder Carmen stammen häufig von Sänger:innen, die bereits Elemente dieser Charaktere in sich tragen. Das können je nach Sänger:in sehr unterschiedliche Elemente sein. Figuren wie Salome und Carmen bilden einen Kosmos, der gar nicht durch eine einzige Sängerin komplett erfasst und dargestellt werden kann. Aber die jeweilige Interpretin muss gewissermaßen durch einen Teil dieses Kosmos gereist sein, um die Figur glaubhaft und auf ihre Art verkörpern zu können. Das gilt eigentlich für alle Partien des Opernrepertoires – aber für diese ikonische Auswahl ganz besonders. Daher fällt es mir schwer, im Allgemeinen darüber zu sprechen, wofür Salome steht. Das zeigt sich nicht anhand allgemeiner Überlegungen oder anhand eines Regiekonzeptes, sondern erst in der konkreten Begegnung mit einer Sängerin – ob in Form einer LP als Zuhörer:in, im Opernsaal als Zuschauer:in oder im Probenraum als Regisseur:in.

Ambur Braid hatte gerade einen Fachwechsel vollzogen und noch nie Salome gesungen. Sie hat eine außergewöhnliche Stimme und eines dieser besonderen, mysteriösen Theatergesichter, von denen man nie weiß, wie alt sie eigentlich sind. Je nach Perspektive sieht sie mal wie vierzehn, mal wie vierzig aus. Perfekt für Salome.

Zum Auftakt beschäftigte ich mich mit Wildes Drama. Wilde hat *Salome* – wie der zweite große irische Autor, Samuel Beckett, seine Schlüsselwerke – auf Französisch verfasst. Ende des 19. Jahrhunderts entwickelte sich der französische Symbolismus, ein revolutionärer Schreibstil, der Autoren und Intellektuelle zu einem Künstlerkreis in Paris verband, zu einer regelrechten Mode. Es gibt die Theorie, dass Wilde die Stilmittel des Symbolismus bei *Salome* anwandte, um eine Parodie zu schaffen. Letztlich wurde die Parodie allerdings besser als ihr Gegenstand, wodurch Wilde gewissermaßen eines der Meisterwerke des Symbolismus schrieb. Bereits auf der ersten Seite präsentiert er sein symbolistisches Repertoire: den Mond, der mit einer aus dem Grab aufsteigenden Frau verglichen wird (Handelt es sich dabei um Salome?). Ihre Füße werden mit weißen Tauben verglichen – eine der vielen Tiermetaphern, die den Text durchziehen. Und schon auf der ersten Seite deutet Wilde auf die Geschehnisse im weiteren Verlauf hin: etwa den Tanz, indem er schreibt, »man könnte meinen, sie tanzt«. Wer weiß, ob er sich mit Autoren wie Baudelaire messen, sie verspotten oder einen ganz neuen Stil mit symbolistischen Elementen entwickeln wollte. Die Wollust seiner Sprache, im Grunde der gesamte Text, kommen mir vor wie ein Pfirsich, bei dem die Fäulnis gerade einsetzt. Ein überreifer Pfirsich in voller Süße, aber bereits leicht vergoren. Ich benötige solche Bilder als ersten Zugang, auch wenn sie schließlich nichts mit meiner Inszenierung zu tun haben. Sie geben mir einen Geschmack des Stücks. Und Wildes Text schmeckt für mich eben wie ein Pfirsich, der gerade zu verfaulen beginnt.

Der deutschen Übersetzung und dem deutschen Libretto fehlen diese Mischung aus prallem Leben und Verwesung. Und es fehlt der schwarze Humor des Wildeschen Originals, das Freche, Unartige, das Changieren zwischen Ernsthaftigkeit und Parodie. Wildes *Salome* ist unverkennbar das Werk eines queeren Künstlers. An einer Stelle verspricht Salome Narraboth, dass sie für ihn »ein kleines grünes Blümchen« fallen lassen werde. Um sich gegenseitig in den Theater- und Opernfoyers zu erkennen, trugen schwule Männer Ende des 19. Jahrhunderts in ganz Europa grüne Blumen am Revers. Schwule Zuschauer haben diesen Geheimcode sicherlich verstanden, fühlten sich an dieser Stelle direkt angesprochen und haben sich wahrscheinlich darüber köstlich amüsiert.

Und genau für diese Queerness des Textes mangelte es Strauss an Sensorium. Dafür schuf er allerdings eine ähnlich queere Musik. Sie passt bestens zu dem Bild des verwesenden Pfirsichs. Strauss illustriert nicht den Wildeschen Text – so hätten wahrscheinlich andere Komponisten dieser Zeit, meist Wagner-Epigonen, für die Symbole, etwa für den Mond, ein eigenes Motiv komponiert –, sondern erschafft eine eigenständige musikalische Landschaft, in der der Text quasi dahinfließen kann. Er nimmt dem Text etwas, gibt es ihm aber musikalisch wieder zurück. Da Oscar Wilde ein riesiges Problem mit Religion und Dogmatismus hatte, verwundert es beispielsweise nicht, dass er Johannes den Täufer sehr negativ zeichnet – nicht als großen Propheten, sondern eher als völlig wahnhaften Fundamentalisten. Strauss hingegen kann nicht widerstehen, für Jochanaan wunderschöne Musik zu schreiben. Es bleibt zwar der fundamentale Duktus in seinem Text, aber die verführerische Musik scheint ihn irgendwie zu rehabilitieren. Diese Widersprüchlichkeiten und Ambiguitäten zwischen Text und Musik halte ich keineswegs für ein Problem, sondern sie tragen meines Erachtens eher zur Stärke der Oper bei. Vielleicht würde ich heute versuchen, *Salome* auf Französisch zu machen, um noch mehr von dem Wildeschen Charakter einzufangen. Strauss hat an einer französischen Version gearbeitet, da er *Salome* in Frankreich nicht auf Deutsch aufführen wollte. Wenn man Salome auf Französisch hört, taucht man in ein Klanguniversum ein, das eher an Debussy und Ravel denn an die deutsche Spätromantik erinnert.

Durch die Lektüre und das Anhören von Aufnahmen wurden mir schließlich ein paar Dinge klarer: Salome lügt nie, sie ist die einzige ehrliche Person auf der Bühne. Alle anderen lügen permanent. Sie will etwas, verfolgt es zielstrebig und ist bereit, dafür einen hohen Preis zu zahlen – selbst die grenzenlose Erniedrigung durch den Tanz der sieben Schleier. Sie hat keine Freude an dem Tanz, aber ist in dem Moment, als sie an ihrem Ziel angekommen ist, als sie das Haupt von Jochanaan in den Händen hält, zutiefst befriedigt, ja verzückt. Und *Salome* ist eine Liebesgeschichte, keine Geschichte über Rache, Revanche oder dergleichen. Salome liebt Jochanaan, ihr Monolog am Ende stellt im Grunde eine Liebesszene dar, ihr Sologesang quasi ein Liebesduett mit einem stummen Kopf. Sie begehrt Jochanaan, nicht weil sie nach Blut giert, weil sie eine

Männer verschlingende Femme fatale, ein Vamp ist, sondern weil sie sich für ihn interessiert, neugierig ist, ja ihn liebt. Am Ende bekommt diese Liebe bei aller Verzückung auch etwas sehr Tragisches, als sie den blutverschmierten Mund Jochanaans küssen darf. Für sie ist das das erste Mal. Sie ist bis dato eine Jungfrau. Erst in der Begegnung mit dem Kopf hat sie ihren ersten Sex. Ein Orgasmus mit einem toten Körper, der noch weitaus besser ist, als jeglicher Orgasmus mit einem lebenden Leib sein könnte. Die gleiche Liebe wie diejenige von Opernliebhaber:innen: Nekrophilie.

Und bereits in den ersten paar Zeilen bemerkte ich zwei sehr zentrale Aspekte, die im Grunde den ganzen Text durchziehen: Sehen und Hören. Ich kenne keine andere Oper, in der so viel Voyeurismus steckt. Die Figuren werden aufgefordert: Sieh nicht hin, sieh hin, du darfst nicht hinschauen, schau hin. Salome beschreibt andauernd, was sie wahrnimmt – zum Beispiel den Körper, das Haar und den Mund Jochanaans. Und schon die ersten beiden Äußerungen im Text sind Wahrnehmungsäußerungen. Narraboth: »Wie schön ist die Prinzessin Salome heute Nacht!« Page: »Sieh' die Mondscheibe, wie sie seltsam aussieht.« Der gesamte Text besteht im Grunde aus Beschreibungen von Gesehenem sowie Aufforderungen zum Hin- oder Wegsehen. Wir sehen mit unseren Augen, die rund sind wie der Mond – ein ebenfalls zentrales Element des Textes. Und wir schauen auch als Publikum, als Zuschauer:innen hin oder weg.

Wilde reduziert den Voyeurismus allerdings nicht nur auf das Visuelle, sondern schließt auch das Auditive mit ein. Das Hören erscheint mindestens so zentral für ihn zu sein wie das Sehen. Von den Geschehnissen jenseits der Bühne bzw. der Palastterrasse erfahren die Figuren meist über ihre Ohren: vom Aufruhr im Palast oder vom Köpfen Jochanaans. Herodes hat immer wieder akustische Wahnvorstellungen, scheint etwa ein Schwingen von Todesflügeln zu vernehmen. Salome, aber auch wir im Auditorium nehmen Jochanaan zuerst nur akustisch wahr. Wir hören die Stimme des Propheten, bevor wir ihn sehen. Als Salome schließlich darauf wartet, dass der Henker Jochanaan köpft, stößt sie hervor, dass sie den Propheten nicht hören kann. Es geht permanent ums Hören und Sehen – das, was wir als Publikum tun: wahrnehmen.

Wie lassen sich diese Dimensionen nun auf die Bühne bringen? Wie lässt sich diese Art Voyeurismus, wie Erotik in Kombination mit Horror szenisch darstellen? Denn in *Salome* steckt viel Horror. Und das ist mit am schwersten zu inszenieren. Der Film hat es da aufgrund seiner realistischen Möglichkeiten und der Wahrnehmungslenkung durch die Kamera wesentlich leichter – wie man in *Rosemary's Baby* oder *The Shining* sieht. *Macbeth* oder *Salome* auf einer Bühne zu inszenieren ist schon etwas anderes. Wie bekomme ich es hin, dass das Publikum schaudert und sich unwohl fühlt, wirklich unwohl? Und wie lässt sich die Queerness des Textes und der Musik inszenieren? Was wäre das Bühnenäquivalent für einen überreifen Pfirsich? Braucht es dafür überhaupt eine Bühne? Oder entfalten sich diese Dimensionen doch am besten beim Hören und Lesen? In der eigenen Imagination?

Ich fing an, mich mit Katrin Lea Tag, meiner Bühnen- und Kostümbildnerin für *Salome*, über diese Fragen auszutauschen. Ich beginne die Zusammenarbeit mit meinem Team immer mit einem offenen Gespräch, in dem wir uns über die Themen verständigen, die das jeweilige Stück aufwirft und die uns interessieren. Am Anfang gibt es keinen fertigen Plan oder *die* eine geniale Idee, sondern viele Fragezeichen. Unsere Arbeit hat wenig mit den üblichen Vorstellungen vom Künstlergenie zu tun: Ich sitze zusammen mit Katrin in einem Café, habe plötzlich einen Geistesblitz, kritzle etwas auf eine Serviette, und fertig ist das Bühnenbild. Wie brillant! So arbeite ich nicht. Es geht mir auch nicht darum, wie ich das Publikum am besten provozieren kann, oder um die Zeit, in der die Inszenierung spielen soll – »Was meinst du, Katrin? Sollen wir *Salome* historisch oder zeitgenössisch erzählen?« Das interessiert mich alles nicht. Ich inszeniere nicht, um Menschen zu verärgern oder Stücke in irgendeine Zeit zu pressen, in die sie sich meist aufgrund ihrer vielschichtigen Zeitstruktur und ihrer ganz eigenen Zeitlichkeit nicht pressen lassen. Vielmehr versuche ich, in einem Dialog mit meinem Team den richtigen Ansatz zu finden. Häufig bleiben bis zuletzt Fragen unbeantwortet. Bis heute verstehe ich *Salome* nicht voll und ganz. Ich verbinde zwar viele Bilder, Assoziationen, Emotionen und Gedanken mit dem Stück, kann es aber nicht vollständig entschlüsseln. Das ist weder ein Manko des Stückes noch ein Manko von mir als Regisseur. Gerade in der Vielschichtigkeit besteht die besondere Qualität von großen Werken, die immer wieder neue und andere Fragen aufwerfen. Als Regisseur habe ich wiederum die Aufgabe, das Stück in seiner Komplexität auf die Bühne zu bringen und diese nicht auf eine einzige Idee oder von vornherein auf eine bestimmte Zeit herunterzubrechen. Damit würde ich weder dem Stück noch den Zuschauenden gerecht, die zum Staunen gebracht, überrascht und verzaubert werden wollen, denen ein Erfahrungskosmos mit unendlich vielen Fragen, Interpretationen und Antworten eröffnet werden soll. Jedes komplexe Kunstwerk sollte ein Rätsel sein, und wir sollten immer davor, wie vor einer Sphinx, mit unbeantworteten Fragen stehen.

Die Türe zum Zimmer *Salome* hat sich also weiter geöffnet und dahinter: Francis Bacon, Querelle und Lindsay Kemp – Lindsay Kemp mit dem Spot am Ende … Ein Spot. Eine

Möglichkeit, um das Hin-, Weg-, Über- oder Nicht-Sehen zu thematisieren? Ich beschloss, die meisten Ereignisse im Dunkeln geschehen, die meisten Figuren überhaupt nicht auf der Bühne erscheinen, sondern sie nur aus der Dunkelheit heraus hören zu lassen. Man sieht nicht, wer zu einem singt oder spricht. Mit einem Verfolger lässt sich der Voyeurismus des Texts und der Musik auf die Bühne bringen: Folge dem Spot, Schau hier hin, schau dort hin ... Ein Spot lässt sich groß, aber auch sehr klein ziehen. An manchen Stellen sah ich vor mir nur eine Hand, einen Mund oder Augen im Licht, losgelöst vom restlichen Körper. Zerlegte Körperteile wie bei Bacon. Das Stück beinhaltet ja auch einen der berühmtesten Akte des Körperteilens in der Kulturgeschichte, das Köpfen von Johannes dem Täufer. Jochanaan befindet sich die meiste Zeit in seiner Gruft, jenseits der Bühne, im völligen Dunkeln. Mit einem Verfolger wäre fast die gesamte Bühne dunkel. Die Dunkelheit würde sich wie Dampf auf der Bühne ausbreiten und sie einnehmen. Im Grunde würde die Gruft auf die Bühne wandern, die Bühne wäre die Gruft.

Keine Requisiten, keine Gegenstände, keine Aufbauten. Nur endloses Schwarz und ein Spot. Sonst nichts. Nur in einem einzigen Moment, den wir noch nicht bestimmt hatten, sollte eine Figur hinter einer fahrbaren, schwarzen Rückwand hochsteigen und durch eine kleine Öffnung ihren Kopf stecken. Der Spot sollte nur den Kopf beleuchten, während die Wand langsam nach vorne an die Bühnenkante fährt – ohne dass das Publikum die Wand wahrnimmt. Das Publikum würde lediglich einen kleinen schwebenden Kopf sehen, der sich langsam auf es zubewegt. Am Anfang dachten wir noch an Jochanaans Kopf, der ja abgeschlagen wird. Dann kehrten wir die Idee allerdings um und ließen Salomes Kopf, während sie auf Jochanaans Enthauptung wartet, nach vorn an die Büh-

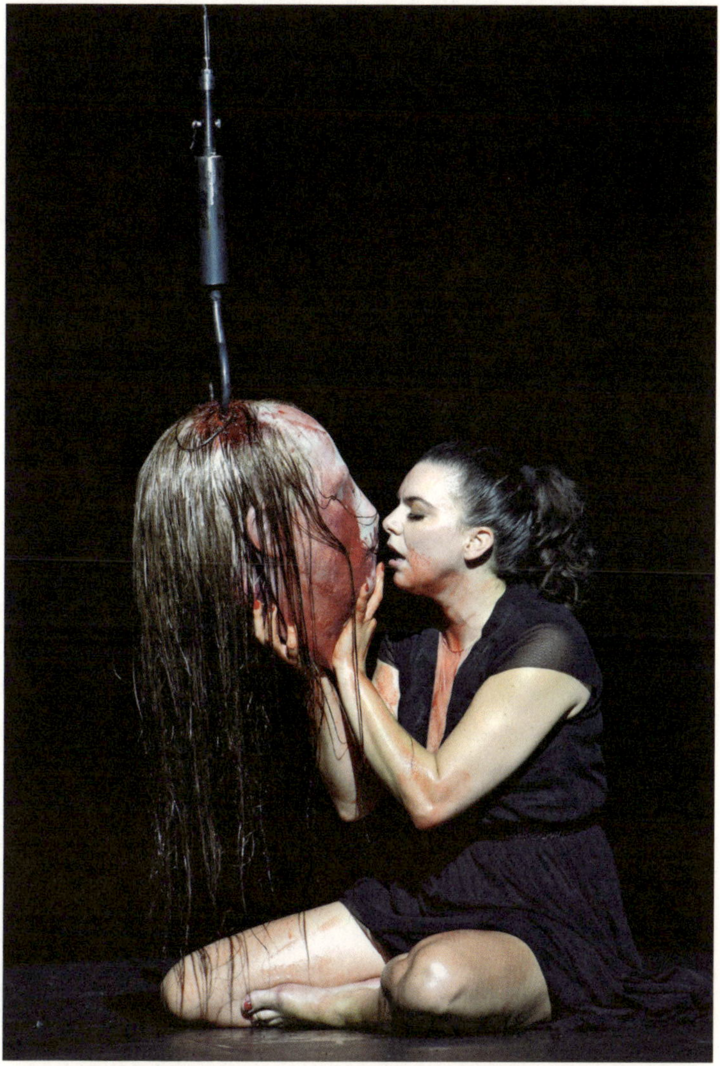

Ambur Braid (Salome) in meiner Inszenierung von »Salome«,
Oper Frankfurt am Main, 2020

nenrampe schweben. Sie schickt den Henker in die Gruft, beschwert sich, dass sie nichts höre, fordert ihn immer wieder auf »Schlag zu! Schlag zu!« Und währenddessen bewegt sich ihr weiß angestrahlter Kopf dem Publikum entgegen, wird immer größer und größer, kommt näher und näher ... Ihr Kopf wurde zugleich zum abgeschlagenen Haupt des Täufers, zum Mond und zum Zerrbild ihrer selbst.

Nächste Herausforderung: Wer sind die fünf Juden? Nach Alberich, Mime und Beckmesser stellen sie wohl das antisemitischste Porträt von Juden der gesamten Operngeschichte dar. Bei Wilde sind sie noch ziemlich lustig, da ihr Disput wie eine Kombination aus einem Gespräch an einem jüdischen Esstisch und einer jiddischen Vaudevillenummer erscheint. Shabbat meets the Marx Brothers. Aber Strauss komponiert dazu eine durch und durch antisemitische Musik – eine unerträgliche Kakophonie, die man kaum singen und der man kaum zuhören kann. Kein bisschen Lyrik, Melancholie oder irgendetwas, was einen berühren könnte – nichts. Nur kakophonischer Antisemitismus. Katrin fand ein paar Schwarz-Weiß-Fotos von nordafrikanischen Frauen in Wüstengewändern. Ihre Gesichter waren durch Schals verhüllt, so dass man sie nicht erkennen konnte. Keine Hijabs, sehr seltsam und irgendwie zeitlos. Im Judentum soll man sich kein Bildnis von Gott machen, Gott hat kein Gesicht. Wir verhüllten also die Gesichter der Juden und machten sie damit unsichtbar. Keine Gesichter, nur schwarze Löcher. Kreischende, hysterische Männer eingehüllt in Nichts.

Nächste Herausforderung: Was machen wir mit dem Tanz? Ich wusste, dass ich keinen richtigen Tanz haben wollte, dass eine Schar lüsterner Männer, darunter Herodes, einer halb nackten Frau beim Tanzen zuschauen. Alle anderen Personen sollten im Dunkeln verschwinden. Der Tanz sollte sich nur

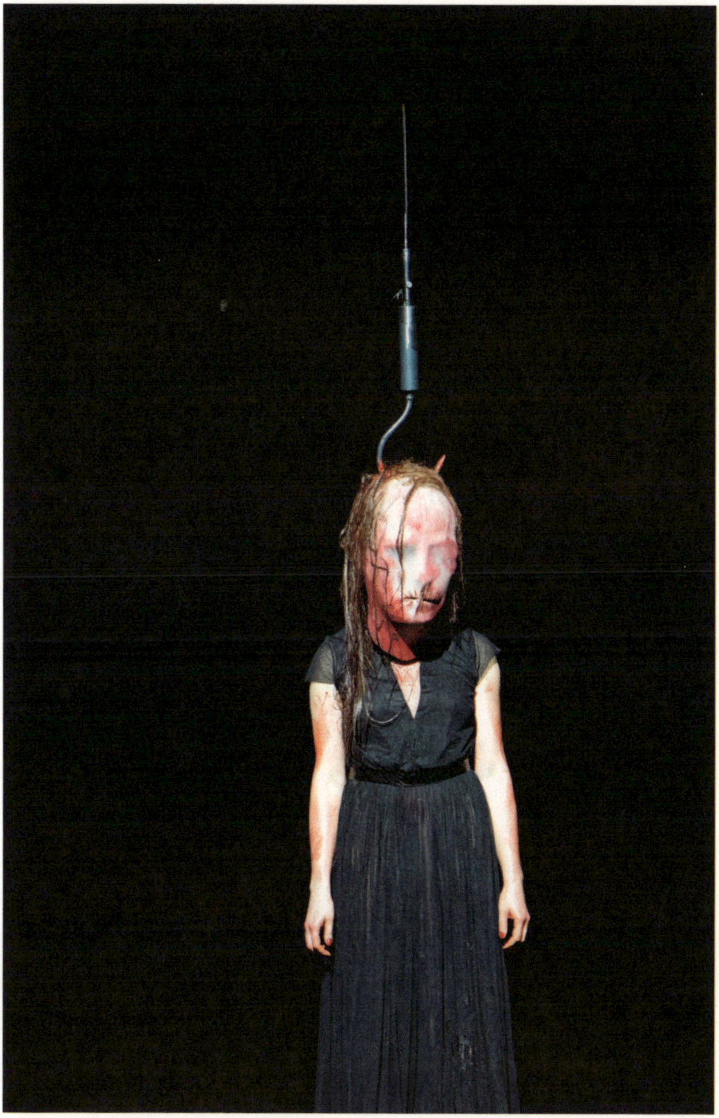

Letztes Bild meiner Inszenierung von »Salome«,
Oper Frankfurt am Main, 2020

um Salome drehen. Und dann kam mir das Bild von einer Art Rapunzel, die sich Haare aus ihrem Unterleib herauszieht. Das Herausziehen steht gleichermaßen für etwas, was Salome erregt, sie aber auch gegen ihren Willen, als Gegenleistung für das Haupt Jochanaans, tun muss, etwas, was sinnlich, verstörend und erotisch zugleich ist Sie sollte sich nicht aus-, sondern etwas aus sich herausziehen. Das Haar taucht überall im Libretto auf. Salome liebt das Haar Jochanaans, und dann hasst sie es, sie begehrt und verflucht es. Salome zieht einen nicht enden wollenden Haarstrang aus ihrer Vagina heraus, zweihundert Meter lang, und währenddessen erklingt der Tanz der sieben Schleier. Ein Akt zwischen Masturbation und Erniedrigung. Kein voyeuristischer Showgirl-Tanz, sondern eine Anti-Rapunzel. Ein Trauma-Ritual.

Und was machen wir mit dem geköpften Haupt am Ende? Zunächst hatte ich überhaupt keine Idee. Ich wusste nur, was mich an den üblichen Inszenierungen störte: der meist schlecht gemachte, groteske Pappmaché-Kopf auf einem Metalltablett, von dem Kunstblut tropft. Es wirkt immer furchtbar dämlich, wenn Salome diese Attrappe küsst. Und Strauss' starke Musik verstärkt nur noch die Lächerlichkeit des Bildes. Eigentlich handelt es sich um einen Moment, in dem sich Wut, Liebe, Hoffnung, Erotik und Tragik verbinden, der aber meist durch ein billiges Papphaupt zerstört wird. Das wird dem Horror der Musik nicht gerecht. Und doch muss es ein Moment der Liebe sein – wie bei Jeffrey Dahmer, dem schwulen, amerikanischen Serienkiller, der Köpfe gefickt hat. Das würde Salome nicht tun. Aber etwas Vergleichbares. Etwas, was in der Realität nicht möglich ist, aber in Träumen und der Fantasie schon … Und so kam mir die Idee für das Schlussbild: Jochanaans abgeschlagenes Haupt hängt an einem Metzgerhaken und schwingt plötzlich aus der Dunkelheit hinein in den Lichtkegel. Salome spielt mit ihm, schlägt auf ihn ein, als wäre es ein Punchingball. Sie küsst ihn auf eine sehr zärtliche, liebevolle, zerbrechliche Art und Weise. Sie steckt ihm ihre Finger in den Mund, während sie darauf hinweist, dass er nicht sprechen könne. Sie nimmt ihn zwischen ihre Beine, als ob der Kopf sie lecken würde. Und schließlich stülpt sie sich ihn über ihren eigenen Kopf. Sie wird eins mit ihm. *She literally »gives him head«*, sie bläst ihm buchstäblich einen.

Ich hatte also all meine Zutaten: eine dunkle, leere Bühne mit einem Spot, die Juden ohne Gesicht, Haare aus einer Vagina und den Kopf von Jochanaan an einem Metzgerhaken. Ironischerweise erreichte die Corona-Pandemie kurz nach der Premiere Deutschland. Wir konnten nur drei Vorstellungen bis zum Lockdown spielen. Meine *Salome*-Reise endete mit der Pandemie, eine über vierzig Jahre dauernde Reise von meiner ersten Begegnung mit Birgit Nilsson im Alter von vierzehn Jahren an, über Bacon, Kemp, Querelle und diversen adoleszenten Masturbationserfahrungen unter meiner Bettdecke bis hin zu Frankfurt im Winter 2019, ein paar Wochen vor dem Lockdown. Diese vierzig Jahre und all die unterschiedlichen Etappen flossen letztlich in meine Inszenierung ein. Und es erschien mir nur als konsequent, dass gleich nach der Premiere die Pandemie ausbrach. Der reife Pfirsich, der zu verrotten beginnt …

TOSCA

Vor meiner Bar Mitzwa schenkte mir meine Großmutter eine Aufnahme von *Tosca* mit Leontyne Price und Franco Corelli und bat mich darum, sie als Vorbereitung auf einen Vorstellungsbesuch zu studieren. Ich hatte bereits *Madame Butterfly*, *Turandot*, *La fanciulla del West* und *La Bohème* gesehen. Puccini war also kein vollkommenes Neuland für mich. Von *Tosca* war ich sofort begeistert. Ich liebte die Musik, die Handlung, hörte mir die Musik stundenlang an und studierte das Libretto. Damals fand ich heraus, dass es zu jeder Oper einen Klavierauszug gab. Ich begann, mir also von den Opern, die ich besonders mochte, alte Klavierauszüge in einem Melbourner Buchantiquariat zu kaufen und sie zuhause durchzuspielen – mehr schlecht als recht, aber gut genug, um ein Gefühl für die Musik und die Struktur der Opern zu bekommen. Ich hatte Klavierunterricht, seitdem ich fünf Jahre alt war, konnte nicht perfekt, aber doch gut genug spielen, um mich durch die Klavierauszüge zu klimpern. Ich weiß noch, wie ich mir mit sechzehn Jahren einen *Boris Godunow*-Auszug kaufte, mich durch den sehr schweren Klavierauszug kämpfte und die Partien in der englischen Übersetzung dazu sang. Mit *Pelléas et Mélisande* und *Salome* kam ich dann definitiv an die Grenzen meines Klavierspiels. *Tosca* hingegen schaffte ich bereits mit dreizehn Jahren. Sie war eine der ersten Opern, die ich so am Klavier einstudierte, und ich habe den Klavierauszug von damals immer noch, da ich dieses Werk so liebe.

Ich war nicht nur ein passionierter Klavierspieler, sondern sang auch sehr gerne und stellte mir dabei vor, wie ich die großen Opernbühnen erobern würde. Damals wechselte ich meine Karriereplanung fast täglich, je nachdem, welche Musik oder welche Künstlerpersönlichkeit mich gerade faszinierte. Mal wollte ich der nächste Leonard Bernstein oder der nächste Bruno Walter werden, während ich mit Essstäbchen Mahler dirigierte. Mal der nächste Maurizio Pollini oder die nächste Martha Argerich, während ich am Klavier saß. Und wenn ich bei einer Schultheateraufführung mitwirkte, war ich davon überzeugt, der größte australische Schauspieler aller Zeiten, der nächste Laurence Olivier zu werden. Und dann war da noch mein Puppentheater, mit dem ich zwar keinen großen Künstler oder keine künstlerische Tätigkeit verband, das mich aber doch – ohne dass es mir bewusst gewesen wäre – an die Regie heranführte. Ich war davon überzeugt, dass ich so ziemlich jeden künstlerischen Beruf an einem Theater ausführen könnte.

Ich hatte keinen Gesangsunterricht, aber sang im Schulchor und wirkte bei einigen Theater- und Musicalproduktionen mit. Ich kam sehr früh in den Stimmbruch, hatte bereits, als ich mir den *Tosca*-Klavierauszug kaufte, eine Baritonstimme, war aber im Schulchor Sopran, da ich in ein unglaublich hohes Falsett wechseln konnte. Ich konnte das hohe C singen oder besser gesagt, kreischen – eine pubertierende, heulende Florence Foster Jenkins, die »Diva der falschen Töne«. Mein Falsett war nicht unbedingt schön, aber sehr hoch. Inzwischen habe ich es verloren, wenngleich ich immer noch sehr gerne singe. Ich spielte damals also den Instrumentalpart von *Tosca* am Klavier und sang dazu – meine Zwitterstimme machte es möglich – alle drei Hauptpartien sowie die Nebenrollen, die Gefangenen, Angelotti und die Chöre. Ich wechselte von Cavaradossis Tenor zu Toscas Sopran zu Scarpias Bariton. Alles auf Italienisch, obwohl ich die Sprache nicht verstand. Ich imitierte die Sänger:innen auf den Aufnahmen, zuerst Leontyne Price, später dann – da ich von *Tosca* so begeistert war, kaufte ich mir ziemlich schnell viele verschiedene Schallplatten – Maria Callas und Tito Gobbi. Meine Interpretation muss sich äußerst skurril angehört haben, wie eine Parodie von Callas, Price und Gobbi im Wechsel. Wenn meine Mutter rief: »Dinner is ready!«, erwiderte ich: »Can't eat, I am torturing Cavaradossi.« Oder: »No time, I'm killing Scarpia.«

Durch das Singen und Spielen lernte ich *Tosca* noch mal anders und besser kennen als durch die Aufnahmen und die zahlreichen Vorstellungen. Indem ich das Stück selbst »performte«, es Takt für Takt durchging, erschloss ich mir seine Architektur und zugleich neue Zugänge: Neben dem Hören kam nun das Spielen dazu, neben dem Klangerlebnis nun der Notentext. Ich begriff, wie wunderbar die Partitur geschrieben ist und dass ein Stück selbst zu singen und zu spielen – auch wenn nur sehr schlecht – etwas völlig anderes ist, als es sich anzuhören. Man taucht noch einmal tiefer in ein Stück ein und versteht viel besser die musikdramatische Struktur. Mit *Tosca* begann ich also, mir einen weiteren Schlüssel zu Opernwerken anzueignen, den ich im gesamten Verlauf meiner Karriere, bis heute, immer wieder angewandt habe: sich ans Klavier setzen, den Klavierauszug durchzuspielen und die ein oder andere Stelle anzusingen. Nicht, um es irgendwann aufzuführen. Es geht darum, die musikdramatische Architektur der Stücke, das Zusammenspiel von Musik und Text zu verstehen und Aspekte zu entdecken, die sich beim Hören vielleicht nicht sofort erschließen und gerade für eine Inszenierung entscheidend sein können. Damals wusste ich noch nicht, dass ich später einmal Regisseur werden würde. Die performative Analyse der Partituren, also die Untersuchung der Stücke durch das eigene Spielen, bahnte auf jeden Fall eine Fährte dorthin.

Wenn ich nicht so richtig weiß, was ich spielen soll, dann lass ich die Opernauszüge liegen und improvisiere ein paar alte jiddische Schlager. Oder wenn ich ein bisschen Zeit habe und mal abschalten muss, dann spiele ich Bach – in meinem ganz eigenen Stil. Bach entspannt mich. Bach ist extrem wohltuend. Er hilft mir, den Kopf freizubekommen. Bach hat eine sehr besondere, eine Art religiös-protestantische Klangwelt geschaffen, die so weit von meiner eigenen Persönlichkeit entfernt ist wie nur irgend denkbar. Wie Monteverdi schafft er es, mit nur wenig Mitteln extrem viel zu erreichen. Und genau das verschafft mir eine Art Reinigung. Mit Bach lässt sich Beschwerliches und Belastendes wegwischen. Nach einem zwölfstündigen Tag mit Richard Strauss genügen drei Minuten Bach, um mich zu reinigen.

Am Ende meiner Schulzeit und während meiner Studienzeit entdeckte ich den Film noir der 1930er und 1940er Jahre für mich. Eine Reihe von aus Berlin und Wien geflüchteten, meist jüdischen Künstler:innen strandete in Hollywood und erfand dort ein neues Genre. Sie verschmolzen den Expressionismus aus ihrer deutschsprachigen Heimat mit einem US-amerikanischen Realismus zum Film noir. Expressionismus plus Stanislawski. Zwei unterschiedliche Performance-Stile aus unterschiedlichen Traditionen kollidierten und brachten das neue Genre hervor. Insbesondere die Hollywoodfilme mit Stars wie Bette Davis, Joan Crawford und Barbara Stanwyck aus den 1940er und 1950er Jahren verschlang ich damals regelrecht. Ich bemerkte eine tiefe Verbindung zwischen all diesen Filmen und Puccinis Opern – jenseits des Einflusses, den Puccinis Kompositionen auf Hollywoods Filmmusik nahmen; Max Steiner, Erich Wolfgang Korngold und Bernard Herrmann nahmen sich Puccini zum Vorbild und kopierten regelrecht seine Instrumentierungen und Melodieführungen. Ich bemerkte, dass Puccinis Opern und der frühe Hollywoodfilm einer großen Genrefamilie angehören: der des Melodrams. Wie Tosca über ihre Liebe zu Cavaradossi spricht oder Scarpia ihren Hass und ihre Verachtung entgegenschleudert, könnte regelrecht aus einem Fritz-Lang-Film-noir-Drehbuch stammen oder Vorlage für einen Bette-Davis-Film sein. Diese überhöhte Emotionalität, die psychologisch dargestellt sein muss und doch kein Realismus ist. Denn sie übersteigt die Realität, nimmt Züge eines archaischen Rituals an und wird dadurch umso wahrhaftiger. Überhöht, ritualisiert und wahr. Eben: Melodram. Und Oper.

Der Film noir und die Melodramen Hollywoods sind Weiterentwicklungen von Puccinis Opern. Puccini antizipierte bereits den Film vor dessen Entstehung. Seine Partituren lesen sich wie Drehbücher. In den Libretti und der Musik sind kleinste Bewegungen und Handlungen, wie der Gang zur Leinwand und das Malen auf ihr, notiert. Und anstatt ihr Gefühlsleben in einzelnen Gesangsnummern, wie in der klassischen Oper, kundzutun, treten die Figuren bei Puccini in einen Dialog miteinander, wie wir es aus Dramentexten und Filmskripten kennen. Die meisten Opern Puccinis sind Konversationsstücke, mit nur wenigen Arien, die dann ebenfalls in den Fluss der Konversation gebettet sind. Puccini war ein Meister der komponierten, überhöhten und emotional aufgeladenen Dialoge und Konversationen. Der Film übernahm dann die Form des Melodrams und damit die Rolle, die die Oper noch im 19. und im beginnenden 20. Jahrhundert innehatte. Der Ort, an dem große Geschichten in einer ritualisierten, höchst emotionalisierten Art und Weise erzählt wurden, an dem Politisches, Psychologisches und Erotisches aufeinandertrafen, wechselte vom Opernhaus zum Kino. Mit diesem Übergang

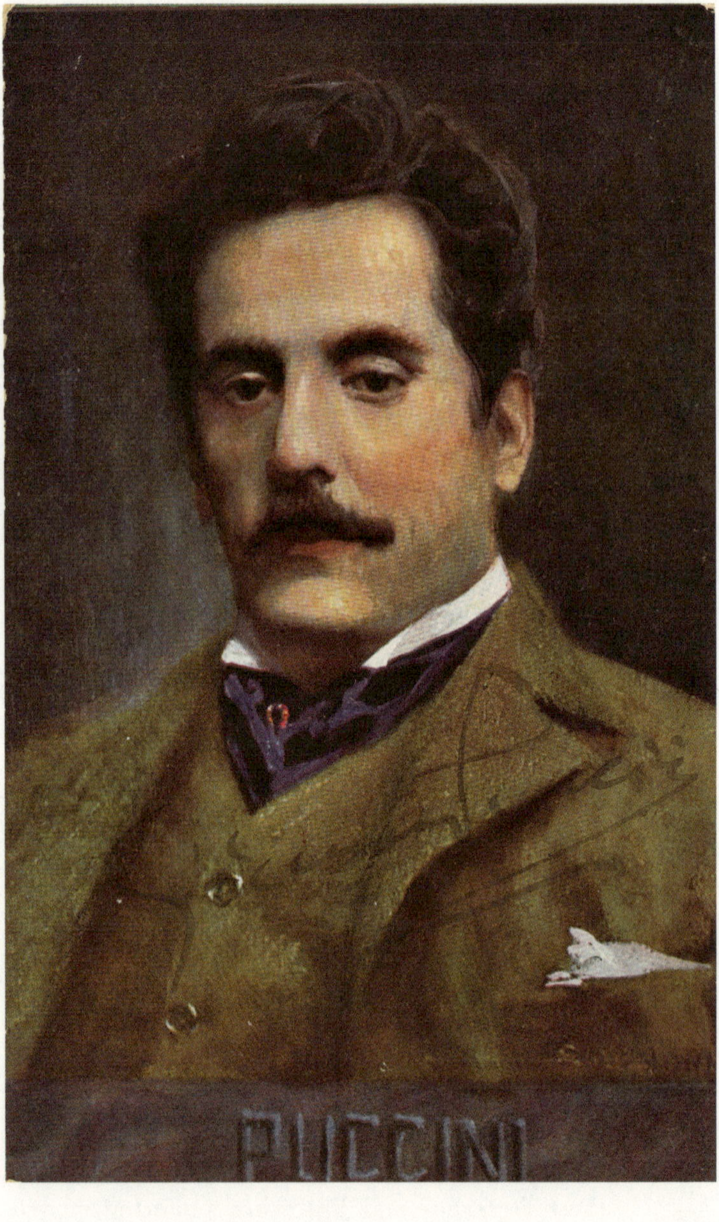
PUCCINI

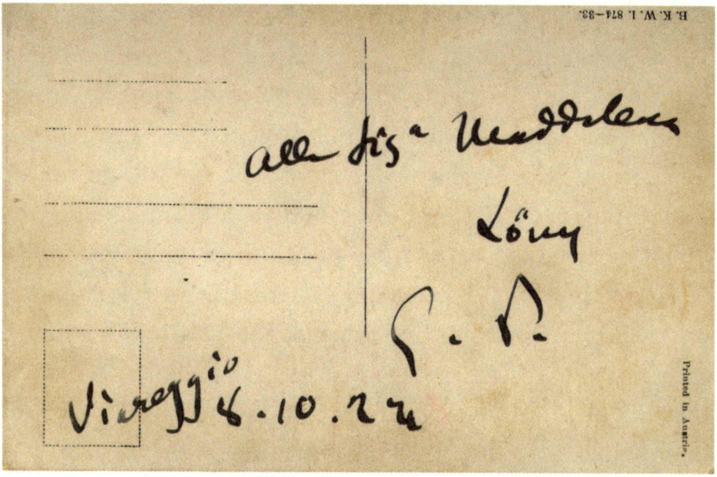

Signiertes Foto von Giacomo Puccini, Vorder- und Rückseite, Viareggio, 8. 10. 1922, aus einem Autorgrammalbum meiner Großmutter Magda

verlor die Oper im Laufe des 20. Jahrhunderts an Bedeutung. Hollywood nahm der Oper den Wind aus den Segeln, und der Film erhielt nach und nach nicht nur deren ästhetische, sondern auch deren soziale Funktion als gesellschaftliches Ereignis – sei es im Kino oder vorm heimischen Fernseher.

Puccini bildet die Brücke zwischen dem Ende dieser Vorherrschaft der Oper und dem Anfang einer neuen Ära, der des Films. Puccini, nicht Wagner, nicht Verdi, leitet den Übergang mit seinen Opernmelodramen, mit seinen psychologischen Musiktheaterwerken ein. Gerade als er seine Karriere beendete, brach die Blütezeit des frühen Hollywoodfilms an. Er übergab gewissermaßen den Staffelstab. Und *Tosca* befindet sich am Anfang dieses Prozesses. Als *Tosca* im Jahr 1900 uraufgeführt wurde – einem Jahr der Umbrüche, in dem unter anderem Freuds *Die Traumdeutung* erschien –, stand Puccini noch mit einem Fuß im 19. Jahrhundert und mit dem anderen bereits im 20. Jahrhundert. Für mich ist *Tosca* gewissermaßen der erste Film noir. Die Handlung, die einzelnen Szenen, der Text bilden eins zu eins die Geschichte eines Film noir. Puccini kreierte natürlich keine Filme, aber er komponierte Musikdramen auf eine bestimmte Art und Weise, die – egal, ob wir sie Verismo oder Realismus nennen – die Grundlage für die Entstehung des Films und insbesondere des filmischen Melodrams bilden. Und das letztlich nicht nur in Hollywood, sondern auch in seiner eigenen Heimat. Italienische Filmemacher wie Roberto Rossellini und Michelangelo Antonioni stehen ganz klar in der Tradition Puccinis. Und auch das Werk von Vittorio De Sica, Federico Fellini und Pier Paolo Pasolini ist irgendwie verbunden mit Puccinis Erbe.

Mich wundert immer wieder, welch schlechten Ruf Melodramen genießen. Sie gelten bis heute als billig, pathetisch, übertrieben, sentimental und kitschig. Alles Attribute, die auch Puccinis Werk anhaften. Sicherlich wird sein Stellenwert innerhalb der Musikgeschichte von Wissenschaftler:innen, Musiker:innen und Dirigent:innen anerkannt. Und doch wird er häufig mit Verdi, dem Meister der italienischen Oper, verglichen und kommt dabei deutlich schlechter weg – wohl, weil er als zu melodramatisch gilt. Ähnliches widerfährt Richard Strauss im Vergleich mit Richard Wagner: Letzterer war das Genie, Ersterer ein begnadeter Komponist, der allerdings manchmal die Grenzen des guten Geschmacks überschritt. Meiner Ansicht nach ist das nicht fair, da es keine Rangfolgen in der Kunst gibt. Wagner ist Wagner, Strauss ist Strauss, Verdi ist Verdi, und Puccini ist Puccini. Abgesehen von *Falstaff*, bei dem Verdi sich durch junge Komponist:innen in seinem Umfeld inspirieren ließ und in dem er das 20. Jahrhundert bereits antizipiert, bleibt sein Schaffen komplett dem 19. Jahrhundert verhaftet. Puccini hingegen erspürte bereits Themen, Stoffe, Formen, Diskurse, musikalische und theatrale Strukturen, die dann erst im 20. Jahrhundert zur Entfaltung gelangten. Für mich ist Puccini weit prophetischer als Verdi. Und Puccini war ein genialer Instrumentationskünstler. Seine Orchestrierungen sind viel komplexer, interessanter und besser als die von Verdi. Und im Gegensatz zu Strauss, der ebenfalls kongenial orchestrierte, vergaß Puccini dabei nie die Singstimme. Sänger:innen lieben Puccini, weil er die menschliche Stimme gut kannte und genau wusste, welche Lage, welche Melodielinien für sie angenehm sind. Und schließlich sind Puccinis Frauenrollen spannender und zeitgemäßer. Im Unterschied zu Verdis weiblichen Figuren, die meist passive Opfer der gesellschaftlichen Realität sowie patriarchaler Strukturen sind, haben Puccinis Frauen Haltung, treffen Entscheidungen und nehmen selbst das Heft in die Hand – bis zur letzten Konsequenz, dem Tod. Ähnlich den Frauenfiguren in den Hollywood-Melodramen der 1930er, 1940er und 1950er Jahre, die gegenüber den früheren Leinwandschönheiten weit aktivere, selbstbewusstere und selbstbestimmtere Frauentypen verkörperten. Das Melodramatische an Puccini war für mich also niemals ein Makel, sondern ganz im Gegenteil ein wesentlicher Grund, warum ich seine Werke so liebe. Und gerade an *Tosca* begeistert mich die übertriebene, höchst emotionale, ritualisierte Theatralität. Wie die Diva und der Polizeichef miteinander kämpfen, wie er von ihr besessen ist, sie verfolgt, ihr auflauert und versucht, sie in ihrer eigenen Wohnung zu vergewaltigen, wie sie ihm immer wieder das Messer in die Brust rammt, ihn und schließlich auch sich selbst tötet. Höchst melodramatisch und daher so unglaublich faszinierend.

Neben der melodramatischen Grundanlage zogen mich bereits in meiner Jugend die klar umrissenen Charaktere von *Tosca* in ihren Bann. In Cavaradossi habe ich mich ziemlich schnell verliebt. In meiner Vorstellung war er ein verdammt gutaussehender Mann und noch dazu ein Kreativer, ein Freigeist, ein Künstler. Vielleicht könnte ich, der junge queer boy, ja einen Cavaradossi für mich finden. Zu dem Bild eines Adonis trug Franco Corelli, einer der damals bekanntesten Cavaradossi-Interpreten, bei: jung, maskulin und viril. Auch in meiner Schule sah ich plötzlich in den durchtrainierten Jungs aus der Fußball-, der Cricket- oder der Schwimmmannschaft junge Cavaradossis. Jeden Tag verknallte ich mich in einen anderen Sportgott, am Montag in einen Fußball-Cavaradossi, am Dienstag in einen Schwimm-Cavaradossi, am Mittwoch in einen Rugby-Cavaradossi.

Scarpia zog mich vor allem aufgrund seines bösen Charakters an. Wie die meisten Jugendlichen faszinierte mich das Böse, Schlechte und Dunkle. Mich interessierte Macbeth deutlich mehr als Heinrich der Vierte, Jago mehr als Othello und Richard der Dritte mehr als Richard der Zweite. Besonders begeisterten mich die dunklen Kräfte und Energien, wenn sie verführerisch waren. So kann Scarpia nicht nur ein Monster sein, sondern er muss für Tosca auch eine gewisse Anziehungskraft und Attraktivität haben.

Sie gibt sich dieser Verlockung nicht hin, und doch ist sie da. Das macht den Reiz ihrer Beziehung aus. Ein Gutteil von Scarpias dämonischem Charme steckt in seinen Worten und in seiner Musik, die aus seinem Mund wie dunkler Honig oder schwarzes Öl fließt. Ich liebte alles, was er sagt und singt. Wie er sich am Ende des ersten Akts in der Kirche bekennt, wie sich das »Te Deum« mit seiner sexuellen Erregung vermischt. Dieses Zusammenspiel aus Frevel und Buße, aus Erotik, Ritual und Gläubigkeit, das der Katholizismus zur Perfektion gebracht hat, machte einen großen Eindruck auf mich, den jüdischen Mittelklassejungen, der auf seiner protestantischen Schule, der Church of England School, bislang nur

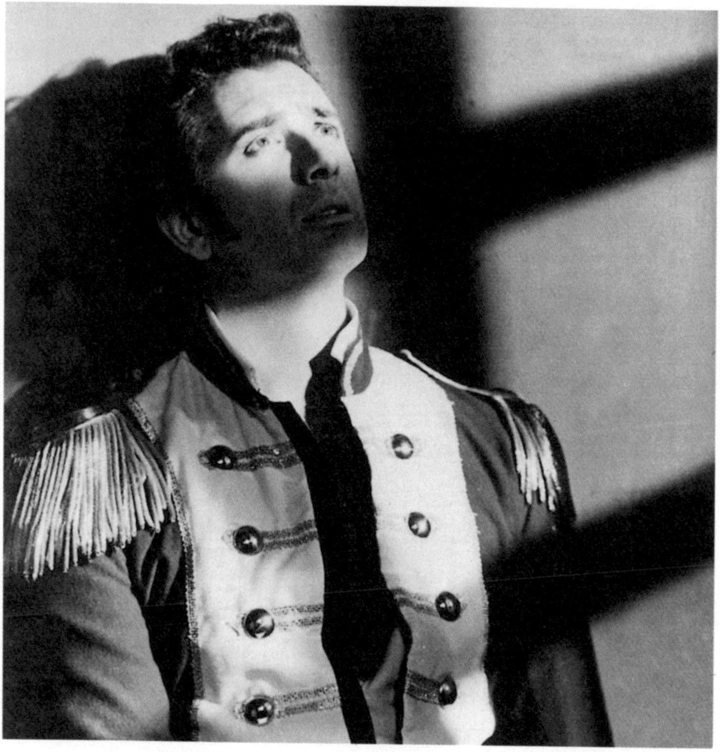

Franco Corelli als Cavaradossi in der »Tosca«-Verfilmung von Carmine Gallone (1956)

mit der weit prüderen Spielart des Christentums in Kontakt kam.

Und schließlich die Titelfigur, Tosca. Sie öffnete mir mit ihrer Verführungskraft, ihrer Verletzlichkeit, ihrer Wut und ihrer Leidenschaft eine Tür zum Reich der Diven. Tosca würde alles dafür tun – sich erniedrigen, sich prostituieren, sich töten –, um Cavaradossis Leben zu retten. Sie mordet für ihn, sie mordet für die Liebe und bringt sich schließlich lieber selbst um, als sich von Männern knechten und einsperren zu lassen. Ich war begeistert von ihr. Wie kann man so leben?! Alle weiteren

Diven – ob aus der Oper oder aus dem Film, ob Pop- oder Kunst-Ikonen, ob real wie Bette Davis und Joan Crawford oder fiktiv wie Miss Piggy – waren für mich letztlich Kinder von Tosca.

Ich konnte mich damals nicht entscheiden, welche der drei Hauptfiguren ich am meisten mochte. Ich war verliebt in Cavaradossi. Ich wollte sein wie Tosca. Und ich wollte verführt werden von Scarpia. In meiner Jugend verliebte ich mich hin und wieder in den ein oder anderen jungen Lehrer. Die Begierde nach und die Gefühle für Lehrer:innen sind meiner Ansicht nach in der Jugend ganz natürlich. Ich begehrte zwar den jungen, attraktiven Geographielehrer aus England, bin aber nicht nach dem Unterricht zu ihm gegangen und habe ihm gesagt: »Fuck me!« Auch wenn ich davon träumte. Es gab auch einige böse, junge, gutaussehende Lehrer, die Scarpias im Lehrerkollegium. Ich wurde von niemanden physisch, psychisch oder emotional missbraucht. Aber sie boten durch ihre Strenge genügend Projektionsfläche für meine Scarpia-Fantasien. Hätte mich etwa mein Englischlehrer gefragt, ob ich mit ihm nach Hause in seine Folterkammer kommen möchte, hätte ich »Yes, please« gesagt. Vielleicht auch nicht. Aber in meinen Träumen spielte ich solche Szenen durch.

Cavaradossi, Scarpia und Tosca – alle drei zusammen bildeten ein unvergleichliches Panoptikum der Leidenschaft und brachten meinen sowieso unkontrollierbaren Hormonhaushalt noch einmal mehr durcheinander. Meine Pubertät hatte gerade begonnen, ich entdeckte langsam mein Schwulsein und suchte dabei nach Rollenvorbildern. Cavaradossi, Scarpia und Tosca lieferten mir einen wilden Mix an Fantasie-Fetisch-Role-Models. Vielleicht nicht unbedingt koscher, aber ziemlich wirkungsvoll. Heute hat sich meine Sicht auf die drei Figuren verändert. Cavaradossi wäre die letzte Person, mit der ich ausgehen, geschweige denn eine Beziehung führen würde. Dieser selbstverliebte, eitle bildende Künstler ist absolut kein *boyfriend material.* Und ehrlich gesagt, auch Scarpia nicht. Obgleich ich ihn nach wie vor spannend finde. Tosca möchte ich auch nicht mehr sein. Heute wäre ich eher gerne Rusalka. Aber ich liebe und verehre Tosca mit all ihren Widersprüchlichkeiten und Charakterschwächen, ihrer Koketterie, ihrer Eifersucht und ihrer Wut. Ich bewundere es nach wie vor, wie sie sich am Ende entscheidet, zu springen und sich zu töten, anstatt eingesperrt zu werden.

Schließlich faszinierte mich noch die schiere Brutalität und Gewalt, die in *Tosca* steckt. Scarpia hat eine geheime Folterkammer, in der er Cavaradossi quält, während Tosca im Nachbarzimmer die Schreie ihres Geliebten anhören muss. Geschändet, gemartert und blutüberströmt erscheint Cavaradossi schließlich und singt die ekstatischste Musik, die man sich vorstellen kann. Im realen Leben müsste er nach dieser mehrstündigen Tortur sofort zusammenbrechen, aber nicht in der Oper. Oder die Brutalität, mit der Tosca Scarpia am Ende des zweiten Akts tötet, mit der sie ihm das Messer immer und immer wieder wie in einem Blutrausch in die Brust rammt und danach im Kerzenlicht ein andächtiges Begräbnisritual vollführt. Grausamkeit trifft Schönheit, unerbittliche, uneingeschränkte Liebe größte Bestialität.

Aufgrund der wunderbaren Musik, der Bekanntheit des Werkes und des Klassikerstatus vergessen wir, dass *Tosca* zu den grausamsten, pessimistischsten und sadistischsten Stücken des gesamten Repertoires zählt. Alle drei Hauptcharaktere verstricken sich in hoffnungslose Beziehungen, durchlaufen einen schrecklichen Parcours an Folter, emotionaler Manipulation, Missbrauch und sterben schließlich einen entsetzlichen Tod. Und das bürgerliche Publikum sitzt im Zuschauerraum, übergeht den Text sowie die Geschichte vollkommen, übersieht die Brutalität komplett und gibt sich anstatt dessen ausschließlich dem Musikgenuss hin. Nach zwei Stunden ununterbrochener Grausamkeit: »Ach, wie schön ist das, was für eine tolle Tosca, was für ein wunderbarer Abend.« Für mich ist *Tosca* eines der besten Beispiele für die Widersprüchlichkeit zwischen einerseits der Archaik, der Unmenschlichkeit und Härte der Opernhandlungen und -charaktere und andererseits der emotionalen Überwältigungskraft und Eindringlichkeit der Musik, die jene Gewalttätigkeit mitunter zähmt und einem Publikum zugänglich macht. Aber es gehört eben beides dazu. Und daher muss ich mit den Augen rollen, wenn Menschen nur eine wunderschöne, harmlose *Tosca*-Interpretation erwarten und sich dann über das viele Blut, über den Schmerz und den Todeskampf wundern. Das sind die Gleichen, die sich über zu viel Gewalt in Wagner-Inszenierungen beschweren und sie als Beschmutzung der genialen Musik empfinden. Da kann ich nur sagen: Schaut ins Libretto.

Die Brutalität ist das eine, der Genuss, der das Beobachten dieser Gewaltszenen mit sich bringt, noch einmal etwas anderes. Scarpia wird dadurch zum Sadisten. Ihm bereitet es ein unfassbares Vergnügen, Tosca dabei zu beobachten, wie sie mit ihrem Geliebten leidet. Und dieser Voyeurismus wird gespiegelt bzw. verlängert durch unseren Genuss, zwei Stunden lang einer grausamen Bühnenhandlung beizuwohnen. Wir beobachten Scarpia, wie er Tosca beobachtet. Und wir genießen es, wie Scarpia es genießt, Tosca erniedrigt zu sehen. Ich möchte damit nicht sagen, dass alle Zuschauer:innen wie Scarpia sind. Scarpia braucht zur Befriedigung seiner Triebe die reale Demütigung von Tosca. Als Publikum brauchen wir die Schönheit der Musik, die die Brutalität ins Fiktive verlagert, überhöht, verzaubert und ästhetisiert. Puccinis Musik verführt uns zum lustvollen Voyeurismus, verführt uns dazu, die Brutalität auf der Bühne zu genießen. Und auch hierin ist Puccini gewissermaßen ein Vorreiter des Films. Zahlreiche Regisseur:innen von Hitchcock bis Haneke arbeiten an der Schnittstelle zwischen Anziehung und Abstoßung, verschrecken und verführen uns und werfen die Frage auf, wer hier denn eigentlich der Sadist ist. Sind es die Jungs in Michael Hanekes *Funny Games*, die die Familie foltern und ermorden? Oder sind wir es, die wir diesen Abscheulichkeiten im Kino beiwohnen?

Auch wenn ich diese verschiedenen Dimensionen – das Melodramatische, die scharfe Charakterzeichnung der Hauptfiguren, die Gewalt in Kombination mit der schönsten Musik – in meiner Jugend noch nicht so benennen und beschreiben konnte, so haben sie mich doch zumindest unbewusst verzaubert und dazu angetrieben, mir mindestens fünf verschiedene Aufnahmen von *Tosca* zu kaufen und im Wohnzimmer ein hohes B nach dem anderen zu schmettern. Von den Inszenierungen, die ich gemeinsam mit meiner Großmutter besucht habe, war ich immer ein bisschen enttäuscht. Einzig eine Aufführung mit Leonie Rysanek, die 1983 als Gast am Sydney Opera House in ein paar Vorstellungen auftrat, hat mich nachhaltig beeindruckt. Ich saß auf der vorderen Kante meines Stuhls, wahrscheinlich mit offenem Mund und schaute bzw. hörte ihr vollkommen verblüfft zu. Ah, so kann man Tosca darstellen! Bei klassischen Musikaufnahmen steht immer ein reines Klangideal und der schöne Gesang im Zentrum. Und so hatte ich bislang *Tosca* kennengelernt. Live-Aufführungen erfordern ein viel höheres Risiko von Sänger:innen. Wenn der Ton erklungen ist, kann er nicht mehr korrigiert werden. Und ich kann meinen Körper nicht hinter dem Klang verstecken, sondern muss ihn auf der Bühne einsetzen. Darin steckt die Chance, das Publikum noch einmal anders, direkter und körperlicher als über Aufnahmen zu erreichen. Wo etwas riskiert wird, kann es einerseits scheitern, andererseits aber auch besonders gut gelingen. Als große und erfahrene Bühnensängerin wusste Rysanek natürlich darum und ging voll auf Risiko. Sie schöpfte das gesamte Lautrepertoire aus, das ihrer Gesangs-, aber auch Sprechstimme zur Verfügung stand, sie schrie, flüsterte, sprach, sang mal mit Brust-, mal mit Kopfstimme und präsentierte dann auf einmal die allerschönsten Kantilenen. In ihrer Interpretation vollzog sie den Spagat, den das gesamte Stück auszeichnet: zwischen Realismus und Überhöhung, Schönheit und Hässlichkeit. Solch eine Sängerdarstellerin hatte ich bislang noch nicht auf einer australischen Opernbühne erlebt. Ihre Darbietung hatte einen unmittelbar physischen Effekt auf meinen Körper. Ich schwitzte, zitterte, errötete, erblasste und spürte mal ein Kribbeln, mal eine Gänsehaut.

Im Gegensatz zu anderen Werken, die mich zu bestimmten Zeiten mal mehr, zu anderen mal weniger interessiert haben, hielt meine Begeisterung für *Tosca* bis heute ununterbrochen an. Ironischerweise musste ich zunächst einmal hundert andere Opern inszenieren, bevor ich für *Tosca* angefragt wurde. Das hängt sicherlich mit der Schwierigkeit für Intendant:innen zusammen, Neuproduktionen von *Tosca* auf den Spielplan zu setzen. Die meisten großen Opernhäuser haben eine sehr alte, traditionelle *Tosca*-Produktion im Repertoire, die gut genug gebaut ist, um ein Opernpublikum zu erreichen, und einfach genug inszeniert ist, damit neue Sänger:innen die szenischen Vorgänge schnell lernen können. Unter diesen Voraussetzungen ist *Tosca* das am leichtesten zu programmierende Repertoirestück. Man braucht nur drei Sänger:innen, die die musikalischen Partien gut draufhaben und in ein paar wenigen Tagen in die Inszenierung eingearbeitet werden können.

Die Chöre und Nebenrollen sind musikalisch einfach und leicht zu besetzen. Das heißt, als Opernhaus benötige ich nur wenig Zeit, Personal und Anstrengung, um *Tosca* auf den Spielplan zu setzen. Leider häufig auf Kosten der Qualität. Das Risiko, dass eine Neuproduktion lange Einstudierungszeiten erfordert oder das Publikum verschreckt, steht für die großen Häuser kaum im Verhältnis zum Nutzen einer gut funktionierenden, aber altbackenen Repertoireproduktion. Künstlerisch überzeugen können diese angestaubten Inszenierungen allerdings nicht. »Gut funktionieren« reicht für die Komplexität und Genialität dieses Stückes nicht aus. Die Reduktion auf einen einfach zu disponierenden Lückenfüller ist Ausdruck einer Geringschätzung, die *Tosca* nicht verdient hat.

Die ostdeutsche Regietheater-Familie neigte dazu, Puccini sogar vollkommen zu vernachlässigen – mit Ausnahme von *Madame Butterfly*. Seine Opern passten nicht zum Anspruch, den gesellschaftlich relevanten, häufig politischen Gehalt der Stücke herauszupräparieren und ihn durch eine zeitgenössische Inszenierung einem heutigen Publikum nahezubringen. Es wurde angenommen, dass Puccinis Werken hierfür der Gehalt fehle. Anstatt das Publikum in eine gesellschaftskritische Position zu versetzen, verführten und umnebelten Puccinis Opern es angeblich eher. Vielleicht waren auch Sex, Liebe, Gewalt und Tod nicht unbedingt die Themen, für die sich die damaligen Regisseur:innen interessierten. Auf jeden Fall ist *Tosca* ein Stück, das polarisiert. Entweder man liebt oder man hasst es. Da gibt es keine Grauzonen. Entweder man hält es für eine der größten Opern aller Zeiten – wie ich –, oder man erträgt es nicht.

Ich kam erst ziemlich spät in meiner Karriere dazu, meinen ersten Puccini zu inszenieren: *La fanciulla del West* in Zürich

2013, danach dann *La Bohème* 2019 an der Komischen Oper Berlin. Beide Male habe ich es geliebt, im Probenraum diese Musik zu hören und sie zu inszenieren. Puccini gehört wie Mozart oder Janáček zu den Komponist:innen, die die theatralen Vorgänge ihrer Stücke genau vor Augen hatten, während sie komponierten. Das ist nicht selbstverständlich. Es gibt zahlreiche Komponist:innen, die nicht für die Bühne, sondern eher für den Konzertsaal schreiben. Als Urvater des Films und der Filmmusik ist Puccini eine absolute Ausnahmepersönlichkeit. Er komponierte Musik, die eine Figur von der linken auf die rechte Seite der Bühne bringt, die, wie etwa in *La Bohème*, Rodolfo den Dachboden zu seinem Pinsel durchqueren oder Mimi zu einer Kerze tapsen lässt. Bei *Tosca* ist die gesamte Szenographie, die Inszenierung eigentlich schon in der Partitur angelegt. Man hat den Eindruck, als ob in Puccinis Kopf beim Komponieren ein Film ablief, zu dem er die Musik verfasste. Dadurch ist der Gestaltungsraum für Regisseur:innen beschränkter als bei Verdi oder Wagner, die mit ihren abstrahierten Welten weit mehr Deutungsmöglichkeiten bieten. *Turandot* bildet eine Ausnahme, da Puccini am Ende seiner Karriere noch einmal seinen Stil änderte und *Turandot* eher in der Tradition des deutschen Gesamtkunstwerks von Wagner und Strauss verortete. Er unternahm den seltsamen Versuch, eine neue Version von *Tristan und Isolde*, eine kosmische Liebesabstraktion, zu komponieren. Ein unmögliches Unterfangen, weswegen *Turandot* meiner Ansicht nach auch unvollendet blieb. Auf jeden Fall denke ich, dass die szenographische Präzision und die damit einhergehenden Interpretationsbeschränkungen der anderen Werke ein weiterer Grund dafür sind, warum viele moderne Regisseur:innen Puccinis Werk nicht besonders mögen.

Nach knapp vierzig Jahren meines Erstkontakts wurde ich dann endlich angefragt, *Tosca* in Amsterdam 2022 zu inszenieren. Das freute mich umso mehr, als dass Amsterdam ein Stagione-Haus ist, die Produktion nur in einer Spielzeit am Stück gezeigt werden sollte und nicht ins Repertoire übernommen werden musste. Somit bestand keine Gefahr, dem Haus womöglich eine Inszenierung zu übergeben, die es nicht gebrauchen kann. Es war ein besonderes Erlebnis für mich, nach so langer Zeit wieder in die Partitur zu schauen und mit meiner heutigen Erfahrung einmal mehr festzustellen, wie brillant das Stück konstruiert ist. Für mich war klar, dass ich nicht gegen die melodramatische, psychologische Anlage, gegen den überhöhten Realismus ankämpfen, sondern sie anerkennen und szenisch ausspielen würde. Man kann nur verlieren, wenn man gegen die Grundparameter eines Stückes anarbeitet. Als Regisseur muss ich mit dem Narrativ mitgehen, die Struktur und die Anlage umarmen. Ich begreife mich vor allem als Interpret, obgleich ich auch ein kreativer Künstler bin. Ich würde mich niemals mit jemandem gleichsetzen, der fünf Jahre lang an einem Stück sitzt und Klänge aus seinem Kopf heraus schöpft, die schließlich eine Opernpartitur bilden. Ich bin völlig nutzlos ohne ein geniales Musik- oder Theaterwerk. Ich sehe mich als ein Mitglied einer Familie, der es nur gelingt, durch gegenseitiges Wahrnehmen, durch gegenseitigen Respekt und durch ein Miteinander, mittels Text und Musik eine Geschichte auf die Bühne zu bringen.

Bei *Tosca* heißt das, zu akzeptieren, ja zu genießen, dass es sich dabei um ein Melodram handelt. Wenn man eine Farce oder eine Operette wie *Die Fledermaus* inszeniert, muss man den Regeln der Komödie oder der Farce, wenn man *Figaros Hochzeit* inszeniert, denjenigen der Commedia dell'arte folgen: Verwechslungs- und Versteckspiele mit Türen und Fenstern, die sich permanent öffnen und schließen. Wenn man diese Konventionen nicht kennt oder sie missachtet, gelangt man im Grunde bei jedem Stück in eine Sackgasse. Das heißt nicht, dass man nicht kreativ mit ihnen spielen, sie übersetzen oder übertragen kann, ja muss. Als Regisseur ist es meine Aufgabe, die Konventionen zu kennen und daraufhin nach kreativen Lösungen zu suchen, wie ich mit ihnen heute, im Hier und Jetzt, auf der Bühne umgehe. Ich kann nicht einfach sagen: »Mein erster Akt von *Tosca* spielt nicht in einer Kirche, sondern in einem Supermarkt.«

Im ersten Akt *muss* es eine Art Kirche geben. Man braucht sie nicht zu sehen, sie kann durchaus abstrakt sein. Aber um irgendeine Form von christlichem Gotteshaus, in dem die Figuren beten, bekennen, lügen und sich verstecken können, in dem Cavaradossi sein Gemälde malt, kommt man nicht herum. Wo könnte das »Te Deum« am Ende sonst erklingen, während Scarpia an Tosca denkt und Puccini auf geniale Weise Gut und Böse, Gebet und Sünde zusammenführt?! Der zweite Akt muss in Scarpias Räumlichkeiten spielen, ob es nun ein historischer oder zeitgenössischer Ort, eine Polizeiwache oder ein Keller ist. Entscheidend ist nur, dass es sich dabei um seine Folterkammer handelt, dass Tosca sich an diesem Ort unwohl fühlt und dass Menschen den Raum permanent betreten und verlassen können. Das war Puccini sehr wichtig, und dementsprechend hat er seine Musik komponiert. Das nicht ernst zu nehmen heißt, seine Musik nicht ernst zu nehmen. Und der dritte Akt muss in einer Art Gefängnis spielen, an einem Ort, an dem Cavaradossi eingesperrt ist und Tosca sich in den Tod stürzen kann. Diese Bedingungen, so konkret sie auch sein mögen und so klar Puccini sie im Notentext auch formuliert hat, bieten immer noch genügend Interpretationsspielraum für das Regieteam und können in ganz unterschiedliche Richtungen, mit neuen, unkonventionellen Bildern konkretisiert werden.

Gemeinsam mit meinem Bühnenbildner, Rufus Didwiszus, entschied ich mich für eine zeitgenössische, abstrahierte Welt. Eine Welt, die all die wesentlichen Voraussetzungen, die die Partitur vorgibt, erfüllt und doch der Musik auf der visuellen Ebene etwas entgegensetzt. Dadurch griffen wir die widersprüchliche Grundanlage des Stücks, zwischen unfassbarer Schönheit und gnadenloser Brutalität, zwischen Realismus und Überhöhung, auf und erweiterten sie um die Reibung zwischen historischer, konkreter Partitur und aktueller, abstrahierter Inszenierung. Und noch viel wichtiger: Puccinis Musik ist derart *hot* – sie schwitzt, ejakuliert und steht generell in engster Verbindung mit allen möglichen Körperflüssigkeiten wie Blut, Tränen und Sperma –, dass sie geradezu eine szenische Abkühlung und Abstraktion einfordert.

So sieht man im ersten Akt meiner Inszenierung keinen Kirchenraum, sondern eine mehr oder weniger leere Bühne. Am Anfang bricht der Holzboden auf, und Angelotti entsteigt durch das Loch dem Untergrund. Das Publikum erfährt nur über die Art und Weise, wie sich die Figuren verhalten und bewegen, dass es sich um eine Art Gotteshaus handelt. Das einzige Bühnenelement auf der riesigen Amsterdamer Bühne war bis zum »Te Deum« die Rückseite von Cavaradossis Leinwand. Nur Tosca und Scarpia, nicht aber das Publikum, konnten sehen, was Cavaradossi malt. In den meisten Produktionen wird das »Te Deum« als große Prozession inszeniert, mit dem Kinderchor und dem gesamten Chor in Bischofs- und Priestergewändern, mit Kruzifixen, Weihrauchfässern, Kerzen und Monstranz – und in der Mitte Scarpia. Ich wollte die Musik von Puccini auf keinen Fall mit solch einem Klischee bebildern. Stattdessen ließ ich Cavaradossis Leinwand verschwinden

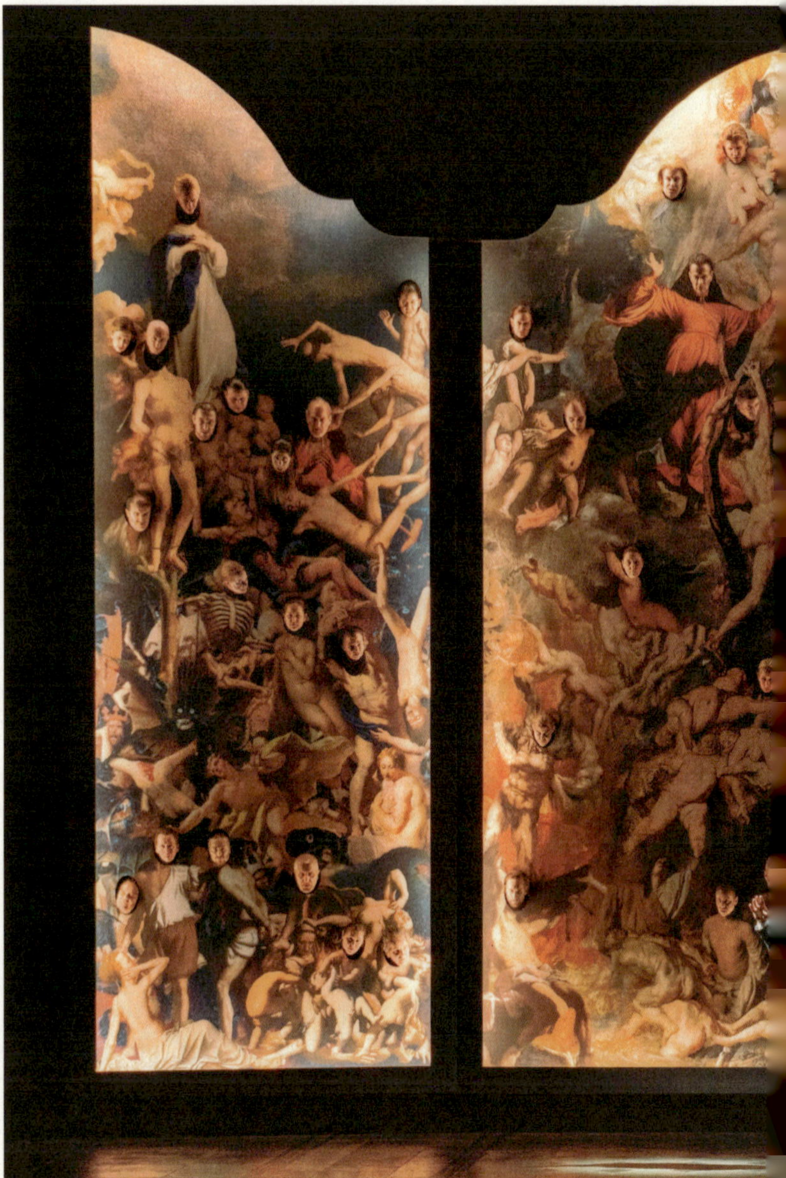

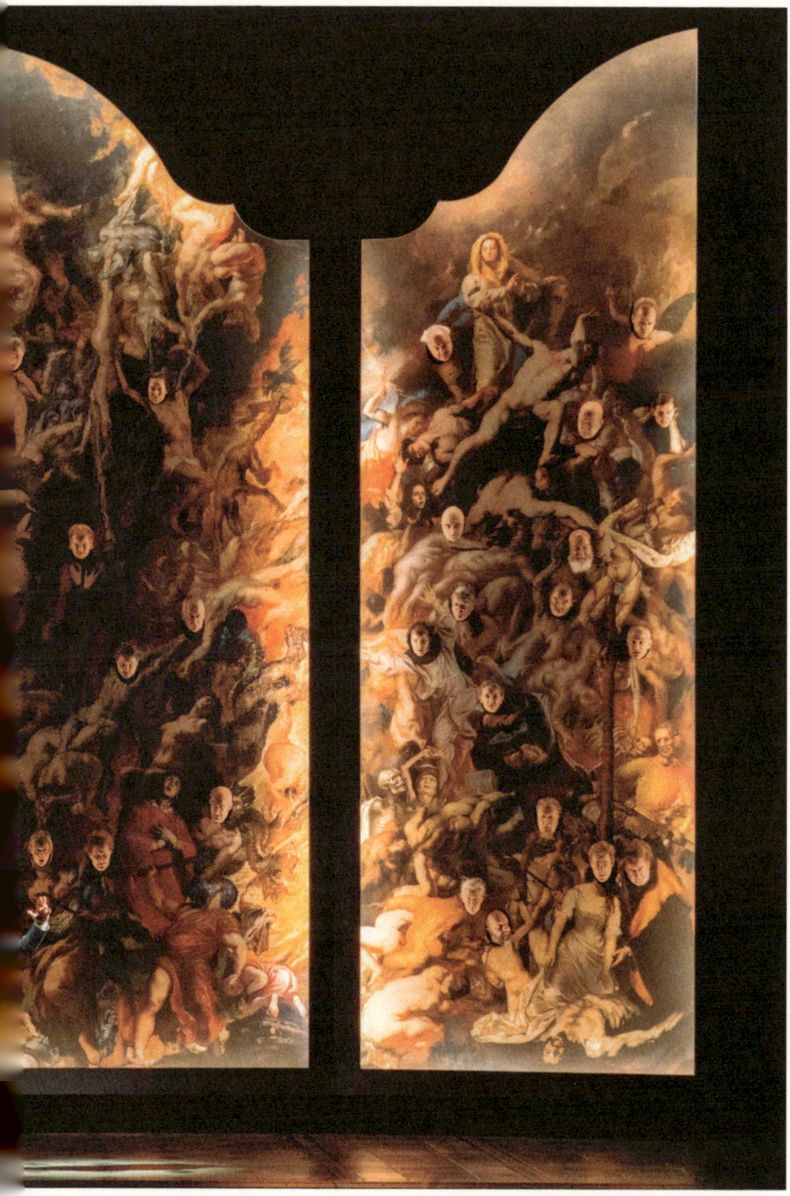

Gevorg Hakobyan (Scarpia) und der Chor der Dutch National Opera in der »Te Deum«-Szene meiner Inszenierung von »Tosca«, Amsterdam, 2022

und mit dem Beginn des »Te Deum« ein großes Renaissance-Triptychon aus dem Dunkeln erscheinen, eine Art Collage aus berühmten, christlichen Gemälden, insbesondere mit apokalyptischen Referenzen. An die Stelle der Gesichter der gemalten Figuren traten die Köpfe der Chorsänger:innen, so dass eine Mischung aus zwei- und dreidimensionalen, leblosen und lebendigen Elementen entstand. Der gesamte Chor war Teil dieses Triptychons, verwandelte es zu einem singenden Altar und erweckte es dadurch zum Leben. Zum Leben für Scarpia. Denn diese apokalyptische, christliche Vision war letztlich nichts anderes als seine Vision, als sein Albtraum.

Tosca braucht solche spektakulären, großen Momente. Es muss mit sehr dicker Ölfarbe und breitem Pinsel aufgetragen werden. Nicht wie Mozart- oder Janáček-Opern mit feinem Pinsel. Kein Aquarell, kein Bleistift, keine Kohle. Dicke, kräftige Ölfarbe. Auch darin spiegelt sich der italienische Katholizismus wider. Es muss keine Kirche auf der Bühne stehen, aber der katholische Geist, der in der musikdramatischen Anlage des Stückes steckt, der Hang zum ausladenden Pomp müssen sichtbar werden. Puccini bedient sich nicht nur des ästhetischen Arsenals, sondern vor allem auch des reichhaltigen und komplexen Themenrepertoires des Katholizismus: Schuld und Sühne, Sünde und Bekenntnis, Aufopferung, Verbote, Sexualität, Besessenheit vom Bösen und Erlösung spielen in *Tosca* eine große Rolle.

Das Maria-Magdalena-Motiv aus dem ersten Akt durchzieht die gesamte Oper. Die Folterung von Cavaradossi erinnert an die Inquisition, an die Brutalität und die Gewalt, die die Kirche im Namen einer höheren Macht seit ihrem Bestehen ausübt. Und an die Kreuzigung Christi, die von Maria Magdalena beobachtet wird, die wiederum dem männlichen, begierigen Blick ausgesetzt ist. *Tosca* ist durchtränkt mit dem italienischen Katholizismus, eine Mischung aus Theaterspektakel und katholischer Totenmesse.

Die Opulenz, die Extravaganz, das Spiel mit dem Verbotenen und all die sexuellen Andeutungen rücken *Tosca* noch in einen anderen Kulturkontext, der kaum gegensätzlicher zum Katholizismus sein könnte. *Tosca* zählt zweifelsohne zu den Top Ten der queeren Opern. Sicherlich aufgrund von Tosca selbst, die sich für ihre Liebe, bis hin zum Tod, aufopfert. Wegen des hübschen Cavaradossis. Und schließlich aufgrund des Gegenpols zur idealisierten, durch Tosca personifizierten Romantik – des Sadomasochismus von Scarpia. Nicht ohne Grund hat mich dieses Dreigestirn als schwuler Jugendlicher in seinen Bann gezogen. Und dann noch die Hitze, die Wollust, die Leidenschaft, die in Puccinis Musik steckt, und all die Körpersäfte, der Schweiß, das Blut, die Tränen, das Sperma, die *Tosca* auszuscheiden scheint und Ingredienzien queeren Kulturschaffens sind. *Tosca* hat einen prominenten Platz im Pantheon queerer Kunstwerke.

Auch den zweiten Akt haben wir mit dickem Pinsel, dieses Mal aber mit sehr kühler Farbe gestaltet: Rufus Didwiszus hat Scarpias Reich, seine Folterkammer, als äußerst kalten, sehr modernen, teuren Küchenraum aus Edelstahl entworfen, in dem die furchtbarsten Dinge passieren können, ohne dass sie irgendwelche Spuren in der klinisch-sterilen, schnell zu reinigenden Umgebung hinterlassen würden. Ich musste an die blitzsaubere Hightech-Küche von *House of Cards* denken, in der Kevin Spacey und Robin Wright mit einer unglaublichen Kaltschnäuzigkeit die größten Grausamkeiten planen. Scarpia isst in diesem Raum noch schnell sein Sushi, bevor er sein nächstes Opfer quält. Danach dann einen Wodka zum Verdauen. Der Raum musste die Musik konterkarieren, der heißen Leidenschaft etwas entgegensetzen. Warmes, dickes Blut fließt am besten auf kaltem, hartem Stahl.

Ich habe mich lange gefragt, wie ich Toscas Todessturz im letzten Akt inszenieren könnte. Dass sie springt, war mir völlig klar. Ich wollte das Publikum nicht um diesen Moment bringen. Ich habe so viele Produktionen gesehen, in denen sie nicht springt und das Publikum maßlos enttäuscht und unbefriedigt die Vorstellung verlässt. Wenn sie sich nicht tötet, müsste sie nach Ende des Stückes weiterleben – was mir völlig absurd erscheint. Alles in dem Stück steuert auf den Tod der drei Protagonist:innen und insbesondere auf den Tod der Titelfigur zu. Diesen zu verweigern heißt für mich, die Geschichte nicht richtig zu Ende zu bringen. Doch wie diesen Sprung inszenieren? Die übliche Mauerschau, in der die Gefängniswärter nach unten, auf den toten, für das Publikum nicht sichtbaren Körper im Off blicken, war keine Option. Ich fragte mich, wie wohl ein *Tosca*-Film aussehen würde. Zuerst würde ich wahrscheinlich sehen, wie sie springt. Schnitt. Und dann würde ihr blutüberströmter Körper auf der Straße liegen. Abspann. Und das erschien mir als geeigneter Schlüssel auch für die Bühne: zuerst Toscas Sprung, Verwandlung, dann ihr zertrümmerter Körper, viel Blut, zerbrochene Knochen auf dem Bürgersteig vor einem Gebäude. Letzte Note. *Black*. So musste das Ende sein. Brutal. Drastisch. Hoffnungslos.

Jenseits der Bühne und der Ausstattung war mir noch ein Aspekt für die Haltung der Sängerdarsteller:innen wichtig: In *Tosca* nimmt Kunst eine zentrale Rolle ein. Zwei der Hauptfiguren sind Künstler:innen, Tosca eine bekannte Opernsängerin und Cavaradossi ein erfolgreicher bildender Künstler. Beide haben in ihrer Arbeit mit der Darstellung, mit der Repräsentation von Wirklichkeit und dem »So tun als ob« zu tun. Wir erleben Tosca zwar nie auf der Bühne, sondern nur *off stage*. Aber auch hier, in ihrem realen Leben, scheint sie verschiedene Rollen einzunehmen und zu spielen. Sie ist eine hervorragende Schauspielerin, so dass wir nie genau wissen, ob ihre Äußerungen und ihre Handlungen tatsächlich so gemeint sind oder ob sie »nur« so tut. Wie Gena Rowlands in John Cassavetes Film *Opening Night* oder Bette Davis in *All About Eve* lässt Tosca permanent die Grenzen zwischen Fiktion und Realität, Film bzw. Theater und Wirklichkeit, Rollenspiel und Leben verschwimmen. Und im Grunde gilt das auch für die anderen Hauptfiguren. Alle spielen permanent irgendeine Rolle oder inszenieren sich und ihre Umgebung. Cavaradossi lässt Tosca im Ungewissen über seine politischen Aktivitäten. Nicht, weil er lügt, sondern weil er in verschiedenen Kontexten unterschiedliche Rollen mit unterschiedlichen Absichten einnimmt. Im dritten Akt stellt er sich tot – mit verheerenden Folgen. Scarpia spielt im zweiten Akt den erbarmungslosen Henker und inszeniert das Foltern von Cavaradossi für Tosca. Sein Hauptziel besteht darin, bei seinem Publikum eine Wirkung hervorzurufen, also Tosca zu demütigen. Warum zündet Tosca nach der Ermordung von Scarpia Kerzen an und legt ihm ein Kreuz auf die Brust? Sie trauert nicht um ihren Peiniger, sondern wird zur Regisseurin, inszeniert ein zutiefst religiös anmutendes und zugleich theatrales Bild. Ein Memento mori. Alle drei Tode finden auf der Bühne, also nicht im Off statt, nehmen jeweils Zeit und Raum ein und sparen nicht an großen Gesten, Blut und Emotionen. Sie sind in sich kleine tragische Theateraufführungen. Toscas Tod ist ihr letzter großer Auftritt: Seht, wie ich in den Tod springe! Hier kommt mein letzter Auftritt, der zugleich mein finaler Abtritt ist.

Dieses Spiel im Spiel, dieses Theater auf dem Theater weist *Tosca* einmal mehr als Werk des 20. Jahrhunderts aus. Durch die

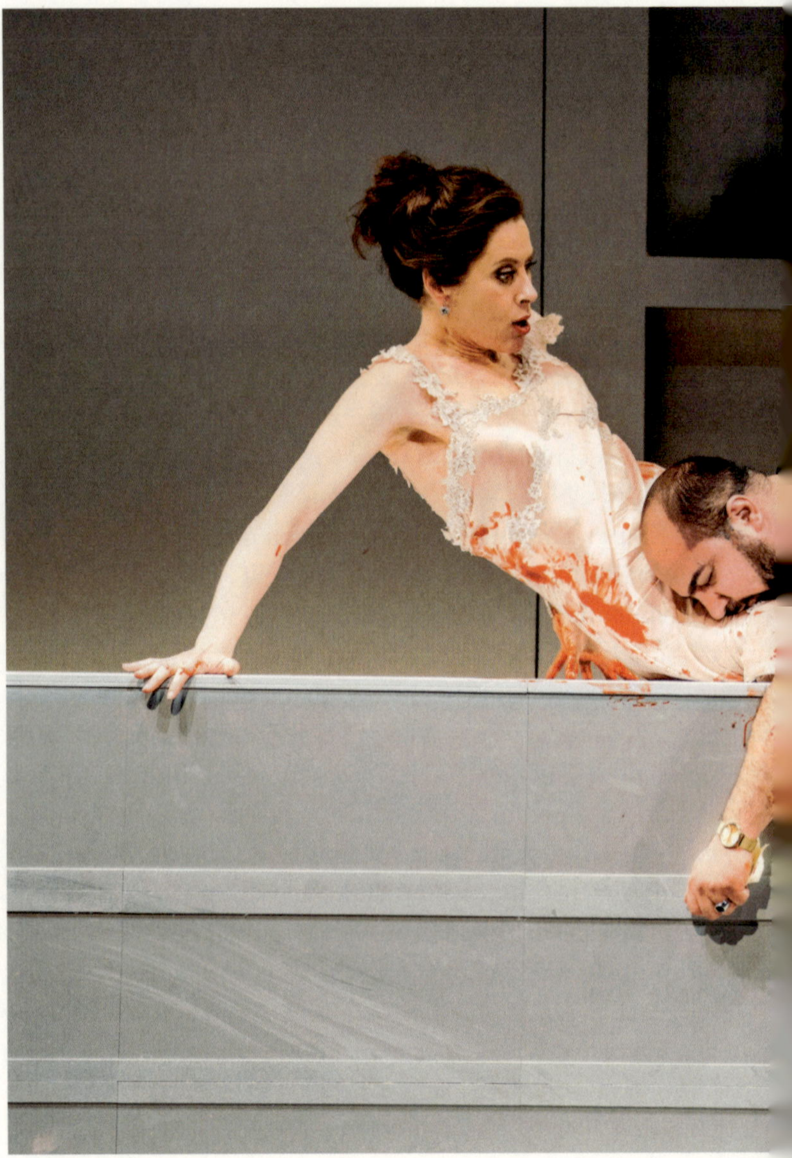

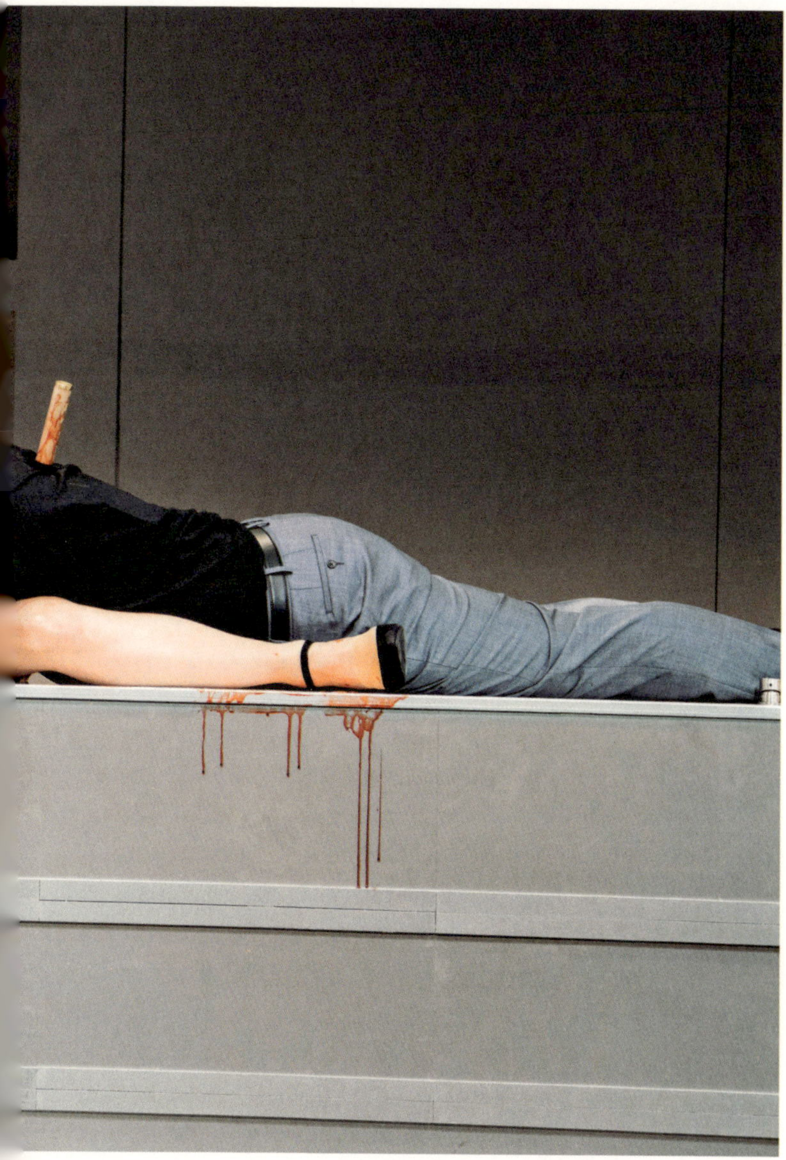

Malin Byström (Tosca) und Gevorg Hakobyan (Scarpia) in meiner Inszenierung von »Tosca«, Dutch National Opera, Amsterdam, 2022

Präsentation der eigenen Kunstform sowie ihrer eigenen Mittel wird es zum Vorläufer von Stücken wie Luigi Pirandellos *Sechs Personen suchen einen Autor*, in denen die Reflexion des Theaters über das Theater auf die Spitze getrieben wird. In solche Extreme sollten meine *Tosca*-Sänger:innen nicht gehen. Ich wollte nicht, dass sie zum Beispiel aus ihrer Rolle treten oder die vierte Wand durchbrechen. Melodramen erfordern eine, obgleich überhöhte, dann doch psychologische Darstellung. In diesem Sinne sollte es vollkommen genügen, wenn die Sänger:innen, wie die von Bette Davis gespielte Margo Channing in *All About Eve*, durch ihre Äußerungen und Handlungen hin und wieder die Frage aufwerfen: Meinen sie das wirklich, oder spielen sie das nur?

Sänger:innen lieben die *Tosca*-Partien – nicht nur wegen der Musik, sondern vor allem, weil sie darstellerisch viel zu bieten haben. Die Eitelkeit und den Narzissmus von Cavaradossi mag jeder Tenor gerne auf die Bühne bringen. Welcher Sopran würde nicht eine leidenschaftlich-tragische Kämpferin wie Tosca verkörpern wollen? Und jeder Darsteller genießt es, Monster wie Scarpia zu spielen. Eigentlich schlummert in allen drei Figuren ein Monster, das sie auf der Bühne auch rauslassen können. Weder Cavaradossi noch Tosca sind Engel. Seine Ichbezogenheit trägt zum tragischen Verlauf genauso bei wie Toscas Eifersucht, Unbeherrschtheit und Jähzorn. Sie ist kein unschuldiges Opfer, wie so viele Frauenfiguren in den Verdi-Opern, die mit den schönsten Arien an der bösen Welt zugrunde gehen. Sie selbst hat ihren Anteil an dem Schlechten in der Welt. Die drei sind wie wilde Tiere im Colosseum. Sie lauern einander auf, attackieren und zerfleischen sich gegenseitig. Und das Publikum kennt nichts Vergnüglicheres, als dabei zuzuschauen. Darin besteht der Kick von *Tosca*, von Tennessee Williams' oder Eugene O'Neills Theaterstücken. Wir beobachten – ganz so wie bei Blanche und Stanley in *Endstation Sehnsucht* –, wie Tosca und Scarpia aus ihren Käfigen gelassen werden, ihre Kreise ziehen, den richtigen Moment abwarten, um dann zuzuschlagen. Wer wird gewinnen? Geh auf ihn los! Vorsicht, er nähert sich von hinten! Ja, pack ihn!

Letztlich kommt es bei einer *Tosca*-Produktion vor allem auf die musikalischen und performativen Qualitäten und Fähigkeiten der drei Hauptdarsteller:innen an. So überzeugend ein Konzept, die Überlegungen zur Bühne, zur Haltung der Darsteller:innen auch sein mögen, schließlich zählt das, wozu die Sänger:innen in der Lage sind und was sie auf der Bühne tatsächlich tun. Wie meine Großmutter Lea immer sagte: »You can't pluck feathers from a frog.« Musste ich nicht, da ich drei sehr unterschiedliche und hervorragende Darsteller:innen hatte.

Bei *Tosca*-Interpretationen stellt sich die Frage, wie die Sänger:innen mit der Aufführungstradition und den durch sie hervorgebrachten klaren und wirkmächtigen Rollenvorstellungen umgehen. So wirft Maria Callas' Interpretation bis heute einen riesigen Schatten auf jede Tosca-Darstellung. Alle kennen ihr Aufnahmen. Ihre ikonische Rollengestaltung hat auf jede Sängerin, die heute Tosca interpretiert, ob sie will oder nicht, sowohl einen musikalischen als auch einen darstellerischen Einfluss. Das lässt sich nicht vermeiden, bestreiten, verleugnen oder ignorieren. Ich denke allerdings, dass sich Tosca auch anders darstellen lässt. Callas ist Callas. Zu versuchen, sie nachzuahmen oder zu kopieren, kann nicht gelingen. Man kann mit der von ihr geschaffenen Ikonographie einfach nicht konkurrieren. Daher sind wir mit der Besetzung in eine komplett andere Richtung gegangen: Wir engagierten Malin Byström, einen schwedischen Sopran, der schon vom

Typ her nichts von einer warmherzigen, temperamentvollen Südeuropäerin hat. Sie strahlt eine distanzierte, aber dennoch sympathische Kühle aus, wie eine Figur aus einem Ingmar-Bergman-Film. Eher eine Ingrid Thulin als eine Maria Callas.

Zuerst die Besetzung, dann die Proben. Seit meiner Jugend habe ich mir verschiedene Zugänge zu Opern erarbeitet: das Anhören von Aufzeichnungen, Vorstellungsbesuche, die performative Analyse der Noten durch das eigene Klavierspiel und den eigenen Gesang. Auf der Basis dieser Auseinandersetzung lassen sich natürlich Konzepte und Ideen entwickeln. Aber erst im Probenraum findet man heraus, ob sie wirklich funktionieren. Erst bei der Arbeit mit Sänger:innen schließen sich Lücken, offenbaren sich neue Perspektiven und Ideen und entwickelt sich ein wirkliches Verständnis von einem Werk. Daher ist es nicht sinnvoll, mit einem vorgefertigten Plan in die Proben zu gehen. Denn auf wesentliche Schichten stößt man nur gemeinsam mit den Sänger:innen. Der Probenraum ist ein Ort des Ausprobierens und Entdeckens, nicht des Bestätigens. Die Proben sollen nicht dazu dienen, meine Perspektive auf das Stück zu untermauern, sondern gemeinsam etwas zu erschaffen. Immer wieder sagt man mir: »Du musst doch eine klare Vorstellung davon haben, was die Darsteller:innen tun sollen.« Und ich kann nur erwidern: »Nein.« Ich bekomme erst eine klare Vorstellung, wenn ich mit den Darsteller:innen im Probenraum arbeite, mit ihnen Dinge ausprobiere, verwerfe, ergänze oder festhalte. Das ist das eigentlich Spannende an der Arbeit. Die gemeinsame Erkundung eines Werkes und die kollaborative Hervorbringung einer Bühnenwelt im sehr besonderen Ökosystem eines Probenraums. Das ist nicht zu verwechseln mit Hierarchiefreiheit oder Basisdemokratie. Es muss jemanden geben, der entscheidet, wohin die Reise geht. Aber anstatt die Sänger:innen in einen Wagen zu ziehen, halte ich viel mehr davon, sie neben mir vor den Wagen zu spannen.

Die Auseinandersetzung mit der Aufführungstradition war schließlich Detailarbeit. In den jahrzehntealten Repertoireproduktionen verfestigen und tradieren sich Interpretations- und Darstellungskonventionen, da in den wenigen Probentagen für Wiederaufnahmen keine Zeit ist, um mit den Sänger:innen wirklich szenisch und musikalisch zu arbeiten und sie somit auf der Bühne lediglich Klischees reproduzieren können. Sie schalten auf Autopilot und spulen das Programm ab, das sich schon in zehn anderen Wiederaufnahmen »bewährt« hat. So entstehen schlechte Callas-Kopien. Für zwei der Hauptdarsteller:innen, Cavaradossi und Tosca, war meine Inszenierung quasi das Rollendebüt (Malin war nur einmal in einer Wiederaufnahme eingesprungen). Mein Bariton, Gevorg Hakobyan, hatte hingegen achtundsiebzigmal Scarpia gesungen. In der Arbeit mit ihm ging es vor allem darum, den angesammelten Ballast abzubauen. »Hier steht piano, da du zu dir selbst sprichst.« »Ah, das ist mir noch gar nicht aufgefallen.« Das war nicht seine Schuld – er ist ein fantastischer Sänger –, sondern vielmehr die der gängigen Opernpraxis, die *Tosca* zu einem einfachen, billigen, aber verstaubten und mit Klischees überfrachteten Opernwerk hat werden lassen. Tradition kann auch ein Fluch sein. »Warum machst du hier ein ritardando? Musst du atmen?« »Nein.« »Dann lassen wir es weg. Es steht nicht in der Partitur.« »Warum hältst du die Note hier länger? Und warum am Ende von ›Vissi d'arte‹ eine Pause machen?« Nur, damit das Publikum nach einer der bekanntesten Arien der Opernliteratur applaudieren kann?! Nachdem Tosca ihre Seele nach außen gekehrt hat, erklingt direkt im Anschluss eine seltsame Version des Scarpia-Motivs, woraufhin Scarpia Tosca sein Begehren und sein Verlangen gesteht. Wenn ich eine

Pause mache und das Publikum applaudiert, wird der Fluss unterbrochen, die von Puccini komponierte Verbindung zwischen Toscas Offenbarung und Scarpias Erwiderung gestört und damit die Szene kaputt gemacht. All diese wesentlichen Details entdeckt man erst in den Proben. Und nur in den Proben kann der alte Staub weggefegt werden.

Doch schließlich hat Puccini *Tosca* so prägnant, kompakt und theatral schlüssig komponiert, dass selbst die dickste Staubschicht, die älteste und schlechteste Inszenierung dem Stück nichts anhaben kann. Es gibt ein paar Opern, die aufgrund ihrer brillanten musikdramatischen Anlage unzerstörbar sind. *Tosca*, *Bohème* und Bergs *Wozzeck* zählen dazu. Schon bei Mozarts ebenfalls genialen Da-Ponte-Opern sieht es anders aus. Eine schlechte musikalische oder szenische Interpretation kann eine ganze Produktion kippen und floppen lassen. Auch eine *Tosca* will gut inszeniert, dirigiert und gesungen sein. Ohne Zweifel. Das Stück hat es verdient. Nur kann ich mir ohne Probleme auch eine grauenvoll inszenierte, schlecht dargestellte und gesungene *Tosca* ansehen und dabei meine Freude haben. Die Inszenierung fünfzig oder sechzig Jahre alt, eine fünftklassige Besetzung, ein Klischee nach dem anderen auf der Bühne – und ich kann die Vorstellung dennoch genießen und im Kopf die Kantilenen mitsingen. Das funktioniert mit einer Da-Ponte-Oper nicht.

Das ist der große Trumpf von *Tosca*. Sicherlich muss das Stück von viel Traditionsmief befreit und darunter sein Kern offengelegt werden. Dieser Kern ist allerdings derart perfekt konstruiert, dass man nichts hinzufügen muss, ja kann. Ich habe in meiner Karriere schon sehr viele komplizierte, unvollständige und unbekannte Stücke inszeniert, die neu arrangiert, ergänzt oder umgestellt werden mussten. Ich mache das gerne. Und doch ist es richtig erholsam, sich auch mal auf die Genialität eines kompletten Stückes verlassen, einfach auf den *Tosca*-Zug aufspringen und mit ihm losfahren zu können. Mit dabei das Gepäck aus meiner Jugend, die Erinnerungen an die Aufnahmen mit Price und Callas, an mein Geklimpere auf dem Klavier und die unerträglichen, gekreischten hohen Cs im Wohnzimmer meiner Eltern.

MACKIE MESSER

Immer wieder werde ich gefragt, wer mein Lieblingskomponist sei. Ich habe keinen, sondern eher eine sehr große, sich stets verändernde Menagerie an Komponist:innen, denen ich mich sowohl beruflich als auch persönlich tief verbunden fühle. Und die Auswahl wechselt täglich. Den meisten bin ich das erste Mal in meiner Kindheit oder Jugend begegnet, und seither haben ihre Stimmen mich durch mein Leben begleitet: Bartók, Monteverdi, Ravel, Schumann, Rameau, Janácek, Kálmán, Bach, Mussorgski, Tschaikowsky, Strawinsky, Mahler, Mozart, Gershwin … Und: Kurt Weill. Als ich dreizehn Jahre alt war, besuchte ich in Melbourne ein Cabaret-Konzert mit Kurt-Weill-Songs. Das Programm bestand vornehmlich aus Songs der *Dreigroschenoper*, von der ich mir direkt im Anschluss eine Aufnahme besorgte. Ich verliebte mich in die bittersüße Resignation, die ironische Aggression und emotionale Direktheit der Musik. Ich entdeckte Weill also nicht über Bertolt Brecht, über Dramen- oder Theatertheorien oder über die Weimarer Republik und irgendwelche *Babylon Berlin*-Klischees, sondern allein über seine Musik, über eine Live-Aufführung in Melbourne.

Bis heute nimmt Weill einen besonderen Platz in meiner Menagerie ein, da ich seine Musik in meiner ersten eigenen Inszenierung in der Schule verwendete. Meine Schule hatte ein exzellentes Musik- und Theaterprogramm. Wenn ich meinen deutschen Freund:innen davon erzähle, bekommen sie immer große Augen, da sie kein vergleichbares Angebot in ihren Schulen hatten. Es gab ein Sinfonieorchester, das große

Werke wie die *Jupiter*-Sinfonie oder *Bilder einer Ausstellung* spielte. Des weiteren zwei Chöre. Der eine ein Kirchenchor, den ich aus offensichtlichen Gründen nicht besuchte. Der andere ein klassischer Chor, bei dem ich mitsang. Dann noch ein Streichorchester, eine Bigband, ein Blockflöten-Ensemble … Und das war nur das Musikangebot. Die Theater-AG führte jeden Sommer ein Shakespeare-Stück Open Air auf. Für die Wintersaison erarbeiteten wir eine große Produktion für die Schulbühne. Brechts *Der aufhaltsame Aufstieg des Arturo Ui* war mein erstes Stück in der Theater-AG. Ich finde es immer noch unglaublich, dass unser Lehrer solch ein kompliziertes Bühnenwerk mit uns jungen Schüler:innen erarbeitet hat. Irgendein Klassiker von Euripides oder Shakespeare meinetwegen. Aber *Arturo Ui*? Ich kannte damals weder das Stück noch Brecht, ging aber angetrieben durch mein Theaterinteresse zum Casting und erhielt die Rolle des Schauspielers. Da wir eine reine Jungenschule waren, wurden die weiblichen Rollen von Schülerinnen der benachbarten Mädchenschule übernommen.

Es folgten weitere, größere Rollen in der Theater-AG – Jago in *Othello*, Marcus Antonius in *Julius Caesar* und Mercutio in *Romeo und Julia*. Der Englischlehrer, der die Theater-AG leitete, bot immer wieder einzelnen Schülern an, auch selbst kleine Stücke zu inszenieren. Als ich fünfzehn Jahre alt war, kam er auf mich zu und fragte mich, ob ich nicht mal versuchen wolle, selbst Regie zu führen. Ich war mir nicht sicher und wusste auch nicht genau, was ich tun sollte. Mein Lehrer sagte mir: »Geh hoch in die Bibliothek, da findest du ein paar Einakter. Schau vielleicht mal in die Stücke von Noël Coward rein. Such dir eines aus, das dich interessiert.« Und genau das tat ich. Ich schlenderte durch die Bücherregale und hatte schließlich *Woyzeck* von Büchner in der Hand. Was macht dieses Drama in einer australischen Schulbücherei? Irgendwie sprach mich das Stück mit seinen kurzen und einfachen Dialogen sofort an. Eine Szene, die nur aus fünf Zeilen besteht – wie kann das sein?! Und dann noch die Handlung, die Figuren, der Mord und das tragische Ende. Wie für meinen damaligen jugendlichen *Gothic*-Geschmack bestimmt. Und dann fand ich noch heraus, dass es eine Oper zu dem Stoff gibt. Ich habe mir natürlich sofort eine Aufnahme von Bergs *Wozzeck* besorgt. Schließlich bin ich zu meinem Lehrer gegangen und habe ihm verkündet: »Hier ist das Drama, das ich machen möchte.«

Ein paar Monate später hatte ich mein erstes Stück inszeniert. Es wirkten nur Schüler von meiner Schule mit, so dass die Rolle der Marie ein Junge übernahm. Ich saß am Klavier, spielte und sang verschiedene klassische Stücke während der Szenenwechsel: ein Mahler-Lied, ein kurzes Klavierstück von Bartók und eben auch mehrere Songs aus der *Dreigroschenoper*: »Die Ballade von der sexuellen Hörigkeit«, den »Kanonensong« und die Ouvertüre. Ein interessantes Mosaik in Kombination mit dem Büchner-Text. Als Mordwaffe hatte ich ein großes Fleischermesser von meiner Mutter ins Auge gefasst. Obgleich es meine Mutter verboten hatte, nahm ich es heimlich mit auf die Proben und inszenierte damit den Tod von Marie. Hinzu kam noch eine große, durchsichtige Salatschüssel aus Plastik – ebenfalls aus dem Arsenal meiner Mutter –, die ich mit Wasser füllte und von unten rot anleuchtete. Als der Marie-Darsteller nach der Ermordung seinen Kopf in die Schüssel tauchte, sah es so aus, als ob er in Blut ertrinken würde.

Ich habe ein paar Inszenierungen der *Dreigroschenoper* in Australien besucht, von denen mich keine überzeugte. Während meines Aufenthalts in New York 1984 sah ich zum ersten

Mal *Aufstieg und Fall der Stadt Mahagonny* an der Met und war davon begeistert. Würde ich vielleicht selbst einmal die Gelegenheit bekommen, es zu inszenieren? Oder *Die Dreigroschenoper*? Bis ich nach Europa zog, war Weill für mich vor allem der Komponist dieser beiden Werke. Ich wusste nur wenig von der Weimarer Aura, die ihn und sein Schaffen umwehte, hatte keine Ahnung von seiner Emigration nach Paris und seiner Karriere in den USA. Erst in Wien begann ich, mich mit seiner Biografie zu befassen und von seiner zweigeteilten Karriere zu erfahren. Zuerst die 1920er Jahre in Berlin bis 1933, dann der Zwischenstopp in Paris und schließlich die komplette Neuerfindung am Broadway. Im Gegensatz zu seinen Kollegen, Emmerich Kálmán und Paul Abraham, feierte er mit seinen in den USA komponierten Musicals große Erfolge. Weill erfand in New York nicht nur sich selbst, sondern auch das amerikanische Musical neu. Kein anderer New Yorker Komponist wagte es, derart radikale Stücke wie *Lady in the Dark*, *One Touch of Venus* oder *Love Life* für ein kommerzielles Theater zu schreiben. Ein Musical über eine Frau bei ihrem Psychotherapeuten. Ein anderes über eine Statue, die zum Leben erweckt wird. Oder eines über hundert Jahre US-Geschichte aus der Perspektive eines Liebespaares. Das sind musikalische und dramatische Meisterwerke. Radikal und erfolgreich zugleich. Weill war ein richtiger Broadway-Star. Wer hätte im Berlin der 1920er und 1930er Jahren gedacht, dass der Komponist von der *Dreigroschenoper* und *Mahagonny* später in kürzester Zeit einen Musical-Hit nach dem anderen in den USA herausbringen würde? Und wo hätte ihn diese künstlerische Reise noch hingeführt, wenn er nicht bereits im Alter von fünfzig Jahren gestorben wäre? Was wäre gewesen, wenn er nicht in die USA hätte fliehen müssen? Hätte er noch ein paar weitere Opern, Sinfonien und Konzerte geschrieben? *Die*

Dreigroschenoper war für ihn nur eine Art Startrampe. Welche Meisterwerke sind uns hier entgangen? Weill sitzt im Theaterolymp neben den Komponist:innen, die zu früh gestorben sind und deren vielfältiges Œuvre darauf hindeutet, dass sie noch viel Außergewöhnliches erschaffen hätten.

Was zeichnete seine Musik aus? Was fasziniert mich so sehr daran? Wie schafft er es, in seinen kurzen Songs eine derartige Wehmut und Sehnsucht zu erzeugen? Erst Jahrzehnte nach meiner ersten Begegnung mit seiner Musik, erst als ich *Mahagonny* und *Dreigroschenoper* selbst inszenierte, entdeckte ich, wie er verschiedene Fäden, die aus unterschiedlichen Kulturen stammen, zu einem sehr individuellen, idiosynkratischen und einzigartigen Stil verwob. Der erste Faden führte mich zu seinem Vater, der wie derjenige von Jacques Offenbach, Kantor in einer Synagoge war. Weill war also in seiner Kindheit und Jugend tagtäglich umgeben von jüdischen Klängen. Er hörte, wie sein Vater jüdische Gebete und Lieder mit ihren wunderschönen, eingängigen und zeitlosen Melodien in der Synagoge sang. Da dieses hebräische Liedgut mündlich überliefert wurde, können wir es nicht zu seinen Ursprüngen zurückverfolgen. Wir können nur erahnen, wie es über Jahrtausende tradiert wurde, Millionen von Juden während verschiedener Exile begleitet hat und ihnen dabei eine Art musikalische Heimat gab. Mich berühren diese einfachen, klagenden, melancholischen, meist in Moll stehenden Gesänge ungemein. Weder Weill noch Offenbach kopierten diese Melodien einfach. Vielmehr atmeten sie die hebräischen Klänge aus ihrer Umgebung ein, ließen sie in ihrem Innern zirkulieren und mit anderen Klängen vermengen, bevor sie sie schließlich später als Teil ihrer eigenen Musik wieder ausatmeten. In ganz unterschiedlichen Formen. Und doch höre ich sowohl aus Offenbachs als auch aus Weills Musik die Synagogengesänge ihrer Väter heraus. Die Melodieführung der Solostimme, die sehr langen Melodielinien, die sich wie ein Parfum durch die Klanglandschaft schlängeln. Und überhaupt die endlose Anzahl an eingängigen Melodien, die aus den beiden herausgekommen sind, in uns eindringen und uns nie wieder verlassen. Weill scheint all die Melodien ohne jeglichen Aufwand komponiert zu haben. Sie scheinen einfach so aus ihm herausgeströmt zu sein. Mühelosigkeit ist eines der Schlüsselworte für Weill. Er komponierte so selbstverständlich, wie sein Vater die hebräischen Lieder an jedem Sabbath sang … Der jüdische, der biblische Faden, das Wüstenecho.

Der zweite Faden entspinnt sich der klassischen deutschen Musiktradition. Kurt Weill begriff sich nicht als jüdischer, als populärer oder als Theaterkomponist, sondern als klassischer, deutscher Komponist. In der Tradition von Bach, Mozart, Beethoven, Schumann, Schubert und Wagner. Er studierte bei Ferruccio Busoni, unterzog sich also einer klassisch akademischen Ausbildung, und verehrte Bach, den Vater aller deutschen Musik. Für Weill war Bach der größte Komponist aller Zeiten. Und auch das lässt sich aus seiner Musik heraushören – nicht nur an den offensichtlichen Stellen. Mit seinen klassischen Vorfahren teilte Weill den Anspruch, einen neuen Stil zu erfinden, die Musikwelt zu revolutionieren und der deutschen Tradition eine weitere einzigartige Stimme hinzuzufügen – was ihm auch tatsächlich gelang. Er schuf eine komplett neue Klangwelt, die für das 20. Jahrhundert genauso entscheidend und radikal war wie das Schaffen von Strawinsky oder Schönberg. Die großen und neugierigen Kollegen und Dirigenten, wie Otto Klemperer und Erich Kleiber, haben ihn dafür überaus geschätzt. Umso schwerer muss es Weill getroffen haben, als er von dem Land, der Kultur und der Tradition, der er sein Schaffen verpflichtet sah, in den 1930er Jahren, also zu

Beginn seiner Karriere, verstoßen wurde. »Du gehörst nicht zu uns. Du bist nicht Teil der deutschen Tradition. Warst es nie und wirst es auch nie sein.« Er ist das Sinnbild dafür, was die Nazis zerstört haben und Deutschland verloren hat: Musik zwischen E und U, zwischen jüdischer und christlicher Tradition, zwischen Radikalität und Popularität.

Der dritte Faden führt schließlich nicht zurück in die Vergangenheit, sondern in Weills Gegenwart. Zum Metropolensound des 20. Jahrhunderts, zu den Liedern aus der Gosse, zu dreckigen, kompromisslosen, unsentimentalen und populären Klängen. Zum Sound der Drehorgel, des Akkordeons, des Ballsaals, des Tangolokals, der Bar um Mitternacht. Und damit auch zum Jazz. Nicht zum Harlem Jazz aus den USA, sondern zu einer auf ihrer Reise von New York über Paris nach Berlin sich wandelnden, sich adaptierenden und verändernden Variante: zum Berliner Jazz, der in den 1920er Jahren die Bars, Varieté-Theater und Kneipen der Metropole eroberte.

Weills Musik speiste sich aus all diesen Quellen und avancierte zum Sound Berlins. Weniger zum turbulenten Geschrei und Getose als vielmehr zum vereinsamten Klang des Großstadtindividuums. Und darin ähnelt Weill Kafka, der in seinen Texten bereits die Vereinzelung des Menschen im 20. Jahrhundert auf prophetische Weise antizipierte. Im 20. Jahrhundert kann die Metropole nur nach Einsamkeit klingen. Der dritte Faden …

Ich kenne keinen anderen Komponisten, dessen Werk solch unterschiedliche Stränge miteinander verwebt: den Wüsten-Exil-Exodus-Faden des religiösen Vaters, den Deutsche-Klassik-Faden, den er vor allem über Bach aufnahm, sowie den Metropolen-Faden, den er in den Straßen und Kneipen Berlins aufgriff. Er verknüpfte sie zu wunderbar widersprüchlichen Klangteppichen, zu ganz eigenen Rhythmen und Melodien, die eine Vernetzung zwischen Steppe, Kneipe und Schumann, zwischen Sinai, Berlin und 42nd Street schufen.

Eben mit Schumann verbindet Weill noch eine ganz besondere Qualität: In seinen Liedern erschafft er innerhalb nur weniger Minuten einen eigenen Kosmos. Wie Schumanns, so sind auch Weills Lieder Postkarten der Seele. Mit einem Bild auf der Vorderseite, einer Briefmarke, einer Adresse und zwei bis drei Zeilen auf der Rückseite: »Wishing you were here, great time. Love, Kurt.« Jede Postkarte hat ihre eigene kleine Geschichte, ihre eigene kleine Welt, wie die Lieder aus Schumanns *Dichterliebe*. Alle großen, deutschen Liedkomponisten – auch Schubert, Brahms, Wolf oder Eisler – »schreiben« solche Ansichtskarten. Keine Bücher, keine Romane oder Dramen. Ein kleiner, aber sehr emotionaler und tief berührender Gruß der Seele. Wenn man sie zusammenfasst zu einer Sammlung, erhält man Meisterwerke wie die Liedzyklen von Schubert und Schumann. Weill und Eisler sind die Schuberts und Schumanns des 20. Jahrhunderts. Postboten der Seele. Schumanns und Weills Ansichtskarten verbindet eine besondere Einfachheit, Feinheit und Emotionalität. Ihre Lieder wirken auf dem Papier sehr simpel. Sie bestehen nur aus wenigen Noten und gehen doch in die Tiefe. Wenn ich zwei Komponisten nennen müsste, deren Musik mich stets zu Tränen rührt, dann sind es Weill und Schumann. Ich verehre natürlich Schubert. Wer tut das nicht. *Winterreise* bewegt, schockiert und quält mich jedes Mal, wenn ich mir den Zyklus anhöre. Ich musste allerdings noch nie weinen. Genial, aber jenseits von Tränen. Sobald hingegen die ersten Noten von *Dichterliebe* erklingen, gibt es kein Halten mehr, und Tränen kullern über meine Wangen. Genauso wie bei Weill-Liedern. Resignation gepaart mit Einsamkeit.

Kurt Weills Musik verwirrt das deutsche Establishment,

weil er so viele verschiedene Grenzen überschreitet, Regeln bricht, einerseits Sinfonien und Konzerte komponiert hat, andererseits aber auch *Die Dreigroschenoper* und Musicals. Er passt in keine Schublade. Nicht in die Klassikschublade, nicht in die Theater-, nicht in die Musicalschublade. Und das irritiert die deutschen Musikexpert:innen. Die Zeit nach seiner Emigration in die USA blendet die deutsche Wissenschaft und das deutsche Feuilleton sowieso weitestgehend aus. Ein Abstieg in die Niederungen des Populären, der nicht der Rede wert zu sein scheint. Erfolge am Broadway?! Interessiert uns nicht … Das ist an Borniertheit kaum zu übertreffen. Manchmal frage ich mich, ob diese Ignoranz gegenüber seiner US-amerikanischen Zweitkarriere ein Anzeichen dafür ist, seine gesamte Emigration und sein damit verbundenes Schicksal als jüdischer Komponist in Nazi-Deutschland auszublenden. Was zählt, sind nur die in Deutschland gemeinsam mit Brecht entstandenen Werke. Nur das Schaffen vor seiner Emigration.

Als mich der Intendant des Berliner Ensembles 2017 anrief und fragte, ob ich *Die Dreigroschenoper* am Berliner Ensemble auf die Bühne bringen wolle, sagte ich – ohne zu wissen, ob mein Terminkalender es zulassen würde – sofort zu. Keine Frage. Keine Zweifel. Kein Zögern. Ich sollte *Die Dreigroschenoper* an dem Theater, an dem das Stück uraufgeführt wurde, an dem eine Reihe von ikonischen *Dreigroschenoper*-Interpretationen entstanden ist, neu inszenieren?! Ich war begeistert, aufgeregt, ehrfürchtig, motiviert und freute mich ungemein. Das Gute war, dass ich bis zur Premiere drei Jahre Vorbereitungszeit hatte. Und Corona hat uns einen weiteren Zeitpuffer beschert.

Diese Zeit brauchten wir. Denn das Stück ist mitnichten das perfekte Meisterwerk, zu dem es in der Rezeptionsgeschichte stilisiert wurde. Es inszeniert sich nicht von alleine. Brecht und Weill standen ganz am Anfang ihrer Karriere, waren noch auf der Suche nach ihrer eigenen künstlerischen Sprache und experimentierten in *Die Dreigroschenoper* mit verschiedenen Opern- und Theaterformen. Die beiden hatten weder einen großen Plan, noch setzten sie einen solchen im Kleinen akribisch um. Das Stück ist eher ein Versuch, ein Laborprojekt, ein *Tryout.* Auf höchstem Niveau. Und doch ist die Dramaturgie nicht rund, man fragt sich bei vielen Szenen und Textpassagen, wie sie sich auf die Bühne bringen lassen. Ohne Kürzungen würden die meisten Dialogszenen überhaupt nicht funktionieren. Ich bin davon überzeugt, dass solche Änderungen ganz im Sinne von Weill und Brecht sind. Denn sie waren von Kopf bis Fuß Theatermenschen. Sie verstanden den Kompromiss, das Chaos, die Aufregungen und die Herausforderungen, die mit Theater einhergehen. Hier ist es zu lang, da ist zu wenig Text, hier zu viel Musik, wir benötigen einen Kostümwechsel. Das war ihr Alltag. Normalerweise kämpfen Schauspieler:innen um jedes Wort. Bei der *Dreigroschenoper* nicht. Hier fragen sie: Brauchen wir diesen Satz wirklich? Jeder Schauspieler, jede Regisseurin, die:der sich mit dem Text schon einmal im Probenraum befasst hat, wird bestätigen, dass das Stück viel Hilfe benötigt. Es ist kein perfektes Meisterwerk. Es ist ein *flawed masterpiece.*

Und es ist zudem kein politisches Bühnenmanifest. Auch hier hat sich ein Bild in der Rezeptionsgeschichte etabliert, das nicht zutrifft: Kurt Weill und Bertolt Brecht setzen sich an einen Tisch, um ihre politische Agenda in ein Stück zu übersetzen. Die Entstehungsgeschichte erzählt genau das Gegenteil. Bertolt Brecht und Elisabeth Hauptmann wollten Geld machen. Elisabeth Hauptmann hatte eine Produktion der *Beggar's Opera* in London gesehen, John Gays Parodie auf die Barockopern des 18. Jahrhunderts mit Bettlern in den Hauptrollen. Das Stück feierte mit über tausend Vorstellungen einen riesigen Erfolg in London. Als sie nach ihrer Rückkehr mit Brecht über mögliche zukünftige Stücke sprach, warf sie die *Beggar's Opera* als Idee rein: Wir könnten sie ins Deutsche übersetzen oder eine deutsche Version davon schreiben, damit lässt sich sicherlich ein bisschen Geld verdienen. Es war also nicht Brechts, sondern Hauptmanns Idee. Und die Motivation keine politische, sondern eine finanzielle. Die Ironie der Geschichte besteht darin, dass ausgerechnet ein Stück, mit dem Brecht und Hauptmann richtig Kohle machen wollten, in der Rezeption zur Gesellschaftskritik am Kapitalismus avancierte.

Hauptmann begann also, ein paar Passagen ins Deutsche zu übersetzen und mit Brecht erste Skizzen für eine deutsche Version zu verfassen. Zur gleichen Zeit suchte Ernst Josef Aufricht, der neue Direktor des Theaters am Schiffbauerdamm, händeringend nach einer Cashcow für die Neueröffnung seines Theaters. Sein reicher Vater hatte ihm das Theater am Schiffbauerdamm unter der Auflage gepachtet, dass er finanziell erfolgreiche Projekte produzieren und die Investitionen wieder reinspielen müsse. Falls er diese Chance nicht nutzen sollte, würde der Geldhahn zugedreht. Aufricht zog also auf der Suche nach einem neuen Kassenschlager in der Stadt umher: Hat jemand ein gutes Stück? Vergeblich. Bis er Bertolt Brecht traf, der ihm ein paar Ideen präsentierte. Auch diese überzeugten Aufricht nicht wirklich. Das Treffen war fast beendet, als Elisabeth Hauptmann einwarf: »Was ist mit einer deutschen Version der *Beggar's Opera*?« Aufricht sprang sofort darauf an und ließ sich auf das Abenteuer ein. Als Komponisten hatten Brecht, Hauptmann und Aufricht zunächst Paul Hindemith im Visier, mit dem das Stück sicherlich nicht den durchschlagenden Erfolg gehabt hätte. Zum Glück schwenkten sie aber auf Kurt Weill um.

Geld, Geld, Geld – das war der Antrieb für das Stück, das letztlich genau davon handeln sollte. Vom Streben nach Geld. Natürlich hätten Brecht, Hauptmann und Weill jenseits dieser Vorgeschichte ein politisches Bühnenpamphlet verfassen können. Haben sie aber nicht. Es gibt in dem Stück nicht mehr Gesellschaftskritik als in der *Fledermaus*. Anstatt zum Ball, geht es ins Gefängnis. *Die Dreigroschenoper* ist nicht *Arturo Ui*, *Mutter Courage* oder *Der kaukasische Kreidekreis*. Brecht hat im Nachhinein versucht, *Die Dreigroschenoper* in diese Reihe einzuordnen und es zu einem politischen Stück zu stilisieren, er hat Passagen gestrichen, geändert und hinzugefügt, um es zu einem Lehrstück umzuformen. Aber es ist kein Lehrstück. Weills Songs sind keine Lehrsongs. Und Mackie ist nicht Faust oder Jedermann. Er soll nicht für die gesamte Menschheit stehen. Mackie ist Mackie. Eine Frankenstein-Kreatur, die unterschiedliche Extreme spiegelt. Wie Don Giovanni oder Carmen. Aber nicht Jedermann. Das Konzept von Jedermann ist in theatraler Hinsicht auch so ziemlich das Uninteressanteste, was man sich vorstellen kann. Auf der Bühne wollen wir keine Abstraktionen, sondern Menschen in Fleisch und Blut sehen.

Weill und Brecht hatten bereits beim *Mahagonny Songspiel* zusammengearbeitet. Sie waren nicht befreundet, schätzten allerdings den jeweils anderen und dessen Arbeit. Zeit ihres Lebens haben sie sich immer gesiezt. Ein distanziertes, professionelles Arbeitsverhältnis. Das *Mahagonny Songspiel* wurde zu einem riesigen Erfolg beim Publikum und in der Presse. Selbst Adorno war begeistert davon. Und sie begannen bereits, eine Oper aus dem Songspiel zu machen. Dann kam allerdings *Die Dreigroschenoper* dazwischen. Eher eine schnelle Nummer, die

die beiden vor das große Opernvorhaben zogen. Gemeinsam mit Lotte Lenya fuhren sie für ein paar Wochen nach Südfrankreich, um dort gemeinsam das Stück zu entwickeln. Hauptmann durfte nicht bei ihnen übernachten und besorgte sich daher eine Unterkunft im benachbarten Marseille. Brecht verabscheute die Sommerhitze, das Meer und weigerte sich, schwimmen zu gehen. Weill und Lenya hingegen genossen den südfranzösischen Sommer in vollen Zügen: Strand, Meer, gutes Essen. Ich finde das Bild ziemlich faszinierend: Diese dysfunktionale Künstlerfamilie verfasst an der französischen Riviera *den* Bühnen-Hit der Weimarer Republik.

Die Probenzeit war dann eine einzige Katastrophe. Und auch bei der Premiere lief einiges schief. Helene Weigel lag aufgrund eines entzündeten Blinddarms im Krankenhaus. Einige Rollen mussten deshalb umgeschrieben oder gestrichen werden. Caspar Neher, der Bühnenbildner, malte noch kurz vor Einlass des Publikums am Bühnenbild herum, da es nicht rechtzeitig fertig geworden war. Die Drehorgel ging kaputt, so dass weder der »Kanonensong« noch »Die Moritat von Mackie Messer« richtig aufgeführt werden konnten. Und doch bemerkte das Premierenpublikum, dass es einem außergewöhnlichen Theaterereignis beiwohnte. Schnell machte die Neuigkeit von der neuen Produktion die Runde. Wie ein Waldfeuer verbreitete sich die Nachricht nicht nur in Berlin, sondern schließlich auch in ganz Europa. Ein Erfolg beinahe durch Zufall.

Der Versuch war geglückt. Allerdings waren sich Weill und Brecht uneins darüber, woraus das Versuchsergebnis denn überhaupt bestand. Weill sah in dem Stück eine sehr leichte, frivole, satirische Farce mit Musik, eine zynische Operette mit Jazz. Brecht hingegen engagierte sich mehr und mehr politisch, wurde Mitglied der Kommunistischen Partei und versuchte,

Die Dreigroschenoper dementsprechend retrospektiv zu politisieren. Während ich Weills Einschätzung voll und ganz teile, hat sich eher Brechts Deutung durchgesetzt und bis heute gehalten. Als er nach dem Zweiten Weltkrieg aus dem Exil nach Deutschland zurückkehrte, wurde er in der Theaterwelt regelrecht vergöttert. Sein Wort war Gesetz. Natürlich fing er den Zeitgeist in seinen Texten wie kaum ein anderer ein und formulierte weitreichende ästhetische wie gesellschaftliche Utopien. Allerdings wird bei all dieser Verehrung völlig ausgeblendet, dass er Menschen wie Elisabeth Hauptmann, die zu seinem Erfolg maßgeblich beigetragen haben, nur in seinem Schatten duldete, dass er sich häufig ziemlich grausam gegenüber seinem Umfeld verhielt und dass er als überzeugter Kommunist seine Tantiemen doch ziemlich liebte. Er verdiente an der *Dreigroschenoper* bei Weitem am meisten. Während man Brecht auf einen Sockel stellte, wurde Weill zum reinen Theatermusiker degradiert. Er komponierte angeblich lediglich den Soundtrack zu Brechts genialem Stück. *Die Dreigroschenoper* von Bertolt Brecht mit Musik von Kurt Weill. Ich würde es genau umgekehrt sehen. Das Zentrum des Stückes bildet Weills geniale Musik. Sie hält die brüchige Dramaturgie des Textes zusammen. Sie führte zum Erfolg. Sie ist das, was einem bei dem Titel *Dreigroschenoper* sofort in den Sinn kommt. Und daher: *Die Dreigroschenoper* von Kurt Weill mit Text von Bertolt Brecht.

Nach *Die Dreigroschenoper* folgten nur noch zwei gemeinsame Projekte: *Aufstieg und Fall der Stadt Mahagonny*, das sie bereits vor der *Dreigroschenoper* begonnen hatten, und *Die sieben Todsünden*, das sie im Exil verfassten. Ihre Zusammenarbeit für *Die Dreigroschenoper* hatte offengelegt, dass ihre Vorstellungen zu unterschiedlich waren, als dass sie eine tiefergehende und langjährige Arbeitsbeziehung eingehen konnten. Keine künstlerische Symbiose wie bei Mozart und Da Ponte oder bei Hugo von Hofmannsthal und Richard Strauss. Weill und Brecht waren eher wie Öl und Wasser. Und darin liegt die Brillanz ihrer Stücke. Kurt Weills emotionale Musik widersprach allem, was Brecht von Theater erwartete. Und Brechts grandiose, kühl sezierende Texte setzten einen Kontrapunkt zu Weills Musik.

Nun war ich also ans Berliner Ensemble eingeladen, um *Die Dreigroschenoper* zu inszenieren. Wie sollte ich mit dem Stück umgehen? Welche Bedeutung könnte Brechts Verfremdungseffekt spielen? Welchen Darstellungsstil sollten die Schauspieler:innen verwenden? Wie politisch wollten wir werden? Mir war schnell klar, welche Wege ich nicht einschlagen wollte. Inzwischen hatte ich mindestens zwanzig Inszenierungen des Stücks gesehen: mal historisierende Fassungen, die die Geschichte entweder ins 18. Jahrhundert, also in die *Beggar's Opera*-Zeit, oder in die Weimarer Republik verlegten, mal Klischee-Brecht-Interpretationen, in denen nur vorne an der Rampe geschrien wurde und alles extrem hässlich aussah. Die Stimmung ist schlecht, die Welt ist schlecht und ihr, das Publikum, seid schlecht.

Um musikalisch eine Brücke in die Gegenwart zu schlagen, interpretieren seit einigen Jahren irgendwelche Rock- oder Popbands Weills Musik. Ohne dass sie irgendeine Ahnung von seiner genialen Instrumentation hätten, tauschen sie einfach aus Lust und Laune eine Trompete gegen eine E-Gitarre. Auf der Bühne und im Graben muss prinzipiell alles möglich sein. Aber um die Partitur eines Kurt Weill zu verändern, muss ich schon einen ziemlich guten Einfall haben. Auf Rock oder Pop zu machen, nur um sexy zu wirken, reicht da nicht.

Mir war klar, dass sich der Dramentext nicht wie ein naturalistisches, psychologisches Stück von Tschechow behandeln lässt. Dafür ist er zu stilisiert. Andererseits ist er aber auch keine experimentelle Versuchsanordnung wie ein Beckett- oder ein Pirandello-Stück. Dafür sind die Charaktere, Situationen, Dialoge und die Handlung zu konkret und klar gezeichnet. Am ehesten würde ich *Die Dreigroschenoper* als *morality play* über Geld, Armut, Korruption und Liebe im 20. Jahrhundert bezeichnen. Wir schauen Mackie Messer dabei zu, wie er durch Geld und Liebe verführt wird, wie er strauchelt und schließlich irgendeine Form von Erlösung findet – wobei er auch selbst die Menschen um sich herum verführt, erniedrigt und erlöst. Der Mensch, der sich auf der Suche nach Liebe durch eine Wirklichkeit aus Kriminalität, Korruption und Betrug kämpft. Diese Welt des 20. Jahrhunderts ist natürlich vom Kapitalismus massiv geprägt. Aber das Stück ist weit davon entfernt, eine Kapitalismuskritik zu sein. Allein schon Kurt Weills Musik lässt das Stück vom bitteren Boden einer kapitalistischen Realität abheben, über ihr schweben und mit einem zwinkernden Auge auf sie schauen. Es ist zu leicht, zu spielerisch, zu satirisch, um nur moralinsaure Kritik zu sein …

Weills Bezeichnung als Farce mit Musik öffnete mir einen Zugang. Ich wollte mich weniger an der tradierten Brecht-Ästhetik als vielmehr an einem Ernst-Lubitsch-Film orientieren. Ernst Lubitsch, einer meiner absoluten Lieblingsfilmregisseure, drehte im Grunde Filmfarcen – mit schnellen Dialogen, einem leichten Konversationston und viel Komik, hinter der immer wieder ein bitterböser Ernst hervorscheint. Das Gegenteil von *park, bark and snark*, wie in den meisten deutschen Brecht-Inszenierungen üblich. Also sich breitbeinig vorne an die Rampe stellen (*park*): »Hier bin ich und präsentiere euch nun ein Lied!« Dann das Lied ins Publikum brüllen, nicht singen, sondern schreien (*bark*). Und das alles mit einer überheblichen Haltung (*snark*): »Ihr habt keine Ahnung. Dummes Publikum. Nur ich und mein Schöpfer Brecht, wissen wirklich Bescheid! Ich kann zwar nicht singen, dafür aber umso lauter schreien. Und je lauter ich brülle, desto mehr Gewicht erhält das, was ich euch verkünde.« Das ist der Brecht-Standard auf deutschen Bühnen. Und dem wollte ich einen »Lubitsch Touch« entgegensetzen. Ich sagte dem Ensemble: »Lasst uns versuchen, die Texte schnell, leicht, ohne große Mühe und Anstrengung zu sprechen, und lassen wir den Subtext für sich selbst arbeiten.« Und das funktionierte erstaunlich gut. Denn die Bitterkeit des Textes wurde durch den Plauderton der Schauspieler:innen konterkariert und wirkte dadurch umso bissiger. Mein tägliches Mantra war: »Schneller, leichter, schneller, leichter, schneller, leichter ...!« Sobald man an Tempo verliert, wird der Text schwerer, gewichtiger. Und ich bat die Schauspieler:innen darum, immer wieder das Publikum anzusprechen. Nicht frontal anzuschreien und zu »snarken«, sondern es wie Kumpane von der Seite zu adressieren, ihm zuzuflüstern und mit ihm gemeinsam die Vorgänge auf der Bühne zu kommentieren. »Seht her, nichts davon ist real. Wir schauen uns nur gemeinsam eine Show an.« Natürlich gibt es auch Momente, wo Leidenschaft ins Spiel kommt und sich die Figuren anschreien. Doch es ist ein Unterschied, ob die Figuren sich gegenseitig anbrüllen oder das Publikum. Mit erhobenem Zeigefinger. Für mich waren die Zuschauer:innen keine Schüler:innen, sondern Kompliz:innen.

Dieser spielerische Umgang mit dem Text half uns auch, viel freier mit der Musik umzugehen. Wenn ich mir alte Aufnahmen von Weill und Brecht anhöre, finde ich es erstaunlich, wie eintönig die Lieder häufig interpretiert werden. Fast alles ist in einer einzigen Farbe gehalten. Bei mehreren Strophen wird es spätestens nach der zweiten Strophe langweilig. Adam Benzwi, mein Musikalischer Leiter, und ich haben versucht, mit den Schauspieler:innen viele verschiedene Töne zu entdecken, jede Strophe in eine andere Farbe zu tauchen. Denn wenn ich von jemandem Geld haben möchte, setze ich verschiedene Strategien und Tonalitäten ein, um es zu erlangen: Mal bitte ich höflich, mal flehe ich eindringlich, mal fordere ich es forsch ein. Diese Nuancen lassen sich mit singenden Schauspieler:innen viel einfacher erarbeiten als mit klassischen Opernsänger:innen. Weill hat die Lieder ganz bewusst für Schauspieler:innen komponiert.

Natürlich gibt es in der *Dreigroschenoper* auch sehr ernste, berührende und bewegende Momente – wie in jeder guten Komödie, wie in jedem Lubitsch-Film. Weills Musik trägt häufig sehr melancholische Züge, kreisen doch all seine Lieder irgendwie um den einsamen, verlorenen Menschen in der Großstadt. *Die Dreigroschenoper* ist eine Farce und eine Elegie der Großstadt zugleich. Beides steckt in seiner Musik. Meine Bühnenbildnerin Rebecca Ringst baute ein Labyrinth aus Gerüsten, in dem sich die Figuren wie einsame Ratten bewegten – auf der Suche nach Geld, nach Macht, nach Liebe. Immer wieder begegneten und verloren sie sich in der Nacht einer Großstadt.

Der Song »Love for Sale« von Cole Porter, dessen Text ich ganz am Anfang der Proben an die Schauspieler:innen verteilte, fängt diese elegische Seite der *Dreigroschenoper* in nur wenigen Zeilen ein:

When the only sound on the empty street
Is the heavy tread of the heavy feet
That belong to a lonesome cop
I open shop
When the moon so long has been gazing down
On the wayward ways of a wayward town

That a smile becomes a smirk
I go to work
Love for sale
Appetizing young love for sale
Love that's fresh and still unspoiled
Love that's only slightly soiled
Love for sale

Ich hatte eine riesige Freude, in der Probenzeit tagtäglich ins Berliner Ensemble zu gehen. Erstens, weil wir uns in Deutschland eigentlich noch mitten im Lockdown befanden und es ein unglaubliches Privileg war, dass wir überhaupt proben durften. Das war wie Medizin für die Seele. Zweitens aufgrund der fantastischen Besetzung. Es gab keine Eitelkeiten im Probenraum, da war nichts als Spiellust. Also das, was man benötigt, um einen »Lubitsch-Touch« zu erzeugen. Und eine Flut an Angeboten. Egal, wie gut der Dirigent oder der Regisseur sind – der Abend wird letztlich von den Menschen gemacht, die auf der Bühne stehen. Und drittens aufgrund des Theaters. Wie die Komische Oper Berlin ist das Berliner Ensemble ziemlich heruntergekommen. Aber gerade diese Patina, die verschiedenen Schichten unterschiedlicher Zeiten zeichnet seine Schönheit und Stärke aus. Eine verblühte, alte Tante. Mit einem ziemlich aufregenden Leben hinter sich. Und vor sich. Seine Magie liegt darin, verbunden mit der Berliner Geschichte und zugleich am Puls der Zeit zu sein. Und seine Geister sind im Gegensatz zu denen in Bayreuth gute Geister. Als Brechts Produktionstisch, eine Holzplatte, von der er aus neunzig Jahre zuvor die Proben verfolgte, für die Endproben im Zuschauerraum für mich aufgebaut wurde, fühlte ich keine Beklemmung, keine Irritation oder Panik. Eher Aufregung. Das war die Schaltzentrale für die Proben zur Uraufführung

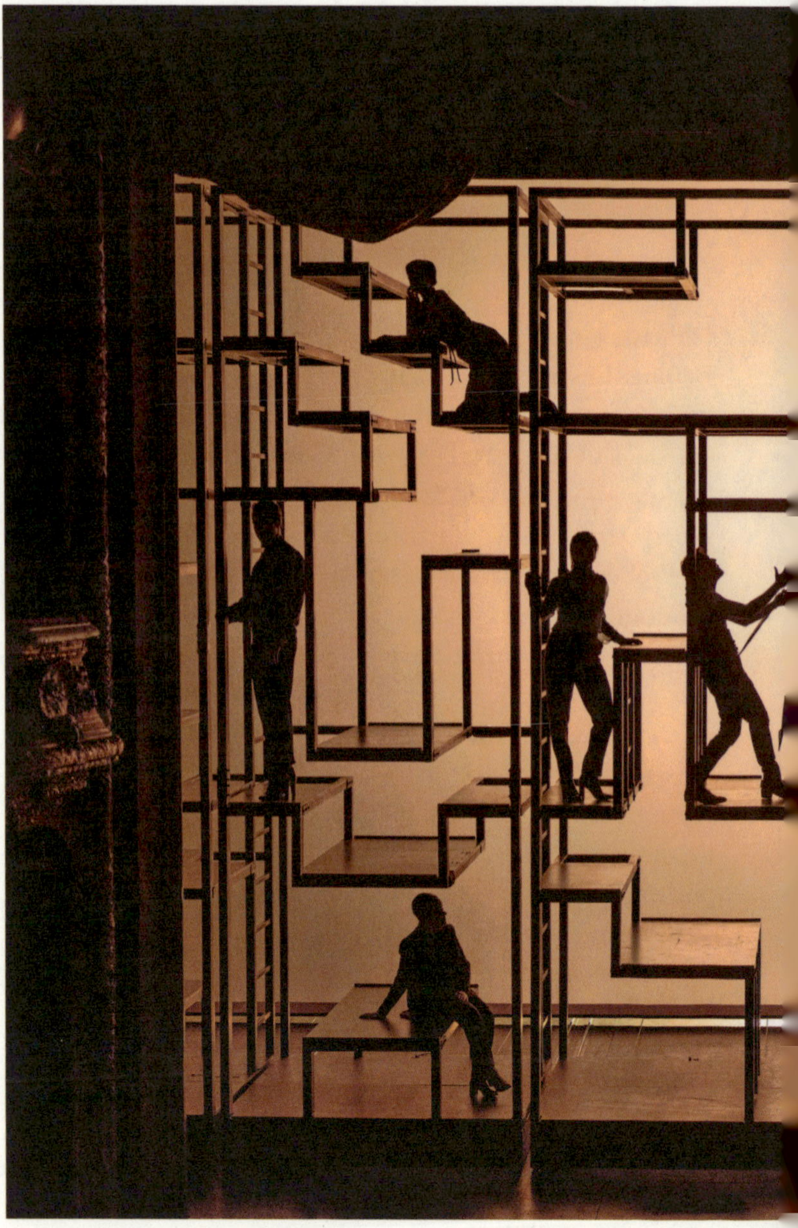

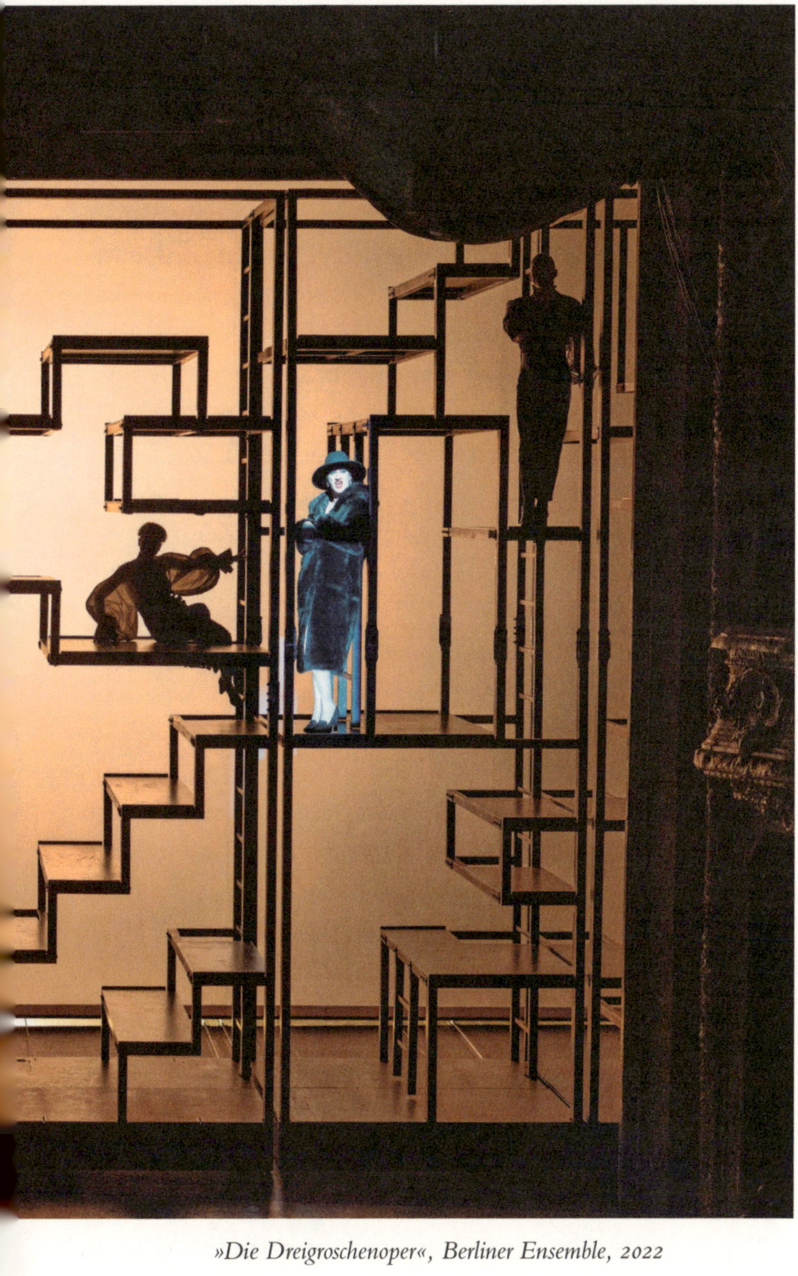

»Die Dreigroschenoper«, Berliner Ensemble, 2022

der *Dreigroschenoper*! Ich stellte mir vor, wie Weill nervös neben Brecht auf- und abging, wie Elias Canetti und Lion Feuchtwanger bei irgendeiner Probe reinschneiten und sie wieder verließen, wie Helene Weigel und Lotte Lenya auf der Bühne standen. Und die ganzen Uraufführungen nach dem Zweiten Weltkrieg. Es gibt nur wenige Theater mit solch einer ikonischen Geschichte. Einer guten Geschichte. Ein guter Ort. Und gute Geister. Wohlwollende Geister. Brecht und Weill sitzen wie Waldorf und Statler aus der *Muppet Show* in einer Loge, aber im Gegensatz zu den beiden Zynikern sehr zugewandt, freundlich und unterstützend. Sie wollen nur das Beste für ihr Theater und die Produktionen, die hier auf die Bühne gebracht werden. Mal lachen sie, mal kritisieren sie. Manchmal musste ich ihnen zurufen: »Bert und Kurt, Zeit für euch zu gehen.« Ein paar Stunden Ruhe, und dann kamen sie wieder zurück.

Das einzig Gute an Corona war, dass wir über ein halbes Jahr verteilt proben konnten. Ein Produktionsprozess, von dem man nur träumen kann. Wir haben auf die Premiere im Frühjahr 2021 hingearbeitet, die dann allerdings in den Lockdown fiel und ohne Publikum stattfinden musste. Danach konnten wir uns noch einmal sehr kritisch damit auseinandersetzen, was funktioniert hat und was nicht. Normalerweise ist nach der Premiere Schluss, und dann muss man damit leben, was man hat. Aber bei der *Dreigroschenoper* hatten wir den Luxus, nach zwei Monaten auf die Bühne zurückzukehren und für die eigentliche Premiere, die dann erst im Spätsommer stattfand, weiterzuarbeiten. So etwas habe ich in meinen dreißig Jahren im Theater noch nie erlebt. Es gibt Szenen, die wir nicht nur weiterentwickelten, sondern radikal verändert haben.

Die Reaktionen in der deutschen Presse waren sehr gemischt. Viele Journalist:innen gestanden meiner Inszenierung zwar zu, dass sie unterhaltsam sei, aber … Lustig, aber … Entertaining, aber … Als ob *Die Dreigroschenoper* nicht unterhalten solle. Der Erfolg der Uraufführung bestand ja gerade in ihrer Unterhaltsamkeit. Weill und Brecht spielten und experimentierten mit der Form der Boulevardkomödie. Und dafür wurden sie vom Publikum gefeiert. Die Premierenbesprechungen in den Feuilletons zeigten mir einmal mehr, wie sehr die deutschen Intellektuellen das Stück missverstehen. Nach einer Lubitsch-Komödie heißt es ja auch nicht: »Es fehlte die Tiefe, der Ernst, die Kritik.« Ich wollte das Publikum zum Lachen bringen und verführen, wie das eben auch Mackie tut. In der letzten Szene wird vom Schnürboden ein großes Schild heruntergelassen, auf dem »Love me!« steht. Darunter Mackie in einem Anzug, der den letzten Choral mit einem breiten Lächeln auf dem Gesicht singt. Auch wir im Publikum sollten lächeln. Und erst danach bemerken: Warte mal, der Psychopath kommt damit durch? Amoralität gewinnt.

Zwei Monate nach der *Dreigroschenoper* feierte meine Inszenierung von *Aufstieg und Fall der Stadt Mahagonny* an der Komischen Oper Berlin Premiere. Auch diese Produktion hatten wir aufgrund von Corona verschieben müssen. Im Gegensatz zur *Dreigroschenoper* ist der Text von *Mahagonny* durch und durch brutal, fatalistisch und hoffnungslos. Nichts daran hat die satirische Leichtigkeit der *Dreigroschenoper.* Letztlich gewinnt ja Mackie. Und die Korruption. Die größten Gauner kommen mit ihren kriminellen Machenschaften durch. Und das in völliger Unbeschwertheit. Mackie und die Peachums verabschieden sich mit einem Augenzwinkern. »Die Moritat« am Ende ist getränkt in Ironie. Am Ende von *Mahagonny* bleibt hingegen nur ein erschreckender Nihilismus. Im Gegensatz zu Mackie muss Jimmy für sein »Vergehen«, kein Geld zu be-

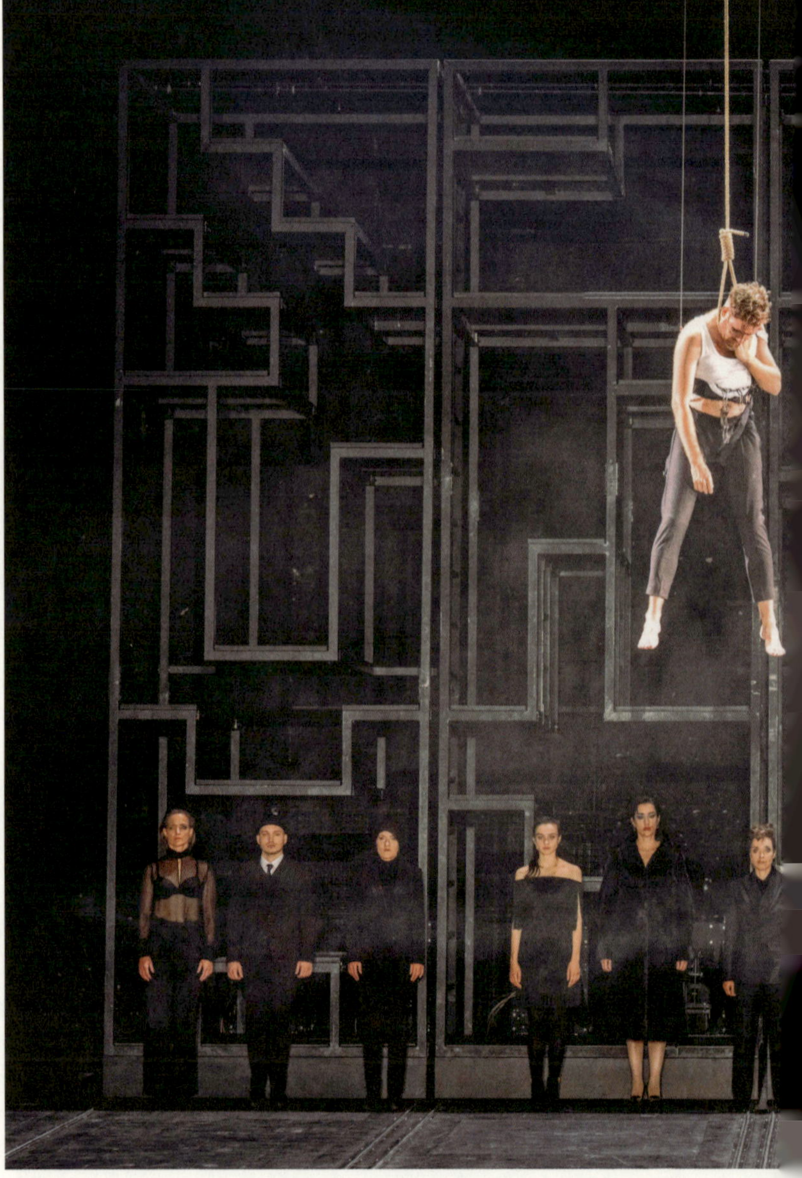

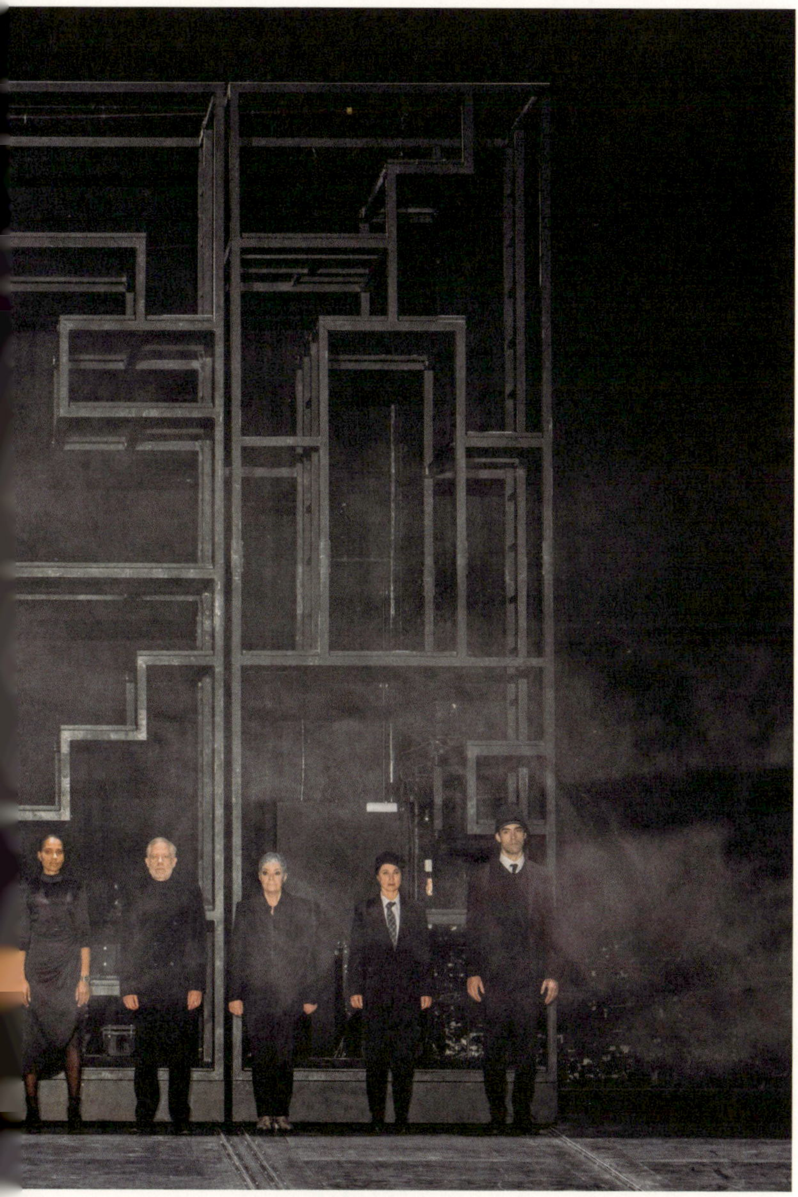

Nico Holonics (Mackie Messer) und Ensemble in meiner Inszenierung von »Die Dreigroschenoper«, Berliner Ensemble, 2022

sitzen, mit dem Leben bezahlen. Das Stück enthält zahlreiche biblische Referenzen. Wie der strenge, unerbittliche und rachsüchtige Gott im Alten Testament prüft und richtet das Schicksal die Menschen in Mahagonny auf brutalste Weise, schickt ihnen Naturkatastrophen, verführt und bestraft sie mit ihren eigenen Mitteln. Nacheinander sterben sie – weniger aufgrund von äußeren Ereignissen wie dem Taifun als wegen der zwischenmenschlichen, moralischen Katastrophen. Nicht am Taifun, sondern an den Menschen zerbricht die Gemeinschaft. *Mahagonny* ist eine Dystopie der Moderne, eine Art düsteres Gleichnis auf das Leben im 20. Jahrhundert. Durch die Augen von Brecht und Weill. Kein Wunder, dass es derart pessimistisch ausfällt, entstanden kurz vor der Machtergreifung der Nazis.

Innerhalb dieser mal fatalistisch, mal satirisch gezeichneten modernen Welt suchen die Menschen nach Liebe, die sie letztlich nicht finden. Vor allem die Frauenfiguren, Jenny in *Mahagonny*, Lucy, Polly und die Huren in der *Dreigroschenoper*, teilen diese zutiefst menschliche Sehnsucht, die die Wirklichkeit des 20. Jahrhunderts kaum zu befriedigen vermag. Eine Sehnsucht, die sich in allen Weill-Kompositionen zeigt. Eine Sehnsucht, der insbesondere die Frauenfiguren nachgehen. Es ist kein Zufall, dass die erfolgreichsten und berühmtesten Weill-Interpret:innen Sängerinnen waren. Ob Lotte Lenya, Gisela May, Ute Lemper oder Judy Garland und Ella Fitzgerald. Ich selbst habe *Die sieben Todsünden* mit Dagmar Manzel und einen Weill-Song-Abend mit Katharine Mehrling gemacht. Es steckt eine weibliche Energie in Weills Musik. Er schreibt für Mütter, Töchter, Huren, kämpfende, strauchelnde und liebende Frauen.

Der Mond – für mich ein Sinnbild für Weiblichkeit, der meines Wissens nur in der deutschen Sprache ein männliches

Geschlecht hat – spielt eine zentrale Rolle in allen großen Werken von Brecht und Weill. Der Mond über Soho in der *Dreigroschenoper*, der Mond über Alabama in *Mahagonny* oder der Mond über dem Mississippi in *Die sieben Todsünden*. Der Mond nimmt in der gesamten Opernliteratur eine prominente Rolle ein, wie in *Rusalka* oder in *Salome*. Der Mond beobachtet, leuchtet, reflektiert, ohne Antworten zu geben. In meinen Inszenierungen lag es mir stets fern, einen Pappmond auf die Bühne zu bringen. Ich habe eher mit Verfolger-Spots gearbeitet, wie in *Salome* oder *Die sieben Todsünden*. Denn wie der Mond, so bringt der Verfolger ein bisschen Licht ins Dunkel, leuchtet einen kleinen Teil der Bühne aus, während er den Rest im Dunkeln lässt. Er ist das Licht der Nacht. Kurt Weills Musik erscheint für mich stets im schimmernden, blassen Licht des Mondes. Brechts Texte hingegen im Tageslicht. Unter dem strahlenden Licht der Sonne. Dem Licht der Aufklärung, die auf alle Fragen eine Antwort zu haben scheint. Brechts Texte zeichnet eine Brillanz und Klarheit aus, die wenig Platz für Fragen, Schatten und dunkle Stellen lässt. Ganz im Gegensatz zu Weills Musik. Für den Erfolg von *Dreigroschenoper*, *Mahagonny* und *Die sieben Todsünden* brauchte es beides: Wasser und Öl. Sonne und Mond. Tag und Nacht. Musik und Text.

Weills Musik klingt wie die Großstadt des 20. Jahrhundert und ist doch zeitlos. Und das verbindet sie mit allen großen Kunstwerken. Sehr spezifisch und doch universell zu sein. Kafka, Lubitsch und Schumann sind unverkennbar und doch weltumfassend. Wie Weill. Und mit Großstadt meine ich nicht nur Berlin, sondern alle großen Metropolen des 20. Jahrhunderts. Darunter natürlich auch New York. Ein weiteres *flawed masterpiece*, das ich unbedingt inszenieren möchte, ist Weills *Street Scene*, diese radikale US-amerikanische Oper, in dem sich verschiedene Menschen, Familien, Einzelpersonen, Schwarze, Latinos und Asiat:innen auf einer Straße in New York begegnen, ihre Geschichten, Dramen, Hoffnungen und Träume miteinander teilen. Und wir schauen ihnen dabei zu, tauchen ein in ihr Privatleben. Ein drei Stunden langes Stück ohne eine Hauptfigur, ohne Star. Die Straße und ihre Passant:innen als Protagonist:innen. Wie revolutionär dieses in den 1940er Jahren komponierte Stück gewesen sein muss. Als ob die unterschiedlichen Kurt-Weill-Fäden in einer New Yorker Straße zusammenführen würden. Drei Jahre nach der Uraufführung starb Weill an einem Herzinfarkt in New York. An einem gebrochenen Herzen. Er war sehr dankbar für seinen Erfolg am Broadway. Und doch wollte er zurück nach Deutschland. Er hatte riesiges Heimweh – nicht nur nach Deutschland, sondern vor allem nach der deutschen Kultur. Denn er war ein deutscher Komponist. Vertrieben und verbannt aus seiner eigenen Kultur.

EPILOG

Claudio Monteverdis *L'Orfeo* war die erste Oper, die ich inszeniert habe. Ich war 19 Jahre alt und hatte gerade eine Opern-Company an der Universität Melbourne gegründet. Danach folgten noch zwei weitere Inszenierungen dieser Mutter aller Opern: einmal mit René Jacobs an der Staatsoper Berlin und ein weiteres Mal, als ich meine Intendanz an der Komischen Oper Berlin mit einer zwölfstündigen Monteverdi-Trilogie im Jahr 2012 eröffnete.

Die gesamte DNA der westlichen Oper steckt in diesem Stück. Jedes Wesensmerkmal, das wir mit der Oper verbinden, findet sich bereits in dieser Partitur: der endlose Tango von Eros und Thanatos; die Vorstellung von Gesang als Erlösung, als Zerstörung, als Erinnerung und als Ausdruck menschlichen Seins; der Dialog zwischen Solist:innen und Chor; die Wiederentdeckung der griechischen Tragödie durch Musik und Gesang und die unaufhörliche Ebbe und Flut von Freude und Melancholie. Bei der monumentalen Uraufführung im Jahr 1607 kam bereits all das zum Vorschein, was Oper im Kern ausmacht.

Die einfache, umwerfende Wirkung von Monteverdis Vision trägt bis heute. Seine Musik scheint in die dunkelsten und entlegensten Regionen der menschlichen Seele vorzudringen und ihnen eine Stimme zu geben. Eine traurige, fragile Stimme. Elegisch, menschlich, wahrhaftig. Gibt es in der Operngeschichte einen erregenderen Moment als die Bläserfanfare am Anfang von *L'Orfeo*? Vorhang auf, nicht nur für diese eine Oper, sondern für die gesamte Zukunft der neuen

Kunstform. Und gibt es einen menschlicheren, einen verletzlicheren Moment als die beiden Töne, zu denen Orpheus »Ohimè« singt, wenn er vom Tod Eurydices erfährt? Zwei Töne und ein Wort sind alles, was Monteverdi benötigt, um einen Ozean an Gefühlen, an Trauer und Verlust zu schaffen. Das ist Oper. Das Destillieren von Emotionen und Bedeutungen in Noten und Silben. Das, was Wort und Bild alleine nie erreichen werden. Unsere eigene Stimme, die zu uns singt.

Oper bedeutet für viele Menschen sehr Unterschiedliches. Und doch sehen und hören wir alle Oper wie das antike Publikum, das sich im Dionysostheater in Athen den außergewöhnlichen Theaterritualen unterzog, in der vergeblichen Hoffnung, einen flüchtigen Blick in unser Innerstes zu erhaschen, einen Blick, den uns unser Alltag nur selten gewährt. Das ist unser Gesang, unser Gebet, unser Atem und unser Echo.

FOTONACHWEISE

Bayreuther Festspiele: Seite 106, 112 (Fotos: Enrico Nawrath)
Berliner Ensemble: 240, 244 (Fotos: Julian Röder)
Marco Borggreve, Bilthoven: 206, 212
Bridgeman Images: 160
Imago, Berlin: 34 (sinisseyx/xPop-Eye), 167 (VestronxPictures/Everett Collection)
Komische Oper, Berlin: 31, 70, 78, 154 (Fotos: Iko Freese, drama-berlin.de)
Oper Frankfurt am Main: 181 (Foto: Barbara Aumüller); 42, 179 (Fotos: Monika Rittershaus)

Alle weiteren Abbildungen stammen aus dem Archiv des Autors oder dem des Insel Verlags.